成长春 徐长乐 叶 磊 孟越男 王桂玲 杨凤华 / 著

长江经济带
协调性均衡发展指数报告（2022~2023）

THE REPORT OF COORDINATED BALANCED DEVELOPMENT INDEX
IN THE YANGTZE RIVER
ECONOMIC BELT
(2022-2023)

社会科学文献出版社
SOCIAL SCIENCES ACADEMIC PRESS (CHINA)

主要作者简介

成长春 管理学博士，二级教授，博士生导师，曾任江苏省人民政府参事，江苏省政协委员，南通大学、盐城师范学院党委书记，现为江苏省重点高端智库——江苏长江经济带研究院院长、首席专家，江苏乡村振兴智库研究院首任院长、全国先进制造业集群50人论坛专家。主要从事区域经济、流域经济开发与管理研究，近年来主持国家社科基金重大项目、教育部哲学社会科学研究重大课题攻关项目、国家社科基金重点项目等10余项，先后在《中国社会科学》《求是》《人民日报》《China Today》等期刊报纸发表论文百余篇，被《新华文摘》《中国社会科学文摘》《高等学校文科学术文摘》以及人大复印报刊资料等全文转载或索引50余篇，著有《协调性均衡发展——长江经济带发展新战略与江苏探索》《推动长江经济带发展重大战略研究》《赢得未来：高校核心竞争力研究》《江苏沿海港口、产业、城镇联动发展研究》等论著20余部，获江苏省哲学社会科学优秀成果一等奖、二等奖等奖项，10余篇咨询研究报告得到党和国家领导人与江苏省委省政府主要领导批示。被聘为国家社科基金项目通讯鉴定专家库专家，国家高端智库"中国国际经济交流中心"专家库专家，中国区域经济学会常务理事，国家发改委、工信部、国务院参事室等国家部委联系点研究专家，应邀作为中宣部2018年"大江奔流"大型专题采访活动随团专家对长江经济带发展的重大问题进行全程点评。

徐长乐 华东师范大学教授，人文地理学、区域经济学、人类（生态）

学硕士生导师，人文地理学博士生导师，上海市注册咨询专家。长期从事上海市、长江三角洲及长江流域区域发展战略，流动人口问题，城市灾害减防等领域的教学科研与决策咨询工作。先后主持各类科研及决策咨询项目78项，其中主持省部级及以上纵向项目32项，获上海市科技进步奖、上海市哲学社科优秀成果奖、上海市政府决策咨询奖等省部级奖励7项。

目 录 ⏩

下篇　智库成果篇

上篇　指数研究篇

第一章　协调性均衡发展的
概念与理论基础

第一节　协调性均衡发展概念

长江经济带在城市功能定位、经济发展质量与生态环境保护等方面面临许多挑战，从本质上来讲，这些都是长江经济带发展不均衡、不协调的突出表现。为应对上述挑战，长江经济带协调性均衡发展指数研究课题组创造性地构建区域协调性均衡发展理论框架并将其运用于指导解决长江经济带发展不平衡、不协调问题，以期为长江经济带实现要素投入少、资源利用效率高、环境成本低和社会效益好的高质量发展提供智力支撑。

一　协调性均衡发展理论缘起与概念界定

"区域协调性均衡发展"的概念最早是成长春教授在 2015 年发表的学术论文《长江经济带协调性均衡发展的战略构想》中提出的。他指出，改革开放以来，长江经济带区域经济发展大体经历了低水平均衡、梯度性非均衡、调整中趋衡三个阶段，当前正处于在区域协调发展理念指引下形成的地区之间经济交往密切、空间相互作用程度大，以及发展中关联互动、优势互补、分工协作的高水平、高效率、共生型均衡的新阶段，即协调性均衡发展阶段。[①] 在《协调性均衡发展——长江经济带发展新战略与江苏探索》一书中，成长春等在深入分析市场（均衡）与政府（调控）之间关系的基础上，将"区域协调性均衡发展"界定为"以推动区域经济更有效率、更加公平、更可持续发展为核心，使市场在区域资源优化配置中起决定性作用和更好发挥政府的调节作用，促进区域间协调发展、协同发展、共同发展，同时保持其经济、人口、生态三者空间均衡，最终形成不同地区之间公共服务大体均等、生活条件大体均等、生活水平大体均等、经济分布与人口分布大体均衡、经济和人口分布与当地资源环境承载能力相协调的状态"。[②]

在充分肯定和认同上述观点的基础上，本报告认为，不论是侧重于数量、状态分析的均衡、非均衡视角，还是侧重于彼此联系、互动关系分析的协调、不协调视角，都不足以反映与诠释区域发展全貌，对于地大物博、区情省情复杂多样的我国区域发展而言尤为如此。因此，本报告尝试从区域协调与区域均衡、非均衡的理论及其内在关系出发，围绕区域协调性均衡发展探寻一个既覆盖"协调性"又涵盖"均衡性"的新视角。其中，协调性侧重于区域内外的联系，均衡性则强调区域众多要素的分布及其发展状态。两者既可以在水平与结构、体量与质量、内在与外在、静态与动态、等级与次序等不同视域下独自展开，又可以在"融合共生"的耦合机制下实现辩证统一，形成"一体两面"的综合研究分析框架。

二 社会主要矛盾的变化与理论分析和实践政策体系的转变

长期以来，区域经济学、发展经济学研究主要聚焦如何促进发展中国家和欠发达地区经济发展问题，所形成的实现手段、路径和范式构成了以均衡

---

① 成长春：《长江经济带协调性均衡发展的战略构想》，《南通大学学报》（社会科学版）2015年第1期。
② 成长春、杨凤华等：《协调性均衡发展——长江经济带发展新战略与江苏探索》，人民出版社，2016。

发展与非均衡发展为主的两大流派观点和系统理论成果。这些都是围绕实现发展目标而进行的理论和政策探讨。然而，伴随着我国经济从高速增长阶段向高质量发展阶段转变，新时代社会经济的主要发展任务已不再是追求"发展本身"而是追求"怎样的发展"：是高质量发展还是低质量的发展，是协调发展还是不协调的发展，是可持续发展还是不可持续的发展，目标任务的转变，需要理论和实践政策体系也随之转变。

随着我国新时代目标任务的转变，对于区域发展理论与实践的探讨应当从注重"均衡、非均衡"的视角转向注重"协调、不协调"的视角。在实证分析中，要把区域发展以及人与生态环境之间不协调、非均衡的矛盾，作为我国社会经济现象的基本特征之一，并且作为这一阶段"人民日益增长的美好生活需要和不平衡不充分的发展之间的矛盾"在区域空间上的映射，把促进区域协调发展作为从区域空间结构优化视域应对新时代我国社会主要矛盾的重要抓手和政策工具。

三 推动长江经济带协调性均衡发展的战略要求

在中国共产党带领全国各族人民意气风发向着全面建成社会主义现代化强国的第二个百年奋斗目标迈进的今天，长江经济带形成协调性均衡发展的新格局，不仅有利于将各流段相互独立的区域发展单元融合为一个整体，而且有利于更好地解决各流段人民日益增长的美好生活需要和不平衡不充分的发展之间的矛盾。

（一）融合发展

长江经济带协调性均衡发展，是区域内相互独立的地区单元、产业部门、经济主体等融合成为一个具有整体性和层次性等特征的复杂系统的过程，融合发展是长江经济带协调性均衡发展的本质特征。作为典型的流域经济形态，长江经济带在历经多年发展后仍未很好地形成一体化大格局，非均衡化、碎片化发展痕迹十分明显。[①] 因此，长江经济带协调性均衡发展的重

---

① 彭劲松：《长江经济带区域协调发展的体制机制》，《改革》2014 年第 6 期。

要抓手就是以推动实现融合发展为导向，促进各地在经济规划、基础设施、产业发展、城镇建设和环境保护等领域加强协调、联通和联合，使地区经济在一个更大的区域尺度上提升资源要素的配置效率。

（二）共生发展

推动长江经济带协调性均衡发展，就是要促进区域内各经济利益主体之间以及人与自然、生态之间，以追求共生利益为动力，以采用共生资源利用方式对区域资源进行整体性、系统性综合开发和利用为原则，以兼顾实现经济价值和生态价值的共生价值为追求目标，将长江经济带各单元之间从被动的他组织融合行为转向主动的自组织共生行为，构建起科学、合理、互惠的地域分工、地域运动和地域组织管理体系，恢复曾因行政区划而被切断了的资源共生本性，使各单元之间不断消除区域内耗，持续放大共生乘数效应。

（三）协调发展

党的十九大报告指出，"区域发展协调性增强"，"长江经济带发展成效显著"，以及"以共抓大保护、不搞大开发为导向推动长江经济带发展"。党的二十大报告中提出，"深入实施区域协调发展战略"，"优化重大生产力布局，构建优势互补、高质量发展的区域经济布局和国土空间体系"。习近平总书记在长江经济带发展座谈会上提出五大关系，这些都明确指出长江经济带要实现高质量发展，必须遵循协调发展的方向。与此同时，长江经济带高质量发展必须立足协调发展，真正把握整体推进和重点突破、生态环境保护和经济发展、总体谋划和久久为功、破除旧动能和培育新动能、自我发展和协同发展的关系，离开协调性一切都无从谈起，要紧抓协调性，促进高质量发展。[①]

（四）均衡发展

长江经济带发展的核心问题是城乡之间、省市之间、东西之间以及人与自然之间发展的不平衡不充分，这种不平衡性不充分性呈加剧的趋势。如何实现长江经济带均衡发展，也成为当前亟须解决的一大问题。[②] 当前，在我

---

① 陈鸿宇等编著《协调发展理念研究：新时代全面发展的制胜要诀》，社会科学文献出版社，2020。
② 成长春：《长江经济带协调性均衡发展的战略构想》，《南通大学学报》（社会科学版）2015年第1期。

国黄河、长江、珠江、淮河、海河、辽河和松花江七大流域经济带中，长江经济带位居中国流域经济之首，以长江经济带 11 省市计，2023 年地处长江下游的无锡市人均 GDP 为 20.63 万元，为经济带平均水平的 2 倍以上；同处下游地区的阜阳市为 4.1 万元，为经济带平均水平的 2/5，仅为无锡市的 1/5；地处长江上游的巴中市人均 GDP 为 2.95 万元，不足经济带平均水平的 1/3，仅为无锡市的 1/7。若以长江全流域计，地市间差距更甚，不均衡不充分问题十分突出。然而，长江经济带也蕴藏着巨大的流域经济均衡发展空间和动力，加快长江经济带均衡发展绝不是揠苗助长，而应因势利导。

第二节　国内外相关研究进展

随着全球经济一体化的加速和中国经济结构的深刻调整，区域协调发展逐渐成为推动国家整体经济持续健康发展的重要战略。区域协调发展不仅关乎经济总量的增长，更涉及经济结构优化、资源高效配置、生态环境保护和社会公平正义等多方面的综合考量。本节旨在从区域协调发展的理论内涵、判评标准、影响因素、调控思路和长江经济带区域协调发展研究等方面进行相关文献述评。

一　文献综述

（一）区域协调发展的理论内涵

从不同学派来看，西方国家不同学者对区域协调发展的理解是不同的。人类对区域协调发展的理论认知起源于对人地关系的理解与认识。西方近代地理学基于人地关系的探索产生了许多不同的学派，如德国地理学家拉采尔的环境决定论、法国"人地学派"创始人白兰士首倡的或然论（可能论）、美国学者巴罗斯提出的适应论等。[①] 关于人地关系，国外学术界主要有两种不同的观点：一种是以马尔萨斯为代表的悲观论，认为在不考虑受战争、饥荒、疾病等不可控因素影响的情况下，人口的几何级数增长远快于生活资料

---

① 金其铭、张小林、董新编著《人文地理概论》，高等教育出版社，1994；马振宁、米文宝：《人地关系论演变的历史轨迹及其哲学思考》，《城市地理》2016 年第 12 期。

供应的算术级数增长；另一种持乐观论的学者认为，当今全球性的资源环境问题并不会如悲观论学者所认为的那么严重，技术进步等外部因素能够拓展全新的资源利用方式，解决困扰人类的环境问题。

从时间跨度来看，区域协调发展是随着时代的发展而变化的。党的十六大指出要在物质层面、政治层面和精神层面实现协调发展；党的十七大提出"五个统筹"，要在区域、经济社会、人与自然、城乡等方面实现协调发展；党的十八届五中全会后，习近平总书记提出"创新、协调、绿色、开放、共享"的新发展理念为协调发展增加了新的内涵；党的十九大报告进一步将区域协调发展战略上升为统领性战略，使之成为新时代解决"不平衡不充分"社会主要矛盾的重要锁钥；随后，习近平总书记在《中共中央关于党的百年奋斗重大成就和历史经验的决议》中肯定和强调了区域协调发展在我国经济建设领域的重要价值；党的二十大报告中进一步提出深入实施区域协调发展战略。目前，实施区域协调发展的理论探索和战略实践日臻成熟，成为解决新时代人民日益增长的美好生活需要和不平衡不充分的发展之间的矛盾的关键途径。不同学者从不同角度对区域协调发展进行了界定。如李松有和龙启平指出，区域协调发展是在尊重区域差异的基础上，通过优化资源配置、加强区域合作、促进区域间优势互补，实现各区域经济社会全面、协调、可持续发展。[1]

从不同视角来看，区域协调发展内涵有明显的差异性。第一，基于发展速度的视角，相关学者从区域经济学出发，认为协调发展就是指区域经济的协调发展，其目的就是缩小区域间经济差距；[2] 第二，基于空间开发和功能定位的视角，学者认为区域协调发展是各要素相互促进、相互协调的发展过程，区域发展是否协调表现在区域内不同地区的人口、经济、资

① 李松有、龙启平：《习近平关于区域协调发展重要论述的思想内涵与理论价值》，《治理现代化研究》2024 年第 1 期。
② 王琴梅：《区域协调发展内涵新解》，《甘肃社会科学》2007 年第 6 期。

源与环境等多个方面；[1] 第三，基于工业化、城镇化和农业现代化协调的
视角，学者指出区域协调发展是城乡之间形成良性互动、协调发展的局
面；[2] 第四，基于不同模式的视角，现有研究主要包括均衡发展观、非均
衡发展观和动态协调发展观三种观点；[3] 第五，基于研究本质的视角，学
者认为区域协调发展的根本是实现公平与效率的协调。[4]

从区域协调发展的理论基础来看，其涉及区域经济学、发展经济学、空
间经济学等多个学科。其中，非均衡发展理论（如梯度推移理论、增长极
理论等）与均衡发展理论（如大推进理论等）经典理论为区域协调发展提
供了重要的理论支撑。范恒山指出，这些理论强调了在资源有限的情况下，
优先发展具有比较优势的地区或产业，再逐步带动其他地区或产业的发展，
最终实现区域协调发展。[5]

对区域协调发展的理论内涵的梳理和分析可知，区域协调发展是一个多
维度的概念，涉及经济、社会、生态等多个方面；区域协调发展的理论基础
涉及多个学科，非均衡发展理论与均衡发展理论为其提供了重要的理论支
撑。但由于不同学科领域和视角的局限性，该方面的研究还存在以下不足之
处：一是基于共同富裕、中国式现代化等视角的研究还未真正破题；二是对
于均衡与非均衡、协调与不协调两两四对之间的相互关系，以及从均衡发展
到不均衡发展再到协调发展的演变机理、内在逻辑，缺乏系统深入地研究；
三是基于"基本公共服务均等化、基础设施通达程度比较均衡、人民生活
水平大体相当"三大目标导向的区域协调发展研究成果还不多。

---

[1] 陈秀山、杨艳：《区域协调发展：回顾与展望》，《西南民族大学学报》（人文社科版）2010年第1期。

[2] 肖金成：《十六大以来区域政策的成效与促进区域协调发展的政策建议》，《西南民族大学学报》（人文社科版）2008年第2期。

[3] 李晓西：《西部地区大开发新思路的探讨与阶段分析》，《中国统计》2000年第10期；吴殿廷、何龙娟、任春艳：《从可持续发展到协调发展——区域发展观念的新解读》，《北京师范大学学报》（社会科学版）2006年第4期。

[4] 蒋清海：《区域协调发展：对区域差距的分析与思考》，《贵州社会科学》1995年第2期。

[5] 范恒山：《我国促进区域协调发展的理论与实践》，《经济社会体制比较》2011年第6期。

（二）区域协调发展的判评标准

从评价标准来看，现有关于区域协调发展的研究主要基于经济增长的均衡性、社会发展的公平性和生态环境的可持续性等视角来构建评价指标体系。第一，经济增长的均衡性是区域协调发展的重要判评标准之一。庞玉萍和陈玉杰认为，经济增长的均衡性不仅体现为总量的均衡，更体现为结构、质量、效益等方面的均衡。[①] 覃成林等进一步指出，经济增长的均衡性可用人均 GDP、经济增长率、产业结构等指标来衡量。[②] 第二，社会发展的公平性是区域协调发展的另一重要判评标准。范柏乃和张莹认为，社会发展的公平性包括教育、医疗、就业、社会保障等方面的公平。[③] 李兴江和唐志强则强调，社会发展的公平性还应体现为城乡、区域间基本公共服务的均等化。[④] 第三，生态环境的可持续性是区域协调发展的基础判评标准。赵霄伟指出，生态环境的可持续性包括自然资源的合理利用、生态环境的保护修复、绿色产业的发展等方面。[⑤] 陈秀山和杨艳认为，生态环境的可持续性应作为区域协调发展的重要约束条件，确保经济发展的同时不损害生态环境。[⑥]

从评价方法来看，区域协调发展的评价方法多样，包括定量评价、定性评价、综合评价等，如主成分分析法、层次分析法、模糊综合评价法等，但不同评价方法在适用性和准确性上存在差异。Chen 和 Zhao 建立了新的产业结构与生态环境评价指标体系，并综合运用层次分析法（AHP）和信息熵

① 庞玉萍、陈玉杰：《区域协调发展内涵及其测度研究进展》，《发展研究》2018 年第 9 期。

② 覃成林、张华、毛超：《区域经济协调发展：概念辨析、判断标准与评价方法》，《经济体制改革》2011 年第 4 期。

③ 范柏乃、张莹：《区域协调发展的理念认知、驱动机制与政策设计：文献综述》，《兰州学刊》2021 年第 4 期。

④ 李兴江、唐志强：《论区域协调发展的评价标准及实现机制》，《甘肃社会科学》2007 年第 6 期。

⑤ 赵霄伟：《新时期区域协调发展的科学内涵、框架体系与政策举措：基于国家发展规划演变的研究视角》，《经济问题》2021 年第 5 期。

⑥ 陈秀山、杨艳：《我国区域发展战略的演变与区域协调发展的目标选择》，《教学与研究》2008 年第 5 期。

权法（IEW）确定各指标权重值，保证了分析结果的真实性与可靠性。[1] Liu
等基于物元方法对经济—社会—生态子系统进行评价，并运用模糊层次分析
法（FAHP）和熵值法（EM）确定相应的指标权重，以避免在确定模型边
界时存在主观性。[2]

　　从评价模型来看，确定区域协调发展评价模型是对区域协调发展程度进
行科学评价的关键，学术界现有的区域协调发展评价模型主要有三大类。第
一类是发展度模型，该模型以区域发展为研究对象，重点是定量分析区域综
合发展状况，计量结果表现为对整个系统的综合评价，但忽略协调度。其
中，主成分分析是常用的评价区域发展程度的模型。刘翔和曹裕基于2006~
2008年的经验数据，运用主成分分析法进行综合评价，整体评估了长株潭
城市群各市域经济、资源、环境与社会发展的差异性，总结其发展建设中存
在的现状和不足，并提出了相关的政策建议。[3] 第二类是协调度模型，主要
侧重于定量分析系统之间或系统内要素之间的协调状况，但忽略区域发展
度。常见的主要有离差系数模型、隶属度函数模型、数据包络模型等，对比
发现不同的协调度模型存在以下共同点：一是需要对理想情况进行假设。二
是需要定量测度已有状态与理想状态间的距离。但学者直接用区域协调度模
型来衡量区域协调发展度仍存在很多问题。第三类是协调发展度模型，主要
有欧式距离模型、耦合协调度模型、动态耦合协调度模型等，其中，耦合协
调度模型应用最为广泛。刘洁等通过耦合协调度函数，系统分析京津冀城市
群产业、人口和空间的整体水平及耦合协调发展的时空特征。[4] 此外，有部
分学者通过人地关系演进评价模型定量分析资源环境基础、人口密度、经济

① Chen Y. Q. , Zhao L. M. , "Exploring the Relation between the Industrial Structure and the Eco-
environment Based on an Integrated Approach: A Case Study of Beijing, China," *Ecological
Indicators*, 2019, 103.
② Liu Y. Q. , Xu J. P. , Luo H. W. , "An Integrated Approach to Modelling the Economy-Society-
Ecology System in Urbanization Process," *Sustainability*, 2014, 6 (4) .
③ 刘翔、曹裕：《两型社会视角下的区域协调发展评价研究——基于长株潭城市群的实证分
析》，《科技进步与对策》2011年第6期。
④ 刘洁、姜丰、栗志慧：《京津冀城市群产业—人口—空间耦合协调发展研究》，《中国软科
学》2021年第S1期。

密度等状态，探究人地关系及其构成要素的空间差异，以揭示区域人地关系随时空变化而递次演进的机制问题。①

目前，通过对现有文献的梳理和分析可以看出，区域协调发展的判评标准是一个多维度、多层次的概念体系，涵盖了经济增长的均衡性、社会发展的公平性、生态环境的可持续性等多个方面。同时，评价方法的选择应根据具体研究目的和研究对象的特点来确定，但仍存在以下不足之处：第一，区域协调发展评价体系涵盖的指标较为相近，其差异主要表现在维度层面，有待于进一步延伸、优化；第二，现有文献中采用主客观赋权法对区域协调评价指标的研究相对较少，且部分综合评价方法并不完全适用于区域协调发展评价。

（三）区域协调发展的影响因素

政策因素是区域协调发展的重要驱动力。张超等指出，我国政府在促进区域协调发展方面多措并举，如设立经济特区、实施西部大开发、振兴东北老工业基地等，对于推动区域经济增长、优化产业布局、改善民生福祉起到了积极作用。同时，政策制定和执行过程中也面临着诸多挑战，如政策效应的时滞性、政策执行的差异性等。②

经济因素是区域协调发展的基础。李兰冰、樊杰等认为，经济发展水平、产业结构、资本流动等因素对区域协调发展具有重要影响。经济发展水平高的地区往往能够吸引更多的资本和人才，推动产业结构优化升级，形成良性循环。③ 而经济发展水平较低的地区则面临资源短缺、人才流失等问题，难以实现自我发展。因此，促进区域协调发展需要注重优化产业布局、

---

① 赵兴国、潘玉君、丁生：《云南省区域人地关系及其空间差异实证研究》，《云南地理环境研究》2010年第4期；王晓云、范士陈：《区域开发人地关系时空演进研究——以近现代海南岛为例》，《生产力研究》2012年第9期。

② 张超、钟昌标、蒋天颖等：《我国区域协调发展时空分异及其影响因素》，《经济地理》2020年第9期；张超、钟昌标：《中国区域协调发展测度及影响因素分析——基于八大综合经济区视角》，《华东经济管理》2020年第6期。

③ 李兰冰：《中国区域协调发展的逻辑框架与理论解释》，《经济学动态》2020年第1期。

推动产业转移和升级。[①]

社会因素是区域协调发展的重要保障。徐康宁、李裕瑞等指出，人口流动、受教育水平、文化差异等因素对区域协调发展具有重要影响。人口流动能够带动资本、技术等要素的流动，促进区域经济发展。受教育水平的提高能够提升劳动力素质，推动产业升级和创新发展。[②] 而文化差异则可能形成区域间合作障碍，需要通过加强文化交流来化解。[③]

环境因素是区域协调发展的重要约束条件。马海龙认为，资源环境承载能力、生态环境质量等因素对区域协调发展具有重要影响。资源环境承载能力有限的地区需要注重资源节约和环境保护，实现可持续发展。生态环境质量较差的地区则需要通过环境治理和生态保护来改善环境状况，提升区域竞争力。[④]

从已有文献来看，政策因素、经济因素、社会因素和环境因素等方面均对区域协调发展具有重要影响。然而，现有研究仍存在一些不足之处：首先，基于不同的角度进行了探讨，但对区域发展不协调的成因分析不够深入、系统；其次，区域内与区域间的发展是相互影响的，但大多数研究聚焦于区域内差异成因的分析，少有将区域差异和区际关系同时纳入区域协调发展研究框架的。

（四）区域协调发展的调控思路

国外关于区域协调中政府调控作用的理论研究源于 1929 年资本主义经济危机，欧美各国意识到放任自由主义不可行性，纷纷开始干预经济，制定和出台了一系列区域经济发展政策，由此针对政府调控作用的理论创建和案例研究得到强化。20 世纪 60 年代以来，美国成立了大都会政府理事会，以

---

① 樊杰、王亚飞：《40 年来中国经济地理格局变化及新时代区域协调发展》，《经济地理》2019 年第 1 期。
② 徐康宁：《区域协调发展的新内涵与新思路》，《江海学刊》2014 年第 2 期。
③ 李裕瑞、王婧、刘彦随等：《中国"四化"协调发展的区域格局及其影响因素》，《地理学报》2014 年第 2 期。
④ 马海龙：《京津冀区域协调发展的制约因素及利益协调机制构建》，《中共天津市委党校学报》2013 年第 3 期。

提供适当的区域协调政策支持；欧洲各国也在区域治理领域开展了广泛的实践，包括 1964 年的荷兰大鹿特丹政府、1965 年的英国大伦敦政府和 1974 年的西班牙巴塞罗那联合政府等。[①] 20 世纪 90 年代以来，区域主义发展模式逐渐成为主流，形成了三种比较常见的区域协调机构：一是由地方自发形成的自愿性区域机构，如美国的区域委员会；[②] 二是由地方约定而成的约束性区域机构，这类机构在美国普遍存在；[③] 三是各级政府部门主导设立的区域管理组织，如田纳西河流域管理局。[④]

自"九五"计划后，我国开始逐渐重视区域发展不平衡问题，并提出了一系列促进区域协调发展的调控政策。相关学者也围绕区域经济与社会发展的需求展开了一系列研究。部分学者认为要实现区域间的协调发展，就必须打破行政区划的壁垒，加强区域间的经济联系和合作。具体而言，可以通过加强基础设施建设、推动产业转移和升级、优化区域政策等措施，促进区域间资源的优化配置和有效利用。此外，黄彬还强调了创新宏观调控思路的重要性，认为只有不断创新宏观调控方式，才能更好地适应区域协调发展需要。[⑤] 也有学者提出要加强城市群内部的合作与协调、优化城市群空间布局、提升城市群综合竞争力等措施。这些措施旨在实现城市群内部的协调发展，进而推动整个区域协调发展。[⑥] 范恒山指出要逐步建立资源和生态补偿机制，不断完善市场经济体制，为缩小区域间发展差距提供重要支撑。[⑦] 张庆杰等从管理体制和机制角度提出了区域协调发展的调控思路。他们认为，要实现区域协调发展，必须建立科学合理的管理体制和机制。具体而言，可以通过完善区域规划体系、加强区域政策协调、建立区域合作机制

---

① 许丰功、易晓峰：《西方大都市政府和管治及其启示》，《城市规划》2002 年第 6 期。
② Miller D. Y. , *The Regional Governing of Metropolitan America* , Westview Press，2002.
③ 〔美〕尼古拉斯·亨利：《公共行政与公共事务（第 7 版）》，项龙译，华夏出版社，2002。
④ 刘绪贻：《田纳西河流域管理局的性质、成就及其意义》，《美国研究》1991 年第 4 期。
⑤ 黄彬：《促进区域间深度融合、协调发展与创新宏观调控思路探讨》，《经济问题探索》2015 年第 7 期。
⑥ 王茉琴：《区域协调发展背景下城市群发展研究》，西北大学硕士学位论文，2010。
⑦ 范恒山：《国家区域政策与区域经济发展》，《甘肃社会科学》2012 年第 5 期。

等措施，为区域协调发展提供有力的制度保障。[1] 此外，还有学者从法律制度的角度，即法律制度是保障区域协调发展的重要基础，应完善相关法律制度，规范各地区的行为。[2]

通过对以上文献的梳理和分析可以看出，区域协调发展的调控思路具有多样性和复杂性。不同的学者从不同的角度出发提出了不同的调控思路。其中，基于人地关系的调控思路强调了人地关系的核心地位，促进区域间深度融合的调控思路注重打破行政区划壁垒，城市群发展的调控思路以城市群为载体推动区域协调发展，管理体制机制的调控思路则强调制度保障的重要性，法律制度的调控思路则从法律角度为区域协调发展提供保障。这些调控思路各具特色，为我国区域协调发展提供了理论支持。然而，现有文献也存在一些不足之处。首先，对于不同调控思路之间的内在联系和相互作用缺乏深入探讨；其次，对于具体调控措施的实施效果缺乏系统评估；最后，对于如何根据不同地区的实际情况选择合适的调控思路缺乏深入研究。未来研究可以进一步加强对这些方面的探讨，以更好地指导我国区域协调发展实践。

（五）长江经济带区域协调发展研究

促进沿江地区不同省市、城乡、主体功能区、流段之间，以及经济建设、社会发展与环境保护、生态修复之间的协调发展，既是新时期推动长江经济带建设的重大战略任务，也是长江流域经济社会可持续发展的内在必然要求。目前学术界相关研究成果主要涉及以下四个方面：第一，关于经济协调、产业协调、经济—环境协调、经济—环境—产业协调的现状及关系研究。如 Zheng 等运用资源与环境成本核算模型及生态系统服务价值评价法，分析了长江经济带经济增长与资源、环境的协同效应及其驱动力，发现长江经济带各要素的协调发展程度总体呈上升态势，并且高于全国平均水平。[3]

---

[1]　张庆杰、申兵、汪阳红等：《推动区域协调发展的管理体制及机制研究》，《宏观经济研究》2009 年第 7 期。

[2]　黄伟：《中国区域协调发展法律制度研究》，中央民族大学博士学位论文，2007。

[3]　Zheng D., Yu Z., Zheng Z., et al., "The Driving Forces and Synergistic Effect Between Regional Economic Growth, Resources and the Environment in the Yangtze River Economic Zone," *Journal of Resources and Ecology*, 2014, 5 (3).

李建新等研究了长江经济带经济与环境协调发展的时空格局及问题区域识别，发现长江经济带经济与环境协调发展水平整体呈现上升趋势，但区域间差异显著。① 洪涛基于三阶段超效率 SBM 模型，分析得出长江经济带制造业与物流业的整体协调水平处于勉强协调阶段，形成"东高西低"的空间格局。② 第二，关于长江经济带区域协调发展的影响因素研究，主要包括外商直接投资、科技创新、新型工业化等。如杨仁发和沈忱基于 2007~2018 年长江经济带 108 个城市面板数据进行实证检验，发现科技创新能够有效提升区域协调发展水平，而政策引导对科技创新驱动长江经济带区域协调发展具有正向的调节作用，且存在双门槛效应。③ 丁如曦等探讨了多中心城市网络的区域经济协调发展驱动效应，以长江经济带为例，发现多中心城市网络对区域经济协调发展具有显著的正向影响，为长江经济带多中心城市网络建设和区域协调发展提供了新的思路。④ 第三，关于区域协调发展体制机制的设计及创新研究，主要涉及区域协调分工机制、产业发展共建与补偿机制、重点区域与重点开发平台的共促发展机制、中央政府与地方政府协调机制等。如成长春基于"协调性均衡发展"的新视角，指出长江经济带处于"协调性均衡"动态演进的起步阶段，因此，要以新发展理念为统领，以推进沿江区域内外融合发展为指引，以促进各地区之间互利共生关系为价值取向，从宏观上设计好新常态下推动长江经济带协调性均衡发展的战略愿景、体制机制及对策方略。⑤ 第四，关于不同视角下长江经济带协调发展路径研究。彭迪云等研究了长江经济带经济增长与创新能力耦合协调发展的关系，发现

---

① 李建新、梁曼、钟业喜：《长江经济带经济与环境协调发展的时空格局及问题区域识别》，《长江流域资源与环境》2020 年第 12 期。

② 洪涛：《长江经济带物流业与制造业耦合协调发展与效率提升探讨》，《商业经济研究》2022 年第 15 期。

③ 杨仁发、沈忱：《科技创新、政府干预与长江经济带区域协调发展》，《统计与信息论坛》2022 年第 3 期。

④ 丁如曦、刘梅、李东坤：《多中心城市网络的区域经济协调发展驱动效应——以长江经济带为例》，《统计研究》2020 年第 11 期。

⑤ 成长春：《长江经济带协调性均衡发展的战略构想》，《南通大学学报》（社会科学版）2015 年第 1 期。

两者之间存在相互促进的耦合关系。① 周成等分析了长江经济带区域经济—生态环境—旅游产业耦合协调发展的关系，发现三者之间存在相互制约和相互促进的关系。② 基于区域空间开发视角，夏永祥提出要处理好长江经济带一级轴线、上中下游三大城市群与大量次级区域之间的对接和协调发展关系。③ 基于新理念视角，刘耀彬等提出长江经济带区域协调发展的新路径包括国土空间规划引领、比较优势驱动、关键技术创新协同、新型城镇化与乡村振兴有效衔接、全面绿色转型。④

　　丰富的研究成果为长江经济带区域协调发展提供了重要的理论支撑和政策建议。其中，经济与环境协调发展、多中心城市网络构建、金融集聚与创新、国内价值链建设、产业转移优化、经济增长与创新驱动、生态环境与旅游业协调发展等方面的研究，为长江经济带区域协调发展提供了新的思路和路径。同时，学者们还针对长江经济带区域协调发展存在的问题提出了相应的对策建议，为政策制定者提供了有益的参考。但长江经济带区域协调发展研究仍存在不足：首先，部分研究缺乏深入的理论分析和模型构建，导致研究结果缺乏足够的解释力和预测力。其次，部分研究的数据来源和方法存在一定的局限性，可能影响到研究结果的准确性和可靠性。此外，部分研究对于长江经济带区域协调发展的长效机制和政策效应缺乏深入探讨，需要进一步加强研究。

二　研究述评

　　本报告对国内外关于区域协调发展的理论内涵、判评标准、影响因素、调控思路以及长江经济带区域协调发展研究等方面进行了梳理分析，具体的研究趋势以及研究不足如表1-1所示。

---

① 彭迪云、刘畅、周依仿：《区域经济增长与创新能力耦合协调发展研究——以长江经济带为例》，《科技管理研究》2016年第7期。
② 周成、冯学钢、唐睿：《区域经济—生态环境—旅游产业耦合协调发展分析与预测——以长江经济带沿线各省市为例》，《经济地理》2016年第3期。
③ 夏永祥：《以长江经济带建设促进东中西部地区协调发展》，《区域经济评论》2014年第4期。
④ 刘耀彬、易容、李汝资：《长江经济带区域协调发展的新特征与新路径》，《学习与实践》2022年第5期。

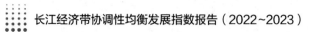

表1-1 相关研究综述一览

研究综述	研究趋势	研究不足
区域协调发展的理论内涵	①西方国家不同学派对区域协调发展的理解存在差异 ②区域协调发展内涵是随着时代的发展而变化的 ③侧重于从发展速度、空间开发和功能定位、工业化、城镇化和农业现代化协调、不同模式、研究本质等视角阐述区域协调发展的理论内涵	关系分析不足；跨学科优势不足；新时代研究不足
区域协调发展的判评标准	①评价体系方面：侧重于经济发展、民生发展、生态环境以及综合发展四个视角 ②指标赋权方面：主要包括主观赋权法、客观赋权法和组合赋权法三种类型 ③评价模型方面：发展度模型、协调度模型、协调发展度模型	评价体系有待于优化；采用主客观赋权法的相关研究较少
区域协调发展的影响因素	①基于报酬递增与累积循环机制的角度，影响因素包括资源禀赋、资源条件、固定资产投资、产业基础等 ②基于要素投入的角度，影响因素包括人力资本、劳动力、技术创新等 ③基于地理环境及外部社会环境的角度，影响因素包括特殊的地理环境以及外部环境水平等 ④基于相关制度与政策的角度，影响因素包括财政政策、金融政策、收入分配和就业政策	成因认识不够深入、系统；兼顾区域差异和区际关系的研究成果较少
区域协调发展的调控思路	①国外侧重于成立区域机构，进行政策干预 ②国内侧重于创新驱动与产业转移，完善法律法规，完善政府治理机制与市场机制，创新调控思路等	研究成果偏地方性、忽视社会组织的有效参与、配套政策供给及差别化政策研究不足
长江经济带区域协调发展研究	①侧重于经济协调、产业协调、经济—环境协调、经济—环境—产业协调的现状及关系研究 ②长江经济带区域协调发展的影响因素研究，主要包括外商直接投资、科技创新、新型工业化、政策引导等 ③侧重于区域协调发展体制机制的研究，涉及区域协调分工机制、产业发展共建与补偿机制、重点区域与重点开发平台的共促发展机制、中央政府与地方政府协调机制等 ④侧重于不同视角下长江经济带协调发展路径研究	针对流域自然—经济—社会复合系统的整体分析研判的研究成果尚待进一步拓展；全局性战略谋划的研究成果尚待进一步提炼

第二章 长江经济带协调性均衡发展
评价指标体系构建及方法

区域协调性均衡发展中，区域的"均衡性"重在强调区域内外众多要素的数量关系和发展及分布状态，区域的"协调性"则重在反映区域内外的良性互动关系和联系，两者既可以在水平与结构、体量与质量、内在与外在、静态与动态、等级与次序等不同视域下独自展开，又可以在"融合共生"的耦合机制下达到辩证统一，形成"一体两面"的统一研究分析框架。①

第一节 评价指标体系设计思路

一 指标体系的特征分析

区域协调性均衡发展区别于其他区域发展模式，需要同时具备以下五个方面的基本特征。

（一）现状的合理性

现状的合理性即一个客观存在的区域事物或者区域发展现象，不论其表现形式是均衡的还是非均衡的，是协调的还是不协调的，都有存在的客观合理性和内在的逻辑依据，成为支撑区域空间景观与表象的根源。

（二）状态的稳定性

状态的稳定性主要体现为一个相对均衡、协调的区域系统，必然处于结

---

① 孟越男、徐长乐：《区域协调性均衡发展理论的指标体系构建》，《南通大学学报》（社会科学版）2020 年第 1 期。

构相对稳态、关系相对恒定、各方力量相对势均力敌的平衡位势。这种平衡位势一旦形成，在中短期内是很难轻易改变的，其内在的逻辑依据来自区域组织结构的长期稳定性。

（三）功能的完备性

功能的完备性主要体现为区域的主体功能能够得到最大化发挥。如在流域的上中游地区，应当最大限度地以自然保护、生态修复、植被覆盖、水源涵养为主，尽可能减少人类活动和人为干预，仅少部分地区涉及农副产品的种植、生产和加工，能源、矿产资源开采，限制流量的旅游观光活动，以及相对集聚集中的人口、城镇、村舍和基础设施等。而在流域的下游地区，则可以人类的活动为主，即较高密度的人口及资源要素集聚、较高强度的人类开发利用活动，以及在较大区域范围内拓展人类活动的深度和广度。

（四）关系的共生性

关系的共生性主要体现为两个及以上发生相互作用关系的区域事物之间存在互为依存（即"你中有我、我中有你"）、联系密切、彼此竞合的良性互动关系，形成一个不可分割的存在共同体、利益共同体和命运共同体。对于"流域"尤其是像长江流域这种特殊的区域而言，这种共生性在上中下游地区之间、干流支流之间、左岸右岸之间以及人与自然之间更是表现得淋漓尽致，成为流域有别于一般区域的一大鲜明特征。

（五）系统的和谐性

系统的和谐性即区域作为自然—经济—社会的复合生态系统，一是要基本维持系统长期、稳定的物质循环、能量流动、物种繁衍和动态平衡；二是要不断满足结构优化、关系良化、功能进化的自身发展需求；三是要通过目标设计、结构优化、功能完善、一体化发展等系列举措，最终实现"整体大于部分之和""1+1>2"的系统功效。

在包含以上特征的基础上，还考虑到数据指标的科学性、适用性、可靠性、客观性、可得性、可比性等方面，力求在指标构建过程中体现区域协调性均衡发展的概念内涵。

二　指标体系框架

基于区域协调性均衡发展的特征，结合长江经济带协调性均衡发展的内涵，根据上述分析依据，构建由均衡度指数、协调度指数和融合度指数组成的指标体系。

均衡度指数的构建依据是 2018 年 11 月中共中央、国务院发布的《关于建立更加有效的区域协调发展新机制的意见》中提出的基本公共服务均等化、基础设施通达程度比较均衡、人民基本生活保障水平大体相当的三大目标，具体设计了"人民生活水平""基本公共服务""基础设施建设"等 3个二级指标和 10 个三级指标。

协调度指数的构建依据是区域发展涉及的产业、城镇、社会、人与自然等四大重点关系领域，具体设计了"产业协调""城镇协调""社会协调""人与自然协调"等 4 个二级指标和 10 个三级指标。

融合度指数的构建依据则是 2018 年 4 月习近平总书记在武汉主持召开的深入推动长江经济带发展座谈会上明确提出的"努力把长江经济带建设成为生态更优美、交通更顺畅、经济更协调、市场更统一、机制更科学的黄金经济带"的五个"更"的美好愿景，作为区域均衡性与协调性在"融合共生"耦合机制下所达到的理想状态，具体设计了"生态优美""交通顺畅""经济协调""市场统一""机制科学"等 5 个二级指标和 10 个三级指标。

第二节　评价指标体系构建及指标说明

一　指标体系构建

根据上述分析依据，本研究构建了由均衡度指数、协调度指数和融合度指数 3 个一级指标及 12 个二级指标和 30 个三级指标所组成的区域协调性均衡发展指数评价指标体系，以长江经济带 110 地级及以上城市为典型样本加以实证分析评价，并听取专家建议，将上年度指标体系中 D21 "万元 GDP 电耗"指标调整为"环境空气质量优良天数"（见表 2-1）。

表 2-1　区域协调性均衡发展指数评价指标体系

一级指标	二级指标	三级指标	单位
均衡度指数 B1	人民生活水平 C1	城乡居民人均可支配收入 D1	元
		人均社会消费品零售额 D2	元
		人均住户年末储蓄存款余额 D3	元
		城镇登记失业率 D4	%
	基本公共服务 C2	每万人拥有病床数 D5	张
		每万人拥有公共图书馆藏书 D6	册
		城镇职工基本养老保险覆盖率 D7	%
	基础设施建设 C3	互联网接入户数 D8	万户
		建成区路网密度 D9	公里/公里^2
		建成区排水管道密度 D10	米/公里^2
协调度指数 B2	产业协调 C4	第二、第三产业占比 D11	%
		规上企业利润总额 D12	亿元
		三资企业数量占比 D13	%
	城镇协调 C5	中心城区人口占比 D14	%
		城乡居民人均可支配收入比 D15	%
	社会协调 C6	社会网络联系度 D16	—
		失业保险覆盖率 D17	%
	人与自然协调 C7	人口密度比 D18	—
		经济密度比 D19	—
		城镇密度比 D20	—
融合度指数 B3	生态优美 C8	环境空气质量优良天数 D21	天
		万元 GDP "三废"污染排放 D22	吨
		建成区绿化覆盖率 D23	%
	交通顺畅 C9	单位行政区面积实有城市道路面积 D24	米^2/公里^2
		单位行政区面积实有高速公路里程 D25	公里/公里^2
	经济协调 C10	人均(绿色)GDP D26	元
		R&D 经费支出占财政支出的比重 D27	%
	市场统一 C11	国内 100 强企业分支机构数 D28	家
		世界 100 强企业分支机构数 D29	家
	机制科学 C12	以水资源保护与水环境综合治理为核心的联防联控机制和生态环境补偿机制 D30	个

（一级指标总列："协调均衡发展指数 A"贯穿全表）

二　评价区域

本研究所涉及的长江经济带协调性均衡发展指数评价区域包括两个层级：省市层级包括上海、江苏、浙江、安徽、江西、湖北、湖南、重庆、四川、贵州、云南等沿江 11 省市，其中下游地区 4 个、中游地区 3 个、上游地区 4 个；地市层级包括沿江 11 省市的 110 个地级及以上城市，其中下游地区 41 个，中游地区 36 个，上游地区 33 个，未包括湖北恩施，湖南湘西，四川阿坝、凉山、甘孜，贵州黔东南、黔南、黔西南，云南德宏、怒江、迪庆、大理、楚雄、红河、文山、西双版纳等民族自治州，以及湖北省 3 个直管县仙桃、潜江和天门市（见表 2-2）。

表 2-2　长江经济带协调性均衡发展指数评价区域

省级	地级及以上城市（未包含民族自治州等）
上海	上海
江苏	南京、无锡、徐州、常州、苏州、南通、连云港、淮安、盐城、扬州、镇江、泰州、宿迁
浙江	杭州、宁波、温州、嘉兴、湖州、绍兴、金华、衢州、舟山、台州、丽水
安徽	合肥、淮北、亳州、宿州、蚌埠、阜阳、淮南、滁州、六安、马鞍山、芜湖、宣城、铜陵、池州、安庆、黄山
江西	南昌、景德镇、萍乡、九江、新余、鹰潭、赣州、吉安、宜春、抚州、上饶
湖北	武汉、黄石、十堰、宜昌、襄阳、鄂州、荆门、孝感、荆州、黄冈、咸宁、随州
湖南	长沙、株洲、湘潭、衡阳、邵阳、岳阳、常德、张家界、益阳、郴州、永州、怀化、娄底
重庆	重庆
四川	成都、自贡、攀枝花、泸州、德阳、绵阳、广元、遂宁、内江、眉山、南充、乐山、宜宾、广安、达州、雅安、巴中、资阳
贵州	贵阳、六盘水、遵义、安顺、毕节、铜仁
云南	昆明、曲靖、玉溪、保山、昭通、丽江、普洱、临沧

三　数据来源及主要指标说明

（一）数据来源

数据主要来自《中国城市年鉴 2022》、《中国城市建设统计年鉴 2022》、

2022 年及 2023 年各地统计年鉴、相关企业 2022 年年报及国家统计局官方网站等权威机构的统计资料。针对部分缺失的数据，采用多年回归或插值等方式处理。针对原始数据单位不统一的问题，采用最大值和最小值法进行标准化处理，以消除量纲对计算结果可能造成的影响。

（二）指标说明

D2 人均社会消费品零售额：衡量社会消费水平，人均社会消费品零售额＝社会消费品零售额/常住人口。

D3 人均住户年末储蓄存款余额：衡量住户财富水平，人均住户年末储蓄存款余额＝住户年末储蓄存款余额/常住人口。

D5 每万人拥有病床数：衡量医疗资源水平，每万人拥有病床数＝卫生机构病床数量/常住人口（万人）。

D6 每万人拥有公共图书馆藏书：衡量公共文化事业发展水平，每万人拥有公共图书馆藏书＝公共图书馆藏书量/常住人口（万人）。

D7 城镇职工基本养老保险覆盖率：衡量城镇职工基本养老保险覆盖情况，城镇职工基本养老保险覆盖率＝城镇职工基本养老保险缴纳人数/城镇职工总数×100%。

D11 第二、第三产业占比：衡量产业结构比例，即第二、第三产业占比＝（第二产业产值＋第三产业产值）/地方国民生产总值×100%。

D13 三资企业数量占比：衡量产业国际化水平，即三资企业数量占比＝（在中国境内设立的中外合资经营企业数量＋中外合作经营企业数量＋外商独资经营企业数量）/该地区企业总数×100%。

D14 中心城区人口占比：衡量中心城区辐射带动能力，中心城区人口占比＝中心城区人口/常住人口×100%。

D15 城乡居民人均可支配收入比：衡量城乡差异情况，城乡居民人均可支配收入比＝城镇居民人均可支配收入/农村居民人均可支配收入。

D16 社会网络联系度：衡量社会网络强度，使用铁路网络反映其关联度。

D17 失业保险覆盖率：衡量社会保障情况，失业保险覆盖率＝失业保险缴纳人数/失业人数×100%。

D18 人口密度比：衡量长江经济带人口协调程度，人口密度比=该地区人口密度/长江经济带 110 个地级及以上城市平均人口密度。

D19 经济密度比：衡量长江经济带经济协调程度，经济密度比=该地区经济密度/长江经济带 110 个地级及以上城市平均经济密度。

D20 城镇密度比：衡量长江经济带城镇协调程度，城镇密度比=该地区城镇密度/长江经济带 110 个地级及以上城市平均城镇密度。

D22 万元 GDP "三废" 污染排放：衡量环境污染情况，万元 GDP "三废" 污染排放 = （工业废水排放量 + 工业 SO_2 排放量 + 工业 NO_x 排放量）/GDP。

D24 单位行政区面积实有城市道路面积：用以衡量区域通达程度。单位行政区面积实有城市道路面积=实有城市道路面积/单位行政区面积。

D25 单位行政区面积实有高速公路里程：用以衡量区域通达程度。单位行政区面积实有高速公路里程=实有高速公路里程/单位行政区面积。

D26 人均（绿色）GDP：衡量经济总体发展水平，人均（绿色）GDP = GDP/常住人口。

D27R&D 经费支出占财政支出的比重：衡量政府对科技创新的支持力度，R&D 经费支出占财政支出的比重 = R&D 经费/财政支出总量×100%。

D28 国内 100 强企业分支机构数：衡量企业跨域发展程度，以东方财富网 2022 年公布的上市公司市值前 100 强名单为准，分支机构数量以各公司年报披露的子公司及附属公司数量为准。

D29 世界 100 强企业分支机构数：衡量国内外市场开放程度，以跨国公司为主，分支机构数量以各公司年报披露的子公司及附属公司数量为准。

D30 以水资源保护与水环境综合治理为核心的联防联控机制和生态环境补偿机制：衡量机制建设情况且是唯一的定性指标，通过网络查询各城市相关机制（文件）的数量，若不存在记为 0。

第三节　研究方法

一　熵值法

熵值法是借鉴信息熵思想，根据指标的相对变化程度对系统整体的影响来决定指标的权重，能够克服多指标变量间信息的重叠问题且避免人为确定权重的主观性，适合对多元指标进行综合评价，主要步骤如下。

（1）构建原始指标数据矩阵

假设有 m 个待评方案，n 项评价指标，形成原始指标数据矩阵，$X = \{x_{ij}\}_{m \times n}$（$0 \leq i \leq m$，$0 \leq j \leq n$），则 x_{ij} 为第 i 个待评方案第 j 个指标的指标值。

（2）数据标准化处理

由于各指标的量纲、数量级及指标正负取向均有差异，需对初始数据做标准化处理。对于正向指标：

$$x'_{ij} = [x_{ij} - \min(x_j)] / [\max(x_j) - \min(x_j)]$$

对于逆向指标：

$$x'_{ij} = [\max(x_j) - x_{ij}] / [\max(x_j) - \min(x_j)]$$

定义标准化矩阵：

$$Y = \{y_{ij}\}_{m \times n}$$

其中，$y_{ij} = x'_{ij} / \sum x'_{ij}$，$0 \leq y_{ij} \leq 1$。

（3）计算评价指标的熵值

$$e_j = (-1/\ln m) \sum y_{ij} \ln y_{ij}$$

（4）计算评价指标的差异性系数

$$g_j = 1 - e_j$$

（5）定义评价指标的权重

$$w_j = g_j / \sum g_j$$

（6）计算样本的评价值

用第 j 项指标权重 w_j 与标准化矩阵中第 i 个样本第 j 项评价指标接近度 x'_{ij} 的乘积作为 x_{ij} 的评价值 f_{ij}，即 $f_{ij} = w_j \times x'_{ij}$，第 i 个样本的评价值为 $f_i = \sum f_{ij}$。

二　空间自相关

空间自相关是用来揭示某种属性数据在空间上的潜在相互依赖性，一般可以分为全局自相关和局部自相关。

全局自相关即全局莫兰指数（Global Moran'I）用要素位置及其值来度量。给定某一组要素及其相关属性，判断该要素表达的模式是聚类还是离散抑或随机。

全局莫兰指数的公式为：[①]

$$I = \frac{n}{S_0} \frac{\sum\limits_{i=1}^{n} \sum\limits_{j=1}^{n} w_{i,j} z_i z_j}{\sum\limits_{i=1}^{n} z_i^2}$$

$$S_0 = \sum_{i=1}^{n} \sum_{j=1}^{n} w_{i,j}$$

$$Z_I = \frac{I - E[I]}{\sqrt{V[I]}}$$

$$E[I] = -1/(n-1)$$

$$V[I] - E[I^2] - E[I]^2$$

式中，Z_i 是要素 i 的属性与其平均值（$X_i - X$）的偏差，$W_{i,j}$ 是要素 i 和 j 之间的空间权重，n 为要素总数，S_0 是所有空间权重的聚合，Z_I 即 Z 得分值。$n = 110$ 即空间要素的数量，长江经济带 110 个地级及以上城市；Z_i 与 Z_j 为第 i 个和第 j 个城市的人均 GDP 变化值，I 的取值范围是 [-1, 1]，当 $I = 0$ 时，表明要素在空间上是随机分布的；当 I 趋于 1 时，表明要素在空间上呈正相关；当 I 趋于 -1 时，表明要素在空间上呈负相关。

---

① 公式来源于 ArcGIS10.8 版帮助指南，下同。

局部自相关可以反映区域各城市之间指数的集聚模式，主要包括：高—高聚类（HH），高值被高值包围；高—低聚类（HL），高值被低值包围；低—高聚类（LH），低值被高值包围；低—低聚类（LL），低值被低值包围；没有明显聚类模式。公式如下：

$$I_i = \frac{x_i - \overline{X}}{S_i^2} \sum_{j=1, i \neq j}^{n} w_{i,j}(x_j - \overline{X})$$

$$S_i^2 = \frac{\sum_{j=1, j \neq i}^{n} (x_j - \overline{X})^2}{n-1}$$

式中，x_i 是要素 i 的属性；$\overline{X}$ 是对应属性的平均值；$w_{i,j}$ 是要素 i 和 j 之间的空间权重；n 是要素的总数目。

三 系统聚类分析法

系统聚类分析在聚类分析中应用最为广泛，主要是对多个样本或多个指标进行定量分类的一种多元统计分析方法，可以根据研究对象的特征按照关系的远近进行分类。本报告运用 DPS18.10 高级版数据处理系统对长江经济带 110 个城市进行聚类分析，为了更能体现特征量之间的相对关系，在标准化变化后，选择卡方距离作为度量函数，最后通过可变类平均法将长江经济带 110 个城市划分成五大类。可变类平均法的递推公式如下：

$$D_{pq}^2 = (1 - \beta) \frac{n_p D_{p1} + n_q D_{1q}}{n_p + n_q} + \beta D_{pq}^2$$

式中，D_{pq}^2 是类间聚类；n 是样本数量；系数 $\beta < 1$，β 的大小由两项间相对重要性决定。

第三章　2021年长江经济带协调性均衡发展指数分析

面对错综复杂的国内外形势，2022年长江经济带沿江11省市生产总值达56万亿元，同比增长5.6%，是我国增长速度最快的区域之一。其中，沿江11省市经济总量占全国的比重达46.3%，对全国经济增长的贡献率提高至50.5%。受新冠疫情影响，世界经济增长始终低迷，国际经贸摩擦加剧，经济下行压力进一步加大，长江经济带协调性均衡发展面临一系列新挑战。因此，本章以2021年长江经济带110个城市的统计数据为基础，从长江经济带协调性均衡总指数及协调度、均衡度和融合度等3个维度对长江经济带协调性均衡发展水平展开系统分析与评价。据此，为后文提出长江经济带各流段的协调性均衡发展对策奠定基础。

第一节　2021年长江经济带协调性均衡发展总指数测度

一　长江经济带协调性均衡发展总指数

为了对比和把握长江经济带协调性均衡发展态势，依据第二章提出的测度方法及评价指标体系，对长江经济带110个城市的基础统计数据展开计算，具体测度结果及排名情况如表3-1所示。从110个城市的总体上看，相较于2020年，排名上升的城市有48个，下降的城市有46个，保持不变的城市有16个。

表3-1 2021年长江经济带协调性均衡发展总指数情况及与2020年对比

城市层级	包含城市
第一层级（1）	上海（-）
第二层级（12）	苏州（-）、南京（-）、杭州（-）、武汉（-）、成都（-）、无锡（-）、宁波（-）、常州（↑）、重庆（↓）、合肥（↓）、嘉兴（↑）、长沙（↓）
第三层级（20）	南通（-）、芜湖（↑）、南昌（↓）、绍兴（↓）、湖州（↓）、舟山（↓）、台州（↑）、贵阳（↑）、扬州（↑）、温州（-）、金华（↑）、马鞍山（↑）、铜陵（↑）、衢州（↓）、宜昌（↑）、泰州（↓）、徐州（↑）、昆明（↑）、鄂州（↓）
第四层级（57）	九江（↑）、株洲（↓）、盐城（↑）、萍乡（↑）、新余（↓）、宣城（↑）、连云港（↑）、淮安（↓）、黄石（-）、丽水（↓）、黄山（↓）、鹰潭（↑）、襄阳（↑）、滁州（↑）、湘潭（↓）、景德镇（↓）、蚌埠（↓）、池州（↑）、宜春（↓）、孝感（↓）、绵阳（↓）、淮北（-）、荆门（↑）、咸宁（↑）、宿迁（↑）、安庆（↑）、吉安（↑）、德阳（↑）、十堰（↑）、自贡（↑）、上饶（↓）、衡阳（↑）、抚州（↓）、遂宁（↓）、广安（↑）、乐山（↓）、泸州（↑）、郴州（↓）、攀枝花（↓）、眉山（↑）、荆州（↑）、南充（↑）、常德（↓）、宜宾（↓）、玉溪（↓）、雅安（↓）、淮南（↓）、广元（↓）、娄底（↓）、遵义（↓）、永州（-）、六安（↓）、益阳（↑）、黄冈（↑）、资阳（↓）
第五层级（20）	随州（↑）、宿州（↑）、内江（↑）、亳州（↑）、阜阳（↑）、六盘水（↓）、安顺（↓）、巴中（↑）、达州（↑）、怀化（↓）、曲靖（↓）、邵阳（↓）、普洱（-）、保山（↓）、丽江（↓）、张家界（↓）、铜仁（↓）、毕节（↓）、昭通（-）、临沧（-）

注：括号内的-、↑和↓分别为指数2021年较2020年不变、上升和下降。下同。

总体上看,长江经济带协调性均衡发展总指数与长江经济带经济社会发展现状基本保持一致,即呈现出下游>中游>上游偏低的空间格局特征。分城市来看,在ArcGIS中采用自然断裂点法将110个城市划分为五个层级。

第一层级是协调性均衡发展总指数大于2.4233的城市,仅有上海1个城市,占全部单元的0.91%。

第二层级是协调性均衡发展总指数在1.3777~2.4232的城市,包括苏州、南京、杭州、武汉、成都、无锡、宁波、常州、重庆、合肥、嘉兴和长沙等12个城市,较2020年增加了4个城市,约占所有研究单元的10.91%。其中,大多数处于下游地区。

第三层级是协调性均衡发展总指数在1.0062~1.3776区间的城市,包括南通、芜湖、南昌、绍兴、湖州、舟山、镇江、台州、贵阳、扬州、温州、金华、马鞍山、铜陵、衢州、宜昌、泰州、徐州、昆明和鄂州等20个城市,较2020年减少了1个城市,约占所有研究单元的18.18%。其中,绝大多数处于下游地区。

第四层级是协调性均衡发展总指数在0.7031~1.0061区间的城市,包括九江、株洲、盐城、萍乡、新余、蚌埠、宣城、连云港、淮安、黄石、丽水、黄山、鹰潭、襄阳、滁州、湘潭、景德镇、赣州、池州、岳阳、宜春、孝感、绵阳、淮北、荆门、咸宁、宿迁、安庆、吉安、德阳、十堰、自贡、上饶、衡阳、抚州、遂宁、玉溪、乐山、广安、泸州、郴州、攀枝花、眉山、荆州、南充、常德、宜宾、雅安、淮南、广元、娄底、遵义、永州、六安、益阳、黄冈、资阳等57个城市,较2020年增加了8个城市,约占所有研究单元的51.82%。其中,绝大多数集中在中上游地区。

第五层级是协调性均衡发展总指数在0.7030及以下的城市,包括随州、宿州、内江、亳州、阜阳、六盘水、安顺、巴中、达州、怀化、曲靖、邵阳、普洱、保山、丽江、张家界、铜仁、毕节、昭通、临沧等20个城市,较2020年减少了11个城市,约占所有研究单元的18.18%。其中,绝大多数处于中上游地区。

从各城市指数的极差来看，2021年首位（上海，3.6030）是末位（临沧，0.4175）的8.63倍，而2020年为9.16倍，极差快速收窄，表明110个城市的协调性均衡发展状态持续好转。但总体来看，长江经济带协调性均衡发展总指数的区域差异仍然较大，梯度分布较为明显。下游尤其是长三角地区的城市表现出色，基本处于第1~3层级；中游除武汉、长沙、南昌等少数城市处于第1~3层级外，不少城市都处于第4层级；上游除重庆、成都、贵阳和昆明等区域中心城市和省会城市外，大多处于第4~5层级，协调性均衡发展指数相对偏低，总体呈现出"下游保持稳定、中游持续发力、上游略有下滑"的变化趋势。

二 长江经济带典型城市协调性均衡发展指数的特征分析

本部分将长江经济带110个城市（主要依据城市所属的层级）具体划分为龙头城市、核心城市、重要城市、节点城市和一般城市5种类型。结合各项指标数据对不同类型城市的协调性均衡发展特征展开分析，旨在勾勒出长江经济带各城市的协调性均衡发展轮廓，探究各城市在协调性均衡发展存在的显著优势。

（一）龙头城市

2021年上海的协调性均衡发展总指数列所有研究单元的第一位，但与第二位的苏州差距较2020年缩小了24.7个百分点，依然是长江经济带协调性均衡发展中当之无愧的龙头城市。

进一步观察具体指标可知，上海在城乡居民人均可支配收入，人均住户年末储蓄存款余额，第二、第三产业占比，规上企业利润总额，社会网络联系度等指标方面均位列第一，尤其是国内100强企业分支机构数和世界100强企业分支机构数两项指标分别约是排第二位的武汉的2.8倍和2.1倍，优势十分明显，具体体现在：综合经济实力大幅提升，经济增速在全球主要城市中处于领先地位，总量规模跻身全球城市前列，人均生产总值超过 2.69 万美元。全面深化中国（上海）自贸试验区改革开放，临港新片区挂牌成立，成功举办三届中国国际进口博览会，溢出带动效应持续放大。市民的获得感、幸福感、安全感持续增强，居民人均可支配收入水平保持全国领先，公共服务体系不断完善，现代化教育水平进一步提升，养老服务体系基本形成，"健康上海行动"深入实施，居民平均预期寿命达到 83.66 岁。由此可见，在强大经济实力的支撑下，在社会民生、生态环境、基础设施等领域的高投入是上海协调性均衡发展水平持续领先的关键所在。

表 3-2　上海排名首位的具体指标数据

指标	数值	名次	后一位城市及数值
城乡居民人均可支配收入	78027 元	1	苏州（68191 元）
人均住户年末储蓄存款余额	16.53 万元	1	马鞍山（14.24 万元）
每万人拥有公共图书馆藏书	33028 册	1	南京（26359 册）
第二、第三产业占比	99.77%	1	苏州（98.16%）
规上企业利润总额	3164.63 亿元	1	苏州（1515.22 亿元）
三资企业数量占比	32.66%	1	苏州（31.4%）
社会网络联系度	0.0513	1	南京（0.0444）
单位行政区面积实有高速公路面积	0.1342	1	鄂州（0.1153）
经济密度比	13.23	1	武汉（6.81）
国内 100 强企业分支机构数	534 家	1	武汉（190 家）
世界 100 强企业分支机构数	78 家	1	武汉（38 家）

上海尽管在上述指标中居于全面领先地位，但在城镇协调、生态优美等方面还存在明显短板。在城乡居民人均可支配收入比方面，上海仅为 1.99，列所有研究单元中的第 70 位，较 2020 年下降了 2 个位次，城乡收入差距较大，在实现共同富裕的道路上仍存在不少问题；城镇登记失业率为 2.7%，列所有研究单元中的第 67 位；在生态优美方面，上海的环境空气质量优良天数、万元 GDP "三废"污染排放和建成区绿化覆盖率分别为 335 天、0.345 吨和 37.73%，分列所有研究单元中的第 43 位、第 75 位和第 106 位。由此可见，上海在城乡居民人均可支配收入

比、环境空气质量优良天数和建成区绿化覆盖率方面表现相对欠佳，排名基本处于所有研究单元的中下游位置。上海进入了高质量发展的新阶段，但对标中央要求、人民期盼，对照国际最高标准、最好水平，城市综合实力还有较大提升空间，城市管理、生态环境等方面仍需不断改善，教育、医疗、养老等公共服务供给和保障水平有待进一步提升，人才、土地等要素资源对高质量发展的约束需要加快破解。

（二）核心城市

在2021年度长江经济带各城市协调性均衡发展总指数中，苏州、南京、杭州、武汉、成都、无锡、宁波和常州等8个城市属于核心城市类型。2016年发布的《长江经济带发展规划纲要》中确立了长江经济带"一轴、两翼、三极、多点"的发展新格局。上述城市或属于"一轴"范畴，或属于"三极"内的引领城市，它们在协调性均衡发展指数各维度表现均十分突出，对有效带动长江经济带整体协调性均衡发展水平提升有重要作用。

上述8个城市，除武汉和成都外，其他城市的人均GDP排名均处于所有研究单元的前列，雄厚的经济基础使得地方财政资金相对充裕，对社会民生、生态环境、产业协调、基本公共服务的投入较大，进一步促进了人民生活水平的提高、基本公共服务的完善、三次产业的协调和人地关系和谐（见表3-3）。

表3-3 核心城市部分三级指标的具体表现

城市	城乡居民人均可支配收入		规上企业利润总额		R&D经费支出占财政支出的比重	
	绝对值（元）	较2020年提升位次	绝对值（亿元）	较2020年提升位次	绝对值（%）	较2020年提升位次
苏州	68191	0	2727.66	0	9.17	0
南京	66140	6	1098.91	5	5.96	1
杭州	67709	0	1515.22	2	7.51	1
武汉	48336	4	1040.20	5	8.58	3

城市	城乡居民人均可支配收入		规上企业利润总额		R&D 经费支出占财政支出的比重	
	绝对值(元)	较 2020 年提升位次	绝对值(亿元)	较 2020 年提升位次	绝对值(%)	较 2020 年提升位次
成都	40880	−5	1087.50	0	8.37	7
无锡	63014	3	1452.45	0	4.75	2
宁波	59952	−2	1757.68	1	6.75	1
常州	56897	5	855.24	0	4.39	12

　　苏州是国务院批复确定的长江三角洲重要的中心城市之一、国家高新技术产业基地和风景旅游城市。2021 年，苏州切实加强市域统筹，更深层次融入长三角一体化。一是深入落实长三角一体化发展战略。坚持龙头带动、各扬所长，深化与长三角其他城市全方位合作。高水平建设虹桥国际开放枢纽北向拓展带，启动苏州高铁北站综合枢纽工程，加速推进沪太同港化。开工建设通苏嘉甬铁路、北沿江高铁，推进南沿江城际铁路、沪苏湖铁路、沪苏通铁路二期苏州段、苏锡常城际铁路太仓先导段等工程，建设苏州东站、苏州南站、盛泽站。加强长三角生态绿色一体化发展示范区建设，协力打造"水乡客厅"，推动昆山锦溪、淀山湖、周庄联手打造示范区协调区。深度参与沿沪宁产业创新带、环太湖科创圈和 G60 科创走廊建设，高标准打造太湖科学城、长三角国际研发社区，启动建设长三角生态绿色一体化发展示范区数据中心集群起步区。聚焦长三角公共服务共建共享，构建便捷服务网，实现与上海医保支付直接刷卡、统一结算比例。二是服务全省区域协调发展。主动扛起责任，当好南北联动发展"主力军"，加强与省内城市在产业协同、交通互联、科技创新、生态环保、公共服务等领域的合作。坚决落实南北挂钩、苏通跨江融合等任务，大力支持宿迁建设"四化"同步集成改革示范区。围绕实现全产业链分工协作、优势互补，提升共建园区开发建设水平。建设张皋过江通道，力争开工锡太高速公路苏州段。持续做好东西

部协作、对口支援、对口合作等工作。三是推动市域统筹发展。推进全域规划工作，加强各县级市（区）相邻区域规划统筹，构建以6个区为一个大组团、4个县级市为副中心的"1+4"格局，真正形成大苏州的整体合力。推动开发区改革创新发展，积极开展更多首创性试点、差异性试验和集成性探索，进一步提升苏相合作区、独墅湖开放创新协同发展示范区等合作共建水平。强化全市港口一体化管理，进一步提升太仓港发展能级，推动张家港港、常熟港、太仓港"三港联动"发展。着力打通市域"断头路"，进一步强化市内交通互联互通。优化全市公共服务制度性安排，全力推动市域公共服务一体化、均等化。①

　　南京是江苏省省会、副省级市、特大城市、南京都市圈核心城市，是国务院批复确定的东部地区重要的中心城市、全国重要的科研教育基地和综合交通枢纽。2021年，南京在创新驱动中加快推进发展动能转换，强化科技创新的主引擎作用，引领性国家创新型城市行动方案获科技部批复，创新水平加快提升。紫金山实验室被纳入国家战略科技力量体系，6G太赫兹无线通信创全球实时传输最高纪录。国家第三代半导体技术创新中心南京分中心启动建设，中国科学院大学南京学院正式启用。南京地区新增两院院士14名、居全国第二。加快推进科技成果转化，全社会研发经费支出占GDP比重达3.6%，万人发明专利拥有量达95.4件、居全国第三，技术合同成交额保持全省第一的位置。创新主体竞相涌现。净增高新技术企业1300家、总数达7800家。新晋独角兽企业5家、瞪羚企业146家，入库科技型中小企业1.68万家。全市高新技术产业产值达1.3万亿元，南京高新区全国排名提升至第12位。新型研发机构及其孵化引进企业实现营收285亿元。创新生态持续优化。雨花国家双创示范基地建设获国务院通报表扬。东南大学国际创新港落户江北新区，南航、南理工大学创新港提速建设。新增留学回国人员7224人，2000余名海外高层次

---

① 《2022年南京市人民政府工作报告》，https：//www.suzhou.gov.cn/szsrmzf/zfgzbg/202204/c0e719e0dad3486eb4cfa25215f584d1.shtml。

人才入驻"海智湾"国际人才街区。实施紫金山英才计划，集聚顶尖人才 30 名，引进高层次创新创业人才 234 名，培养创新型企业家 200 名。扩大"宁科贷"覆盖面，科技创新基金规模超 90 亿元。①

杭州是浙江省省会、副省级市、杭州都市圈核心城市，国务院批复确定的浙江省经济、文化、科教中心，长江三角洲中心城市之一。2021年，杭州强化创新驱动，推进拥江发展、加速城市蝶变。深入实施"三名"工程，引进培育西湖大学、中法航空大学、之江实验室等高等院校和科研院所。大力推动科技创新，启动建设国家新一代人工智能创新发展试验区和创新应用先导区，有效发明专利拥有量年均增长 21%，全球创新指数排名跃至第 21 位。加快企业培育和产业升级，民企 500 强数量连续 19 年居全国城市第一，数字安防产业入选国家先进制造业集群，获批国家区块链创新应用综合试点城市，人均生产总值达到高收入经济体水平。杭州创新主体倍增、民营经济实力跃升，正爆发出昂扬向上的强劲动力。全力加快现代化大都市建设，新增住宅 85.5 万套，城乡居民人均住房面积分别达 40.2 平方米、77.1 平方米，新增绿地 31 平方公里。开展"5433"综合交通大会战，形成总长 401 公里城市轨道交通网、801公里高速公路网、330 公里快速路网，新改建农村公路 4220 公里、建设美丽经济走廊 3207 公里。完成 149 个小城镇环境综合整治、365 个城中村改造、714 个老旧小区改造，建成美丽乡村 276 个，坚持打好"五水共治""五气共治""五废共治"组合拳，实现西湖西溪一体化保护管理，获评国家生态园林城市。杭州正在绘制生态与人居掩映、时尚与人文辉映、历史与现代交融的现代版"富春山居图"。②

武汉是湖北省省会，中部六省唯一的副省级市、特大城市、中部地区的中心城市，全国重要的工业基地、科教基地和综合交通枢纽。2021 年，武

① 《2022 年南京市人民政府工作报告》，https：//www. nanjing. gov. cn/zdgk/202205/t20220518_ 3421551. html？ eqid=c3f8cbda0002321000000004647d36b9。

② 《2022 年杭州市人民政府工作报告》，https：//www. hangzhou. gov. cn/art/2022/4/15/art_ 1229063401_ 4031050. html。

汉的区域辐射力、全国竞争力、全球影响力持续增强，科教人才优势加快转化为创新发展优势。紧扣"实力雄厚"，大力推动高质量发展。做大做强区级经济，着力提升"一主引领"辐射力，带动武汉城市圈同城化发展，打造全国重要增长极。积极构建"965"现代化产业体系，加快建设全国经济中心，初步建成国家商贸物流中心、区域金融中心，着力提升武汉竞争力。全面服务和融入新发展格局，加快打造长江流域和中部地区枢纽港、铁路客货运"双枢纽"、航空客货运门户"双枢纽"，发挥自贸区带动作用，全面提速国际交往中心建设，着力提升武汉的国际影响力。紧扣"创新涌动"，着力增强科技硬核支撑力。聚焦聚力建设具有全国影响力的科技创新中心，推动全域协同创新，增强创新策源能力，不断提高研发投入强度、创新要素集中度和创新成果显示度。高水平建设东湖科学城，努力打造具有核心竞争力的世界一流科学城。集中布局高水平实验室、重大科技基础设施、重点科研平台，争创湖北东湖综合性国家科学中心。建设国家科技成果转移转化示范区，加快打造全国重要的枢纽型技术要素市场，提高科技成果转化效率。深化科技体制改革，加强知识产权保护运用，完善市场化育才引才用才机制，打造热带雨林式创新生态。紧扣"文化繁荣"，加快建设文化强市。践行社会主义核心价值观，深化公民道德、志愿服务、诚信社会和网络文明建设；弘扬伟大建党精神、伟大抗疫精神，彰显英雄城市、英雄人民精神特质，争创全国文明典范城市。推进城乡公共文化服务体系一体建设，实施汉派文艺作品质量提升工程，振兴武汉"戏曲大码头"，保护好传承好利用好文化遗产，争创东亚文化之都。提升文化产业实力，实施"文化+"战略，加快数字文化产业发展，推动文旅深度融合，建设一批文化产业园区，壮大一批特色文化产业链，形成一批具有国际影响力的文旅品牌。①

　　成都是四川省省会、副省级市、特大城市、成渝地区双城经济圈核心城市，国务院批复确定的西部地区重要的中心城市，国家重要的高新技术产业

① 《2022年武汉市人民政府工作报告》，https://www.wuhan.gov.cn/zwgk/xxgk/ghjh/zfgzbg/202202/t20220207_1919389.shtml。

基地、商贸物流中心和综合交通枢纽。2021 年，成都市聚焦建设科技创新中心，动力源牵引更加强劲。创新主体持续壮大。组建新型研发机构 22 个，新增工程技术研究中心和产学研联合实验室 23 个。实施高新技术企业培育计划，净增高新技术企业 1600 余家、总量达 7800 家，高新技术产业营业收入增长 13.9%。新增科创板上市及过会企业 11 家、总数居中西部地区第 1 位。核心技术加快突破。围绕工业互联网等重点领域，实施关键核心技术攻关项目 121 个，突破纳米孔基因测序等核心技术 100 项，成功研制一批打破国外垄断的高端装备核心部件，自主研发的人工智能视觉终端专用芯片实现量产。创新生态不断优化。组建注册资本 100 亿元的成都科技创新投资集团，建成国家级双创示范基地 5 个，获批建设中国（成都）知识产权保护中心，"科创通"创新创业服务平台获国务院大督查通报表扬，技术合同成交额 1220 亿元。深入实施人才新政 2.0 版，出台礼遇"成都工匠"十条政策，大力推进青年创新创业，新落户青年人才 16 万人，连续 3 年获评"魅力中国——外籍人才眼中最具吸引力的中国城市"。数字经济蓄势发力。成都智算中心等项目开工建设，启动建设数字化车间、智能工厂 100 家，累计建成 5G 基站 5 万个，在全国率先实现 5G 独立组网规模部署，入选国家区块链创新应用试点，获评全国首批"千兆城市"，数字经济指数排名全国第 4 位。深入实施新经济企业梯度培育和"双百工程"，新增新经济企业 11.7 万家，新经济营业收入增长 19.4%。①

　　无锡是国务院批复确定的长江三角洲地区中心城市之一、上海大都市圈的重要组成部分。2021 年，无锡市产业强市纵深推进，创新动能显著增强。科技进步贡献率连续 9 年领跑全省。启动共建环太湖科创圈，发布太湖湾科创带国土空间规划，梁溪科技城、霞客湾科学城等科技新城协同推进。太湖实验室第一届理事会、学术委员会启动运作，长三角—粤港澳大湾区产业创新合作（无锡）试验区揭牌启动。国家集成电路特色工艺及封装测试创新

---

　　① 《2022 年成都市人民政府工作报告》，https：//baijiahao.baidu.com/s？id = 172332620620 0685343&wfr=spider&for=pc。

中心获批建设，无锡航空发动机基础部件创新研究院、长三角太阳能光伏技术创新中心等新型研发机构落地建设，率先与全国首批 12 家未来技术学院开展战略合作。有效期内高新技术企业增至 4608 家，新增省级院士工作站 4 家、省级企业技术中心和工程技术研究中心 84 家，建成全省首个国家技术标准创新基地。10 项成果获国家科学技术奖，12 个项目获中国专利奖。成功举办太湖人才峰会，实现市、县两级高层次人才一站式服务中心全覆盖，引进高层次人才 1.3 万人、大学生 10.6 万人。"无锡院士之家"建成启用，一年来两院院士 250 多人次走进无锡。人才金融港开港，发放科技风险补偿贷款 87.3 亿元，15 亿元规模的市级天使投资引导基金启动运作。[①]

宁波是国务院批复确定的东南沿海重要的港口城市、长江三角洲南翼经济中心。2021 年，宁波市推进高质量发展，奋力锻造"全球智造创新之都"硬实力。强化创新赋能、数字赋能，加快建设高水平创新型城市、全球先进智造高地。做强高能级创新策源平台，发展国家自主创新示范区，高标准建设甬江科创区、甬江实验室，初步建成三大科创高地，实现市级以上企业研发机构数量倍增，力争研发投入强度达到 3.75%。更大力度集聚高端创新人才，深化产学研用结合，攻克关键核心技术 500 项以上。加快制造业"大优强、绿新高"发展，着力打造十大标志性产业链，建成国家级产业集群 5 个以上，抢先布局一批未来产业，制造业高质量发展保持全国领先。超常规发展数字经济，培育壮大四大千亿级数智化制造业、四大千亿级数智化服务业，迭代建设"产业大脑+未来工厂"，数字经济核心产业增加值突破 3500 亿元。跨越式发展现代服务业，加快推动生产性服务业集聚发展、生活性服务业提质发展，生产性服务业增加值达到 6000 亿元，总部企业突破 1000 家。争创民营经济发展新优势，积极推动企业"上规、上市、上云、上榜"，市场主体突破 160 万户，规上工业企业突破 1.5 万家，高新技术企业突破 1 万家，上市公司数量、市值实现"双倍增"，更多企业跻身中国企

---

① 《2022 年无锡市人民政府工作报告》，https：//www.zgjssw.gov.cn/shixianchuanzhen/wuxi/
202203/t20220321_ 7471384. shtml。

业 500 强或中国民营企业 500 强。[①]

常州是长江三角洲中心城市、国家历史文化名城。2021 年常州聚焦城市能级提升，增强城市的集聚力、辐射力、服务力。坚持打造一座开放大气的城市，积极融入长三角一体化发展，加入上海大都市圈，深化苏锡常都市圈合作联动，推进锡常泰跨江融合；加快建设现代化综合交通枢纽，常泰长江大桥等重大项目开工建设，苏锡常南部高速、常宜高速、溧高高速常州段建成通车，锡溧漕河前黄枢纽建成投用；谋定高速铁路、"高速中环"建设规划，常泰铁路成功纳入长三角多层次轨道交通体系规划，一座承东启西、连南接北、左右逢源、串联苏南、浙北、皖南区域联动发展的长三角中轴枢纽城市呼之欲出。坚持打造一座城乡融合发展的城市，高铁新城建设、老城厢复兴有序实施，"两湖"创新区规划加快编制；完成轨道交通 1 号线、2 号线及城市高架沿线环境综合整治，新建改建城市公厕 425 座、农村公厕791 座；常金同城化、常溧一体化加快推进；在全省率先推进全域美丽乡村建设，持续整治提升农村人居环境，建成美丽宜居村庄 1410 个。坚持打造一座文旅繁荣兴盛的城市，大运河文化带建设深入推进，文化广场、青果巷、南市河、溧阳"1 号公路"等文旅新地标闻名遐迩，建成新型公共文化服务空间"秋白书苑"32 个，获评国家 5A 级旅游景区和国家级旅游度假区各 1 家、全国乡村旅游重点村镇 6 个，入选首批国家文化和旅游消费试点城市，溧阳市创成国家全域旅游示范区。[②]

（三）重要城市

在协调性均衡发展总指数中，南通、芜湖、南昌、绍兴、湖州、舟山、镇江、台州、贵阳、扬州、温州、金华、马鞍山、铜陵、衢州、宜昌、泰州、徐州、昆明和鄂州等 20 个城市属于重要城市类型。其中，南通、芜湖、绍兴和舟山等 14 个城市均为地级市，南昌、昆明和贵阳分别是江西省、云南省和贵州省省会城市，是推动长江经济带协调性均衡发展的重要载体与辐射中心。

---

① 《2022 年宁波市人民政府工作报告》，https：//mp. weixin. qq. com/s。

② 《2022 年常州市人民政府工作报告》，https：//www. changzhou. gov. cn/gi＿ news/531646 100290517。

南通、芜湖、绍兴、舟山、镇江和台州等城市位于经济社会发展水平较高的长三角城市群地区，较之核心城市，虽然在人民生活水平、基本公共服务、基础设施、城镇协调、经济协调和市场统一等方面不具有明显优势，但得益于毗邻上海、南京、杭州等高等级城市的区位优势，在不少细分领域处于长江经济带中上游水平。部分城市的个别协调性均衡发展三级指标具有突出优势。例如，舟山和湖州的城镇职工基本养老保险覆盖率分别为79.9%和79.3%，分列所有研究单元的第1位和第2位；舟山的城乡居民人均可支配收入比为1.38，列所有研究单元的第1位；芜湖的R&D经费支出占财政支出的比重高达13.9%，居所有研究单元的第2位；贵阳的环境空气质量优良天数高达365天，列所有研究单元的第1位。

表3-4　2021年部分城市排前列指标情况

具体指标	城市（排名）
人均住户年末储蓄存款余额	马鞍山（2）、芜湖（3）、铜陵（4）
城镇登记失业率	金华（5）、舟山（5）
城乡居民人均可支配收入比	舟山（1）、湖州（4）
每个万人拥有公共图书馆藏书	舟山（4）
城镇职工基本养老保险覆盖率	舟山（1）、湖州（2）、贵阳（3）
R&D经费支出占财政支出的比重	芜湖（2）
环境空气质量优良天数	贵阳（1）
人均社会消费品零售额	南昌（3）
建成区路网密度	台州（1）
建成区排水管道密度	衢州（1）
三资企业数量占比	徐州（4）
中心城区人口占比	鄂州（1）
城镇密度比	舟山（3）
单位行政区面积实有城市道路面积里程	鄂州（3）
单位行政区面积实有高速公路面积	鄂州（2）
R&D经费支出占财政支出的比重	芜湖（2）

鄂州、昆明和贵阳均处于长江经济带中上游地区，区域发展基础较之下游地区相对薄弱，协调性均衡发展水平与同处于重要城市行列的南通、绍

兴、镇江等城市相比还有一定差距。例如，2021年昆明的中心城区人口占比为71.23%，列所有研究单元的第13位，但城乡居民人均可支配收入比为2.69，列所有研究单元的第101位。再如，2021年贵阳的人均GDP为75435元，列所有研究单元的第49位，但环境空气质量优良天数高达365天，列所有研究单元的第1位。也就是说，这些城市虽然在某些领域有一定短板，但也在一些领域拥有长处甚至是绝对优势。加之，这些城市首位度普遍较高，在推进区域协调性均衡发展方面可以得到诸多政策支持，成为各省域推动协调性均衡发展的重要力量。

需要指出的是，宜昌作为长江经济带中游地区的重要城市，2021年在协调性均衡发展方面亮点颇多，指数排名较2020年上升了7个位次。

宜昌位于湖北省西南部、长江上中游分界处，是湖北省域副中心城市，综合实力仅次于武汉襄阳，居湖北省第3位，是中部地区重要的交通枢纽，被誉为"世界水电之都"。宜昌是优秀旅游城市，是湖北省唯一的国家环境保护模范城市，享有全国文明城市、国家园林城市、国家卫生城市、国家森林城市、中国钢琴之城等美誉。2021年，宜昌市在推进区域协调性均衡发展方面主要有以下亮点。一是重大战略加速落地。实施世界旅游名城建设五年行动，城建、交通五年攻坚行动。十大制造业综合性产业链、八大农业产业链链长制全面推行。区域科创中心建设上升为省级战略。出台区域消费中心、金融中心建设行动计划，加快服务业攻坚突破。高位推进"城市大脑"建设，数字底座上线运行。二是招大引强空前突破。新签约亿元以上项目500个，同比增长53.9%，其中超100亿元的有6个。投资320亿元的宁德时代邦普一体化项目"当年签约、当年开工"。与三峡集团签署1138亿元战略合作协议。新开工亿元以上项目686个，一批过50亿元、过100亿元重大产业项目落地建设。三是南翼协同破题开篇。"宜荆荆恩"城市群经济总量突破万亿元。"宜荆荆"磷化工产业集群获工信部1000万元奖补资金。宜都、松滋协同发展先行区首批重大项目落地建设，沿江高铁荆门至宜昌段即将开工。四是惠民实事扎实推进。深入开展"我为群众办实事"实践活动，中小学营养午餐及课后服务、"全市一个停车场"、既有住宅加装电梯、物业管理全覆盖等惠民实事获得广泛好评。

表 3-5　宜昌排名前列的指标

指标	绝对值	排名
人均住户年末储蓄存款余额	12.08 万元	7
城镇职工基本养老保险覆盖率	56.5%	20
规上企业利润总额	838.23 亿元	11
建成区绿化覆盖率	45.02%	19
人均(绿色)GDP	12.85 万元	15

（四）节点城市和一般城市

在协调性均衡发展指数中，九江、株洲、盐城等 57 个城市属于节点城市类型，随州、宿州、内江等 20 个城市属于一般城市类型。从各城市的具体排名来看，排名前十位的节点城市中九江、株洲、萍乡、新余、蚌埠和黄石等不属于长三角城市群，而在一般城市中仅有宿州、亳州、阜阳等属于长三角城市群。可知，无论是节点城市还是一般城市，下游地区城市的协调性均衡发展情况总体要好于中上游地区。

节点城市和一般城市的协调性均衡发展指数排名相对靠后，人民生活水平、基本公共服务、产业协调、人与自然协调、经济协调和市场统一等方面的发展水平相对较低，但通过对具体指标的逐一考察，仍可以发现个别城市在某些特定领域具有明显优势或亮点，值得深入培育或予以强化，并将其作为进一步提升协调性均衡发展水平的突破口。例如，在城镇登记失业率方面，排名前十位的城市中有安庆、益阳、永州、蚌埠、丽水等节点城市和一般城市；在每万人拥有病床数方面，十堰、雅安、广元等城市进入了前十位；在单位行政区面积实有城市道路面积里程和环境空气质量优良天数方面分别有 7 个和 8 个城市进入前十位。

表 3-6 节点城市和一般城市在所有研究单元排名进入前十位的具体指标

指标	城市	绝对值	排名	指标	城市	绝对值	排名
人均社会消费品零售额	新余	68837.71	5	城镇密度比	内江	6.56	1
	景德镇	66098.16	6		自贡	1.65	5
	鹰潭	60154.87	7		广安	1.57	6
人均住户年末储蓄存款余额	黄山	12.01	8		南充	1.55	8
城镇登记失业率	安庆	0.8	1		遂宁	1.44	9
	益阳	1.2	2	环境空气质量优良天数	遵义	365.00	1
	永州	1.27	3		曲靖	365.00	1
	蚌埠	1.48	4		六安	364.00	4
	丽水	1.56	5		安顺	364.00	4
每万人拥有病床数	十堰	106.45	1		丽江	364.00	4
	雅安	101.70	2		保山	363.00	7
	广元	96.96	3		昭通	363.00	7
	资阳	94.74	4		丽水	362.00	9
	自贡	94.14	5	万元 GDP"三废"污染排放	攀枝花	7.44	1
	怀化	90.28	7		六盘水	3.75	2
	攀枝花	86.80	8		安顺	3.75	3
	绵阳	85.76	9		铜仁	3.75	4
	巴中	85.24	10		毕节	3.33	5
每万人拥有公共图书馆藏书	萍乡	18023.00	9		新余	3.82	6
建成区路网密度	黄石	10.76	3		池州	2.79	7
	孝感	10.70	4		眉山	2.45	8
	池州	10.57	5		曲靖	2.32	9
	攀枝花	10.26	6		娄底	2.22	10
	衡阳	10.20	7	建成区绿化覆盖率	景德镇	51.87	1
	铜仁	9.97	9		抚州	50.34	2
	巴中	9.88	10		新余	50.13	3
建成区排水管道密度	丽江	25.63	2		萍乡	49.94	4
	普洱	23.86	5		赣州	49.86	5
	黄石	21.53	6		上饶	49.78	6
	滁州	21.23	7		九江	49.19	7
	丽水	19.94	9		孝感	48.75	8

续表

指标	城市	绝对值	排名	指标	城市	绝对值	排名
中心城区人口占比	新余	77.32	8	建成区绿化覆盖率	宜春	48.55	9
城乡居民人均可支配收入比	宿迁	1.62	3		黄山	48.10	10
	随州	1.72	8		萍乡	2.64	1
人口密度比	宜宾	3.24	1		遂宁	2.60	2
	荆州	2.97	2	单位行政区面积实有城市道路面积里程	内江	2.47	4
	丽江	2.96	3		南充	2.44	5
	黄冈	2.85	5		广安	2.38	6
	怀化	2.52	6		自贡	2.2	8
	曲靖	2.36	8		亳州	2.16	10
	衡阳	2.36	9	R&D 经费支出占财政支出的比重	株洲	0.06	8
	达州	2.27	10				

值得注意的是，在环境空气质量优良天数这一项指标中，曲靖、丽江、保山和昭通等城市均来自云南省，反映出云南省在生态环境保护领域取得的不凡成绩。2021 年云南省全面打响湖泊革命攻坚战，开展九大高原湖泊"两线"划定，彻底改变"环湖造城""贴线开发"格局，九湖水质总体平稳向好，抚仙湖流域治理入选自然资源部 10 个中国特色生态修复典型案例，洱海流域入选全国第二批流域水环境综合治理与可持续发展试点。六大水系出境跨界断面水质 100% 达标，州市政府所在地环境空气质量优良天数比例稳定在 98% 以上，化肥农药使用量持续减少。新增 2 个国家生态文明建设示范县和 1 个"两山"实践创新基地。有效开展高黎贡山生物生态安全风险防范和保护、长江"十年禁渔"、赤水河流域生态环境保护治理等工作，新增营造林 488.63 万亩，完成历史遗留矿山生态修复 2.2 万亩。以坚定态度关停 197 家企业，全力遏制"两高"项目盲目发展，全面出清重点工业行业淘汰类产能，单位 GDP 能耗强度完成国家下达任务。

总的来说，节点城市和一般城市基于规模原因，在基本公共服务、生态优美、人民生活水平等方面表现相对出色，但这并不足以驱动上述城市的协调性均衡发展指数进一步提升。未来，这些城市应在协调度与融合度等高权重领域加大投入，协同推进长江经济带协调性均衡发展。

第二节　2021年长江经济带协调性均衡发展分指数分析

一　均衡度指数

为了衡量长江经济带均衡度指数，依据前文提出的测度方法及评价指标体系，对长江经济带110个城市的基础统计数据展开计算，具体结果如表3-7所示。从110个城市来看，相较于2020年，排名上升的城市有53个，下降的城市有45个，保持不变的城市有12个。

通过分析可知，下游41个城市中，有27个城市的排名处于前1/3，7个城市的排名处于中间1/3，7个城市的排名处于后1/3；中游36个城市中，有7个城市的排名处于前1/3，19个城市的排名处于中间1/3，10个城市的排名处于后1/3；上游33个城市中，有2个城市的排名处于前1/3，9个城市的排名处于中间1/3，21个城市的排名处于后1/3。

分城市来看，采用自然断裂点法将110个城市划分为以下五个层级。

第一层级是均衡度指数为1.7425～2.6361的城市，有上海、苏州、南京、杭州、重庆，占全部研究单元的4.55%。仅重庆为上游城市，其他均为长三角城市。与2020年相比，增加了重庆市。

第二层级是均衡度指数为1.2491～1.7424的城市，有无锡、成都、台州、武汉、舟山、宁波、常州、嘉兴、长沙、绍兴、温州、金华、南通、衢州、铜陵、合肥、湖州、扬州，占全部研究单元的16.36%，相较于2020年减少2个城市。其中，上游城市有1个，中游城市有2个，下游城市有15个，绝大多数集中在下游地区。

表3-7　2021年长江经济带均衡度指数情况及与2020年对比

城市层级	包含城市
第一层级（5）	上海（-）、苏州（-）、南京（↑）、杭州（↓）和重庆（↑）
第二层级（18）	无锡（↑）、成都（↑）、武汉（-）、台州（-）、宁波（-）、常州（↑）、嘉兴（↑）、长沙（↑）、绍兴（↓）、温州（↑）、金华（↑）、南通（↓）、衢州（↑）、铜陵（↑）、合肥（-）、湖州（↓）、扬州（↑）
第三层级（23）	马鞍山（↑）、芜湖（↑）、丽水（↓）、泰州（↑）、镇江（↓）、宜昌（↑）、黄石（↑）、株洲（↓）、徐州（↑）、宣城（↑）、黄冈（-）、景德镇（↑）、贵阳（↑）、萍乡（↑）、绵阳（↑）、池州（↓）、盐城（↑）、荆门（↑）、新余（↑）、鄂州（↑）、滁州（↑）、岳阳（↑）
第四层级（51）	蚌埠（↓）、十堰（↑）、雅安（↓）、九江（↑）、赣州（↑）、安庆（↑）、自贡（↑）、孝感（↑）、襄阳（↑）、昆明（↓）、淮安（↓）、广元（↓）、广安（↑）、鹰潭（↑）、荆州（↑）、湘潭（↓）、咸宁（↓）、德阳（↑）、衡阳（↑）、永州（↓）、吉安（↑）、攀枝花（↓）、玉溪（↓）、黄冈（↓）、淮北（↓）、连云港（↓）、泸州（↑）、宜春（↑）、抚州（↓）、资阳（↓）、乐山（↓）、眉山（↑）、上饶（↓）、遂宁（↑）、郴州（↓）、南充（↓）、淮南（↓）、丽江（↑）、益阳（↓）、宿迁（↓）、宿州（↑）、娄底（↓）、内江（-）、巴中（↑）、六安（↓）、宜宾（↓）、亳州（↓）、达州（↑）、阜阳（↓）、普洱（-）
第五层级（13）	随州（↑）、遵义（↓）、邵阳（↑）、保山（↑）、曲靖（↓）、安顺（↑）、张家界（↓）、怀化（↓）、六盘水（↓）、铜仁（↓）、临沧（-）、毕节（-）、昭通（-）

第三层级是均衡度指数为 0.9326~1.2490 的城市，包括马鞍山、芜湖、丽水、泰州、镇江、黄石、宜昌、南昌、株洲、徐州、宣城、黄山、景德镇、贵阳、萍乡、绵阳、池州、盐城、荆门、新余、鄂州、滁州、岳阳，与2020 年相较减少了 3 个城市，占全部研究单元的 20.91%。其中，上游城市有 2 个，中游城市有 10 个，下游城市有 11 个，基本集中在中下游地区。

第四层级是均衡度指数为 0.6099~0.9325 的城市，包括蚌埠、十堰、雅安、九江、赣州、自贡、安庆、襄阳、孝感、昆明、淮安、广元、广安、鹰潭、荆州、咸宁、湘潭、常德、德阳、衡阳、永州、吉安、攀枝花、玉溪、淮北、黄冈、连云港、泸州、宜春、抚州、资阳、乐山、眉山、上饶、遂宁、郴州、南充、淮南、丽江、益阳、宿迁、宿州、娄底、内江、巴中、普洱、六安、宜宾、亳州、达州、阜阳，与 2020 年相较增加了 6 个城市，占全体研究单元的 46.36%。其中，上游城市有 20 个，中游城市有 20 个，下游城市有 11 个，大部分集中在中上游地区。

第五层级是均衡度指数为 0.3404~0.6098 的城市，包括随州、遵义、邵阳、保山、曲靖、安顺、张家界、怀化、六盘水、铜仁、临沧、毕节、昭通，与 2020 年相较减少了 2 个城市，占全体研究单元的 11.82%。其中，上游城市有 9 个，中游城市有 4 个，多数集中在上游地区（见图 3-1）。

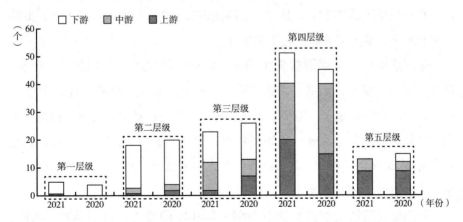

图 3-1　长江经济带均衡度指数各流段各层级城市数量及其与 2020 年的比较

二 协调度指数

为了衡量长江经济带协调度指数，依据前文提出的测度方法及评价指标体系，对长江经济带110个城市的基础统计数据展开计算，具体结果如表3-8所示。相较于2020年，协调度指数排名上升的城市有58个，下降的城市有41个，保持不变的城市有11个。

通过分析可知，下游41个城市中，有30个城市的排名处于前1/3，12个城市的排名处于中间1/3，4个城市的排名处于后1/3；中游36个城市中，有7个城市的排名处于前1/3，17个城市的排名处于中间1/3，12个城市的排名处于后1/3；上游33个城市中，有4个城市的排名处于前1/3，7个城市的排名处于中间1/3，22个城市的排名处于后1/3。

分城市来看，采用自然断裂点法将110个城市划分为五个层级。

第一层级是协调度指数为2.3975~3.3774的城市，仅有上海、苏州，分别为3.3774和3.0385，全部属于下游的长三角地区，占全部单元的1.82%，与2020年相比无变化。

第二层级是协调度指数为1.5628~2.3974的城市，有杭州、南京、无锡、宁波、常州、武汉、嘉兴、成都，与2020年相比增加了1个城市，约占所有研究单元的7.27%。其中，上游城市有1个，中游城市有1个，下游城市有6个，绝大多数集中在下游地区。

第三层级是协调度指数为1.0105~1.5627的城市，包括长沙、合肥、镇江、绍兴、湖州、南通、南昌、贵阳、扬州、芜湖、徐州、连云港、宜昌、舟山、金华、重庆、昆明、九江、衢州、淮安、泰州、台州、盐城、襄阳、马鞍山、萍乡、温州，与2020年相比增加了15个城市，约占所有研究单元的24.55%。其中，上游城市有3个，中游城市有6个，下游城市有18个，大多数集中在下游地区。

第四层级是协调度指数为0.6691~1.0104的城市，包括铜陵、鹰潭、新余、蚌埠、淮北、宣城、宿迁、鄂州、宜春、湘潭、池州、黄石、攀枝花、黄山、株洲、丽水、遵义、绵阳、上饶、荆门、吉安、德阳、岳阳、咸

表3-8　2021年长江经济带协调度指数情况及与2020年对比

城市层级	包含城市
第一层级（2）	上海（-）、苏州（-）
第二层级（8）	杭州（-）、南京（-）、无锡（-）、宁波（-）、常州（↑）、武汉（-）、嘉兴（↑）、成都（-）
第三层级（27）	长沙（↑）、合肥（↑）、镇江（↑）、绍兴（↑）、湖州（↑）、南通（↓）、南昌（↓）、贵阳（↑）、芜湖（↑）、徐州（↑）、连云港（↑）、宜昌（↑）、舟山（↑）、金华（-）、重庆（↓）、昆明（↓）、九江（↑）、扬州（↑）、淮安（↑）、泰州（↑）、台州（↑）、盐城（↑）、襄阳（↑）、马鞍山（↑）、萍乡（↑）、衢州（↑）、温州（↓）
第四层级（53）	铜陵（↑）、鹰潭（↓）、新余（↑）、淮北（↑）、宣城（↑）、鄂州（↑）、宜春（↑）、湘潭（↓）、池州（↑）、黄石（↑）、攀枝花（↑）、黄山（↑）、株洲（↑）、丽水（↑）、上饶（↓）、荆门（↓）、吉安（↓）、德阳（↑）、岳阳（↑）、咸宁（↓）、滁州（↑）、遵义（↓）、绵阳（↓）、乐山（↑）、衡阳（↑）、宜宾（↑）、十堰（↓）、景德镇（↑）、安庆（↑）、娄底（↓）、随州（↑）、泸州（↑）、益阳（↑）、六盘水（↓）、孝感（↑）、六安（↓）、常德（↓）、郴州（↓）、雅安（↓）、资阳（↑）、抚州（↑）、自贡（↑）、永州（↓）、怀化（↓）、广元（↓）、玉溪（↓）
第五层级（20）	安顺（↓）、宿州（↓）、荆州（↑）、南充（↑）、内江（↑）、广安（↑）、张家界（↓）、亳州（-）、邵阳（↓）、达州（↑）、黄冈（↑）、巴中（↑）、普洱（↑）、保山（↓）、昭通（↓）、毕节（↓）、丽江（↓）、曲靖（↓）、铜仁（↓）、临沧（-）

宁、滁州、赣州、淮南、乐山、眉山、衡阳、宜宾、十堰、景德镇、娄底、安庆、随州、资阳、泸州、遂宁、益阳、六盘水、孝感、六安、常德、郴州、雅安、阜阳、抚州、自贡、永州、怀化、广元、玉溪，与2020年相比增加了7个城市，约占所有研究单元的48.18%。其中上游城市有15个，中游城市有25个，下游城市有13个，大多数集中在中游地区。

第五层级是协调度指数为0.4031~0.6690的城市，包括安顺、宿州、荆州、南充、内江、广安、张家界、亳州、曲靖、邵阳、达州、黄冈、巴中、普洱、保山、昭通、毕节、丽江、铜仁、临沧，与2020年相较减少了23个城市，约占所有研究单元的18.18%。其中，上游城市有14个，中游城市有4个，下游城市有2个，大多数集中在上游地区（见图3-2）。

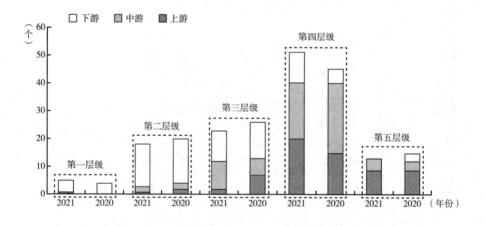

图3-2 长江经济带协调度指数各流段各层级城市数量及其与2020年的比较

三 融合度指数

为了衡量长江经济带融合度指数，依据前文提出的测度方法及评价指标体系，对长江经济带110个城市的基础统计数据展开计算，具体结果如表3-9所示。可知，相较于2020年，排名上升的城市有52个，下降的城市有50个，保持不变的城市有8个。

通过分析可知，下游41个城市中，有22个城市的排名处于前1/3，13个城市的排名处于中间1/3，6个城市的排名处于后1/3；中游36个城市中，有10个城市的排名处于前1/3，14个城市的排名处于中间1/3，12个城市的排名处于后1/3；上游33个城市中，有4个城市的排名处于前1/3，9个城市的排名处于中间1/3，20个城市的排名处于后1/3。

分城市来看，采用自然断裂点法将110个城市划分为五个层级。

第一层级是融合度指数大于2.4201的城市，仅有上海，与2020年相较无变化，占全体研究单元的0.91%，其指数达4.7552，是第二位城市武汉的1.96倍。

第二层级是融合度指数为1.6338~2.4200的城市，包括武汉、成都、苏州、南京、合肥、杭州、重庆、长沙、常州，与2020年相较增加了3个城市，占全体研究单元的8.18%。其中，上游城市有2个，中游城市有2个，下游城市有5个。

第三层级是融合度指数为1.1034~1.6337的城市，包括芜湖、宁波、南通、南昌、嘉兴、无锡、贵阳、鄂州、湖州、昆明、绍兴、镇江，与2020年相较城市数量无变化，占所有研究单元的10.91%。其中，上游城市有2个、中游城市有2个，下游城市有8个，大部分集中在下游地区。

第四层级是融合度指数为0.7841~1.1033的城市，包括铜陵、马鞍山、舟山、扬州、宜春、泰州、株洲、孝感、台州、宜昌、徐州、蚌埠、湘潭、新余、淮安、温州、盐城、九江、宿迁、滁州、鹰潭、萍乡、赣州、淮北、景德镇、宣城、抚州、襄阳、衢州、岳阳、黄山、遂宁、自贡、南充、金华、连云港、安庆、上饶、玉溪、吉安、广安、咸宁、黄石、郴州、德阳、绵阳、安顺、衡阳、亳州、遵义，相较2020年城市数量增加了11个城市，占全体研究单元的45.45%。其中上游城市有9个，中游城市有20个，下游城市有21个，大部分集中在中下游地区。

表3-9 2021年长江经济带融合度指数情况及与2020年对比

城市层级	包含城市
第一层级（1）	上海（-）
第二层级（9）	武汉（-）、成都（↑）、苏州（-）、南京（↓）、合肥（↑）、杭州（↓）、重庆（↑）、长沙（↑）、常州（↑）
第三层级（12）	芜湖（↑）、宁波（↓）、南通（↑）、南昌（↓）、嘉兴（↓）、无锡（↓）、贵阳（↓）、鄂州（↑）、湖州（-）、昆明（↓）、绍兴（-）、镇江（-）
第四层级（50）	铜陵（↑）、马鞍山（↓）、舟山（↓）、扬州（↑）、宜春（↑）、泰州（↓）、株洲（↓）、台州（↑）、宜昌（↑）、徐州（↑）、蚌埠（↓）、湘潭（↓）、新余（↓）、淮安（↓）、温州（↓）、盐城（↑）、九江（↓）、宿迁（↑）、滁州（↑）、鹰潭（↑）、萍乡（↓）、赣州（↑）、淮北（↓）、景德镇（↑）、宣城（↓）、抚州（-）、襄阳（↑）、衢州（↑）、岳阳（↑）、黄山（↓）、遂宁（↓）、自贡（↓）、南充（↑）、金华（↓）、安庆（↓）、连云港（↑）、上饶（↑）、玉溪（↑）、吉安（↑）、广安（↓）、咸宁（↓）、黄石（↓）、郴州（↓）、德阳（-）、绵阳（↓）、衡阳（↓）、安顺（↓）、亳州（↑）、遵义（↓）
第五层级（38）	宜宾（↑）、黄冈（↓）、荆门（↓）、荆州（↑）、池州（↓）、十堰（↓）、娄底（↓）、丽水（↑）、六盘水（↑）、随州（↓）、乐山（↓）、宿州（↑）、泸州（↑）、六安（↓）、巴中（↓）、阜阳（↑）、益阳（↑）、永州（↑）、淮南（↑）、常德（↓）、眉山（↓）、广元（↑）、达州（↑）、曲靖（↓）、铜仁（↓）、保山（↑）、怀化（↓）、资阳（↓）、雅安（↓）、邵阳（↓）、张家界（↓）、丽江（↓）、普洱（↑）、昭通（↑）、临沧（↓）、攀枝花（↓）

第五层级是融合度指数为 0.4511~0.7840 的城市，包括宜宾、黄冈、荆门、荆州、池州、娄底、十堰、内江、丽水、六盘水、随州、乐山、宿州、泸州、六安、巴中、阜阳、益阳、永州、淮南、常德、眉山、广元、达州、曲靖、铜仁、保山、怀化、毕节、资阳、雅安、邵阳、攀枝花、张家界、丽江、普洱、昭通、临沧，相较 2020 年减少了 12 个城市，占全体研究单元的 34.55%。其中上游城市有 20 个，中游城市有 12 个，下游城市有 6个，绝大部分集中在中上游（见图 3-3）。

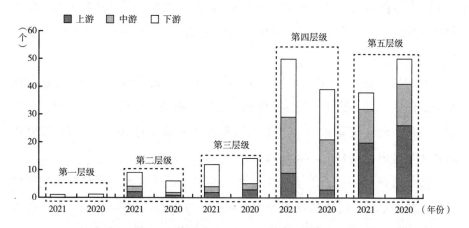

图 3-3　长江经济带融合度指数各流段各层级城市数量及其与 2020 年的比较

第三节　长江经济带协调性均衡发展的空间格局分析

一　全局空间自相关分析

全局空间自相关分析能够反映长江经济带协调性均衡发展指数空间聚集情况。经测度，2021 年长江经济带 110 个地级及以上城市协调性均衡发展指数全局莫兰指数为 0.390，Z 得分为 6.373，且至少在 1% 置信水平下显著，表明长江经济带协调性均衡发展指数在空间上有聚集的特征。相较于2020 年，全局莫兰指数增长约 17.47%（2020 年全局莫兰指数为 0.332，Z

得分为 5.546，在 1%置信水平下显著），长江经济带协调性均衡发展指数空间聚集现象愈发明显。

二 局部空间自相关分析

全局空间自相关分析只能反映长江经济带协调性均衡发展指数空间集聚总体水平。为深入探究长江经济带各城市之间指数的集聚模式，利用聚类和异常值分析对协调性均衡发展指数进行局部空间自相关分析，并将长江经济带 110 个地级市划分出 5 种聚集模式区，即高—高聚集区（HH）、高—低聚集区（HL）、低—高聚集区（LH）、低—低聚集区（LL）、没有明显聚类模式。

高—高聚集区（HH）是协调性均衡发展指数表现为高值被高值包围的城市，包括上海、苏州、无锡、常州、镇江、南通、泰州、绍兴、嘉兴、湖州、马鞍山和宣城等 12 个城市，约占所有研究单元的 10.91%，较 2020 年增加 2 个城市（马鞍山、宣城）。

高—低聚集区（HL）是协调性均衡发展指数表现为高值被低值包围的城市，包括重庆、昆明和贵阳等 3 个城市，与 2020 年完全相同，约占所有研究单元的 2.73%。3 个城市为长江中上游的省会城市或直辖市。

低—高聚集区（LH）是协调性均衡发展指数表现为低值被高值包围的城市，但 2021 年长江经济带无表现出低—高聚集现象的城市。

低—低聚集区（LL）是协调性均衡发展指数表现为低值被低值包围的城市，包括邵阳、怀化、南充、宜宾、毕节、六盘水、昭通、曲靖和临沧等 9 个城市，约占所有研究单元的 8.18%，较 2020 年减少了 1 个城市。

没有明显聚类模式的城市包括南京、徐州、连云港、淮安、盐城、扬州、宿迁、杭州、宁波、温州、金华、衢州、舟山、台州、丽水、合肥、淮北、亳州、宿州、蚌埠、阜阳、淮南、滁州、六安、芜湖、铜陵、池州、安庆、黄山、南昌、景德镇、萍乡、九江、新余、鹰潭、赣州、吉安、宜春、抚州、上饶、武汉、黄石、十堰、宜昌、襄阳、鄂州、荆门、孝感、荆州、黄冈、咸宁、随州、长沙、株洲、湘潭、衡阳、岳阳、常德、张家界、益阳、郴州、永州、娄底、成都、自贡、攀枝花、泸州、德阳、绵阳、广元、遂宁、内江、眉山、乐山、广安、达州、雅安、巴中、资阳、遵义、安顺、铜仁、玉溪、保山、丽江和普洱等86个城市，占全部研究单元的78.18%，较2020年减少了2个城市。

从空间尺度来看，各城市表现出的空间聚集现象具有显著的区域性，梯度分布较为明显。高—高聚集区位于长江经济带经济较发达的下游地区，低—低聚集区位于长江经济带经济相对欠发达的上游地区。上游地区省会城市与直辖市在经济发展上的"极化效应"相对明显，部分城市表现出高—低聚集的现象。没有明显聚类模式的城市主要集中在长江中游地区。单就长江中游地区而言，全局莫兰指数未通过10%显著性检验，说明长江中游地区的协调性均衡发展指数呈随机分布趋势。从时间尺度来看，与2020年相比，2021年各城市协调性均衡发展指数的空间聚类特征总体保持稳定。下游地区呈现为高—高聚类特征的城市数量增多，上游地区呈现为低—低聚类特征的城市数量减少。总体呈现出"下游稳中求进、中游静态平衡、上游逐渐向好"的变化趋势。

第四章 长江经济带协调性均衡发展指数各分项指标分析

上文对于长江经济带 110 个地级及以上城市的协调性均衡发展指数进行了详细分析，并就二级指标均衡度、协调度以及融合度分别展开论述从而得到长江经济带协调性均衡发展的总体特征。本部分将对 3 个二级指标进行进一步分析，以期在细分指标层面提出促进长江经济带协调性均衡发展的有关建议。

第一节 均衡度指数分析

在上文展示了 2021 年长江经济带 110 个地级及以上城市的均衡度指数及与 2020 年对比情况，均衡度指数包含人民生活水平、基本公共服务与基础设施建设三个部分，下文依次展开说明。

一 人民生活水平

人民生活水平分项包含 4 个指标，分别为城乡居民人均可支配收入、人均社会消费品零售额、人均住户年末储蓄存款余额、城镇登记失业率。从表 4-1 可知，110 个城市的人民生活水平相较于 2020 年，排名上升的城市有 44 个，下降的城市有 58 个，保持不变的城市有 8 个。

通过分析可知，下游 41 个城市中，有 26 个城市的排名处于前 1/3，10 个城市的排名处于中间 1/3，5 个城市的排名处于后 1/3；中游 36 个城市中，有 9 个城市的排名处于前 1/3，15 个城市的排名处于中间 1/3，12 个城市的排名处于后 1/3；上游 33 个城市中，有 1 个城市的排名处于前 1/3，11 个城市的排名处于中间 1/3，21 个城市的排名处于后 1/3。

表4-1　2021年长江经济带人民生活水平情况及与2020年对比

城市层级	包含城市
第一层级（21）	上海（↑）、南京（↓）、苏州（-）、常州（↑）、无锡（↑）、杭州（↓）、舟山（↓）、宁波（↓）、绍兴（↓）、长沙（↑）、芜湖（↑）、武汉（↑）、马鞍山（↑）、南通（-）、嘉兴（↓）、南昌（↓）、温州（↓）、台州（↑）、金华（↓）、南昌（↑）、镇江（↓）
第二层级（22）	合肥（↑）、新余（↑）、泰州（↑）、宜昌（↑）、景德镇（↑）、成都（↓）、丽水（↓）、铜陵（↑）、黄山（↓）、株洲（-）、扬州（↑）、鹰潭（↑）、安庆（↑）、宣城（↑）、荆门（↑）、池州（↑）、黄石（↓）、盐城（↓）、徐州（↑）、萍乡（↓）、十堰（↑）、蚌埠（↓）
第三层级（30）	九江（↑）、鄂州（↑）、襄阳（↑）、重庆（↑）、昆明（↓）、淮南（↑）、贵阳（↓）、荆州（↓）、赣州（↑）、咸宁（↑）、随州（↑）、淮安（↓）、孝感（↑）、德阳（↓）、岳阳（↑）、泸州（↑）、吉安（↑）、六安（↑）、黄冈（↑）、益阳（↓）、眉山（↓）、自贡（↓）、乐山（↓）、攀枝花（↓）、湘潭（↓）、绵阳（↑）、玉溪（↓）
第四层级（24）	郴州（↓）、衡阳（↓）、上饶（↓）、阜阳（↑）、连云港（↓）、宜春（↓）、常德（↓）、宜宾（↓）、永州（↑）、抚州（↓）、广安（↓）、南充（↓）、亳州（↓）、雅安（↓）、宿州（↓）、资阳（↓）、达州（↓）、广元（↑）、遂宁（↓）、内江（↓）、邵阳（↑）、娄底（↓）、宿迁（↓）、巴中（-）
第五层级（13）	丽江（↑）、保山（↑）、曲靖（↑）、遵义（↑）、张家界（↓）、怀化（↓）、普洱（-）、临沧（↑）、安顺（↓）、六盘水（-）、毕节（↑）、铜仁（↓）、昭通（-）

分城市来看，采用 ArcGIS 自然断裂点法将 110 个城市划分为五个层级。

第一层级中，分项指数大于 1.4923 的城市有 21 个，分别为上海、南京、苏州、常州、无锡、舟山、杭州、宁波、绍兴、长沙、芜湖、武汉、马鞍山、南通、嘉兴、温州、台州、金华、南昌、湖州、镇江。与 2020 年相比，增加了长沙、芜湖、武汉、马鞍山、南昌、镇江等 6 个城市，其中长沙、武汉和南昌 3 市为中游三省省会，其余城市分布在长三角地区。

第二层级中，分项指数在 1.0500~1.4496 的城市有 22 个，分别为合肥、新余、泰州、宜昌、景德镇、成都、铜陵、丽水、黄山、株洲、扬州、鹰潭、安庆、宣城、荆门、池州、黄石、盐城、徐州、萍乡、十堰、蚌埠，与 2020 年相较，增加了 6 个城市。22 个城市中，除了合肥、泰州、成都、丽水、黄山、株洲、扬州、盐城外，其他城市均是新跻身于第二层级的。其中，绝大多数城市集中在下游地区。

第三层级中，分项指数在 0.7799~1.0289 的城市有 30 个，包括九江、鄂州、滁州、襄阳、重庆、昆明、淮北、淮南、绵阳、贵阳、荆州、赣州、咸宁、随州、淮安、衢州、孝感、德阳、岳阳、玉溪、泸州、吉安、六安、黄冈、益阳、眉山、自贡、乐山、攀枝花、湘潭。与 2020 年相较减少了 9 个城市。其中，绝大多数为上游城市和中游城市。

第四层级中，分项指数在 0.5347~0.7583 的城市有 24 个，包括郴州、衡阳、上饶、阜阳、连云港、宜春、常德、宜宾、永州、抚州、广安、南充、亳州、雅安、宿州、资阳、达州、广元、遂宁、内江、邵阳、娄底、宿迁、巴中。与 2020 年相比减少了 4 个城市。其中绝大多数为上游城市和中游城市。

第五层级中，分项指数在 0.2094~0.4939 的城市有 13 个，包括丽江、保山、曲靖、遵义、张家界、怀化、普洱、临沧、安顺、六盘水、毕节、铜仁、昭通。城市数量与 2020 年持平。其中，大多数城市集中在上游地区。

第三层级以上的城市 2021 年有 73 个，2019 年为 56 个，2020 年为 70 个，在人民生活水平分项指标上第三层级以上城市数量增加。

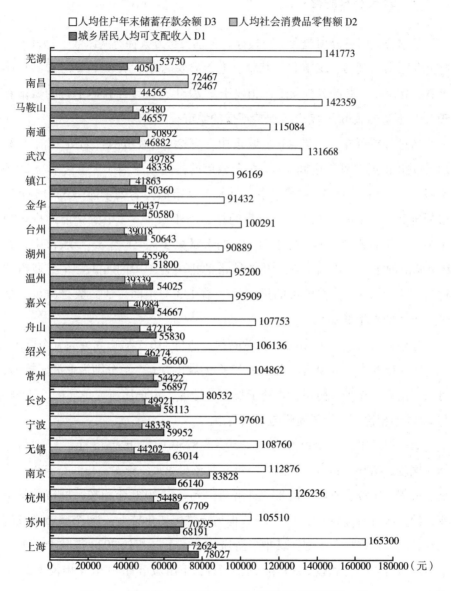

图 4-1 2021 年人民生活水平第一层级 21 城市指标一览

二 基本公共服务

基本公共服务分项包含 3 个指标，分别为每万人拥有病床数、每万人拥有公共图书馆藏书、城镇职工基本养老保险覆盖率。从表 4-2 可知，总体上看，在基本公共服务分项上，相较于 2020 年，2021 年排名上升的城市有 59 个，下降的城市有 47 个，保持不变的城市有 4 个。

通过分析可知，下游 41 个城市中，有 20 个城市的排名处于前 1/3，13 个城市的排名处于中间 1/3，8 个城市的排名处于后 1/3（基本与 2020 年保持一致）；中游 36 个城市中，有 8 个城市的排名处于前 1/3，13 个城市的排名处于中间 1/3，15 个城市的排名处于后 1/3（中游城市的排名处于中间 1/3 的数量增加，处于后 1/3 的数量减少）；上游 33 个城市中，有 8 个城市的排名处于前 1/3，10 个城市的排名处于中间 1/3，15 个城市的排名处于后 1/3（上游城市的排名处于前 1/3 与中间 1/3 的数量减少，处于后 1/3 的数量增加）。

分城市来看，采用 ArcGIS 自然断裂点法将 110 个城市划分为五个层级。

第一层级中，分项指数大于 1.9593 的城市有 6 个，分别为上海、杭州、舟山、南京、嘉兴、衢州，均处于长三角地区，占全体研究单元的 5.45%。与 2020 年相比，增加了衢州与嘉兴两市。

第二层级中，分项指数在 1.2859~1.8259 的城市有 18 个，分别为苏州、铜陵、绍兴、湖州、无锡、台州、萍乡、丽水、雅安、长沙、温州、武汉、成都、宁波、贵阳、扬州、宜昌与广元。与 2020 年相较，城市数量不变，约占所有研究单元的 16.36%，但城市排序变化较大，18 个城市中仅有无锡、成都保持排名不变，其中上游城市有 4 个（相较 2020 年减少 2 个），中游城市有 4 个（相较 2020 年增加 1 个），下游城市有 10 个（相较 2020 年增加 1 个）。

第三层级中，分项指数在 0.8800~1.2516 的城市有 38 个，包括马鞍山、黄山、永州、鄂州、株洲、岳阳、重庆、绵阳、常州、资阳、广安、金华、蚌埠、黄石、攀枝花、镇江、景德镇、自贡、泰州、合肥、湘潭、南通、

表4-2　2021年长江经济带基本公共服务情况及与2020年对比

城市层级	包含城市
第一层级（6）	上海（-）、杭州（-）、舟山（↓）、南京（↓）、嘉兴（↑）、衢州（↓）
第二层级（18）	苏州（↑）、铜陵（↓）、绍兴（↓）、湖州（↑）、无锡（-）、台州（↑）、丽水（↑）、长沙（↓）、温州（↑）、武汉（↓）、成都（-）、宁波（↑）、贵阳（↑）、扬州（↑）、宜昌（↑）、广元（↓）
第三层级（38）	马鞍山（↑）、黄山（↓）、永州（↑）、鄂州（↑）、株洲（↑）、岳阳（↑）、重庆（↑）、常州（↑）、绵阳（↑）、资阳（↓）、广安（↓）、金华（↑）、蚌埠（↓）、黄石（↓）、攀枝花（↓）、镇江（↓）、自贡（↑）、泰州（↑）、合肥（↑）、湘潭（↓）、南通（↑）、泸州（↑）、宣城（↑）、内江（↑）、芜湖（↓）、黄冈（↑）、南充（↓）、新余（↑）、常德（↑）、娄底（↑）、遂宁（↑）、荆门（↓）、十堰（↓）、连云港（↑）、巴中（↑）、盐城（↑）
第四层级（37）	荆州（↑）、达州（↑）、南昌（↓）、德阳（↓）、淮安（↑）、池州（↓）、宜宾（↓）、咸宁（↑）、淮北（↓）、抚州（↑）、眉山（↑）、襄阳（↓）、衡阳（↑）、吉安（↑）、徐州（↑）、九江（↓）、玉溪（↑）、孝感（↓）、昆明（↑）、宜春（↑）、宿迁（↓）、乐山（↓）、普洱（↑）、保山（↑）、郴州（↑）、鹰潭（↓）、赣州（↓）、淮南（↓）、丽江（↓）、安顺（↑）、怀化（↓）、张家界（↑）、随州（↑）、益阳（↑）、遵义（↓）、上饶（↓）
第五层级（11）	六安（↑）、邵阳（↓）、六盘水（↓）、曲靖（↓）、亳州（↑）、铜仁（↓）、宿州（↑）、阜阳（↓）、临沧（↑）、毕节（↓）、昭通（↓）

泸州、宣城、内江、芜湖、黄冈、南充、安庆、新余、常德、娄底、遂宁、荆门、十堰、连云港、巴中、盐城。与2020年相比，增加了1个城市，约占所有研究单元的34.55%，各城市排名变化较大。其中，上游城市有11个（较上年增加1个），中游城市有13个（较上年增加2个），下游城市有14个（较上年减少2个）。

第四层级中，分项指数在0.5563~0.8586的城市有37个，包括荆州、达州、南昌、德阳、淮安、池州、宜宾、咸宁、淮北、抚州、眉山、襄阳、衡阳、吉安、徐州、九江、玉溪、孝感、滁州、昆明、宜春、宿迁、乐山、普洱、保山、郴州、鹰潭、赣州、淮南、丽江、安顺、怀化、张家界、随州、益阳、遵义、上饶。与2020年相比增加了8个城市，约占所有研究单元的33.64%。其中上游城市有12个（较上年增加4个），中游城市有18个（较上年增加5个），下游城市有7个（较上年减少1个）。

第五层级中，分项指数在0.0348~0.5222的城市有11个，包括六安、邵阳、六盘水、曲靖、亳州、铜仁、宿州、阜阳、临沧、毕节与昭通。与2020年相较减少了12个城市，约占所有研究单元的10%。其中，上游城市有6个（较上年减少3个），中游城市有1个（较上年减少9个），下游城市有4个（较上年增加1个）。

第三层级以上的城市有62个，2019年为52个，2020年为59个，在基础公共服务分项中第三层级以上城市数量逐年提升。

三 基础设施建设

基础设施建设分项包含3个指标，互联网接入户数、建成区路网密度、建成区排水管道密度。从表4-3可知，总体上看，在基础设施建设分项上，相较于2020年，2021年排名上升的城市有47个，下降的城市有57个，保持不变的城市有6个。

通过分析可知，下游41个城市中，有22个城市的排名处于前1/3，11个城市的排名处于中间1/3，8个城市的排名处于后1/3（较上年基本持平）；

表4-3 2021年长江经济带基础设施建设情况及与2020年对比

城市层级	包含城市
第一层级（4）	重庆（-）、苏州（↑）、上海（↓）、成都（-）
第二层级（15）	杭州（↑）、无锡（↓）、南京（-）、武汉（↑）、常州（↑）、金华（↑）、长沙（↑）、合肥（↓）、宁波（↓）、徐州（↑）、南通（↓）、扬州（↑）、衢州（↑）、黄石（↑）
第三层级（38）	赣州（↓）、温州（↓）、滁州（↓）、孝感（↓）、普洱（↑）、池州（↓）、丽江（↑）、宜春（↑）、衡阳（↑）、绵阳（↓）、宿州（↑）、宣城（↑）、上饶（↑）、常德（↓）、嘉兴（↑）、玉溪（↑）、抚州（↑）、铜陵（↑）、昆明（↑）、九江（↑）、镇江（↓）、株洲（↓）、吉安（↓）、乐山（↑）、广安（↓）、南昌（↑）、芜湖（↓）、自贡（↓）、丽水（↓）、岳阳（↓）、咸宁（↑）、荆门（↑）、宿迁（↓）、德阳（↓）
第四层级（38）	郴州（↑）、连云港（↑）、荆州（↓）、襄阳（↓）、绍兴（↓）、遵义（↑）、广元（↑）、湘潭（↑）、贵阳（↑）、昭通（↑）、遂宁（↓）、铜仁（↑）、舟山（↓）、阜阳（↓）、曲靖（↓）、十堰（↓）、宜昌（↓）、永州（↑）、黄冈（↑）、资阳（↑）、六盘水（↑）、鄂州（↑）、雅安（↓）、益阳（↓）、景德镇（↑）、眉山（↓）、攀枝花（↓）、黄山（↓）、马鞍山（↓）、湖州（↓）、淮北（↓）、巴中（↑）、南充（↓）、六安（↓）、泸州（↓）、保山（-）、邵阳（↑）
第五层级（15）	蚌埠（↓）、娄底（-）、毕节（↑）、淮南（↓）、安庆（-）、临沧（↓）、宜宾（↓）、达州（↓）、张家界（↓）、内江（↓）、怀化（↓）、新余（↓）、萍乡（↓）、随州（↓）

中游 36 个城市中，有 9 个城市的排名处于前 1/3（较上年增加 2 个），12 个城市的排名处于中间 1/3（较上年减少 5 个），15 个城市的排名处于后 1/3（较上年增加 3 个）；上游 33 个城市中，有 5 个城市的排名处于前 1/3（较上年减少 1 个），13 个城市的排名处于中间 1/3（较上年增加 5 个），15 个城市的排名处于后 1/3（较上年减少 4 个）。

分城市来看，采用 ArcGIS 自然断裂点法将 110 个城市划分为五个层级。

第一层级中，分项指数大于 2.3844 的城市有 4 个，分别为重庆、苏州、上海、成都，占全体研究单元的 3.64%。与 2020 年相比，增加了 1 个城市，即成都市。

第二层级中，分项指数在 1.3269~1.8967 的城市有 15 个，分别为杭州、无锡、南京、台州、武汉、常州、金华、长沙、合肥、宁波、徐州、南通、扬州、衢州、黄石，约占所有研究单元的 13.64%。与 2020 年相较，增加了 1 个城市。其中，中游城市有 3 个（较上年增加 1 个），下游城市有 12 个（较上年增加 1 个）。

第三层级中，分项指数在 0.8925~1.2424 的城市有 38 个，包括赣州、温州、滁州、泰州、孝感、普洱、丽江、池州、宜春、衡阳、绵阳、宿州、宣城、上饶、淮安、常德、嘉兴、盐城、抚州、玉溪、铜陵、昆明、九江、镇江、株洲、吉安、乐山、广安、南昌、芜湖、亳州、自贡、丽水、岳阳、咸宁、荆门、宿迁和德阳。与 2020 年相比减少了 5 个城市，约占所有研究单元的 34.55%。其中，上游城市有 9 个（较上年增加 1 个），中游城市有 14 个（较上年减少 3 个），下游城市有 15 个（较上年减少 3 个）。

第四层级中，分项指数在 0.6727~0.8855 的城市有 38 个，包括郴州、连云港、荆州、襄阳、绍兴、遵义、广元、湘潭、贵阳、昭通、遂宁、铜仁、舟山、阜阳、曲靖、十堰、宜昌、鹰潭、永州、黄冈、资阳、六盘水、鄂州、雅安、益阳、景德镇、眉山、黄山、马鞍山、湖州、淮北、巴中、南充、六安、泸州、攀枝花、保山、邵阳。与 2020 年相比增加了 3 个城市，约占所有研究单元的 34.55%。其中，上游城市有 16 个（较上年不变），中游城市有 13 个（较上年增加 3 个），下游城市有 9 个（较上年不变）。

第五层级中，分项指数在 0.3152~0.6352 的城市有 15 个（排名第 96 位至第 110 位），包括蚌埠、安顺、娄底、毕节、淮南、安庆、临沧、宜宾、达州、张家界、内江、怀化、新余、萍乡、随州。与 2020 年持平，约占所有研究单元的 13.64%。其中，上游城市有 6 个（较上年减少 1 个），中游城市有 6 个（较上年减少 1 个），下游城市 3 个（较上年增加 2 个）。

第三层级以上的城市有 57 个，2019 年有 63 个，2020 年有 60 个，在基础设施建设分项上第三层级以上城市数量小幅下降。

第二节　协调度指数分析

上文展示了 2021 年长江经济带 110 个地级及以上城市的协调度指数及与 2020 年对比情况，其中协调度指数包含产业协调、城镇协调、社会协调、人与自然协调四个部分，下文依次展开说明。

一　产业协调

产业协调分项包括第二、第三产业占比，规上企业利润总额，三资企业数量占比。从表 4-4 可知，总体上看，在产业协调分项上，相较于 2020 年，2021 年排名上升的城市有 45 个，下降的城市有 39 个，保持不变的城市有 26 个。

通过分析可知，下游 41 个城市中，有 24 个城市的排名处于前 1/3（较上年减少 1 个），12 个城市的排名处于中间 1/3（较上年增加 1 个），5 个城市的排名处于后 1/3；中游 36 个城市中，有 9 个城市的排名处于前 1/3（较上年增加 2 个），15 个城市的排名处于中间 1/3（较上年减少 2 个），12 个城市的排名处于后 1/3；上游 33 个城市中，有 3 个城市的排名处于前 1/3（较上年减少 1 个），9 个城市的排名处于中间 1/3（较上年增加 1 个），21 个城市的排名处于后 1/3。

表4-4 2021年长江经济带产业协调情况及与2020年对比

城市层级	包含城市
第一层级（2）	上海（—）、苏州（—）
第二层级（9）	宁波（—）、无锡（—）、杭州（—）、南京（↑）、武汉（↑）、常州（—）、成都（—）、南通（—）
第三层级（17）	镇江（↑）、合肥（↑）、绍兴（↑）、连云港（↑）、长沙（↓）、九江（↑）、扬州（↑）、宜昌（↑）、泰州（↓）、襄阳（↑）、马鞍山（↑）、淮安（↑）、昆明（—）、南昌（—）、湖州（—）、盐城（—）
第四层级（38）	徐州（—）、芜湖（↑）、舟山（↓）、淮北（↑）、宜春（↑）、台州（—）、吉安（↓）、贵阳（↑）、宿迁（↓）、金华（↑）、宜宾（↑）、黄石（↑）、温州（↓）、衢州（↑）、滁州（—）、蚌埠（↑）、鹰潭（↓）、池州（↑）、泸州（↑）、上饶（↑）、萍乡（↑）、德阳（↑）、郴州（↑）、重庆（↑）、黄山（↓）、岳阳（↓）、眉山（↑）、景德镇（↓）、孝感（↑）、安庆（↑）、湘潭（↓）、十堰（↓）、宣城（↑）、绵阳（↑）
第五层级（44）	遂宁（↑）、新余（—）、株洲（↓）、攀枝花（—）、丽水（↓）、常德（↓）、鄂州（↓）、昭通（↓）、玉溪（↓）、内江（↑）、乐山（↑）、永州（↓）、资阳（↓）、衡阳（↓）、抚州（↑）、娄底（↓）、随州（↑）、邵阳（—）、六盘水（↑）、广安（↑）、南充（↑）、阜阳（—）、益阳（—）、六安（↓）、黄冈（↓）、宿州（↑）、曲靖（↓）、怀化（↑）、雅安（—）、自贡（↓）、达州（↓）、亳州（↓）、丽江（↓）、广元（↑）、普洱（↑）、安顺（↓）、保山（↓）、张家界（↓）、铜仁（↓）、巴中（—）、毕节（—）、临沧（—）

分城市来看，采用 ArcGIS 自然断裂点法将 110 个城市划分为五个层级。

第一层级中，分项指数大于 5.4988 的城市有 2 个（排名第 1 位至第 2 位），分别为上海、苏州，占全体研究单元的 1.82%。与 2020 年相比，2021 年第一层级城市数量保持不变。

第二层级中，分项指数在 2.0566~3.1618 的城市有 9 个，分别为宁波、无锡、杭州、南京、嘉兴、武汉、常州、成都、南通，约占所有研究单元的 8.18%。与 2020 年相比，2021 年仅有南京、嘉兴、武汉排名上升，其他城市排名保持不变。其中，上游城市有 1 个，中游城市有 1 个，下游城市有 7 个，以下游城市为主。

第三层级中，分项指数在 1.1807~1.6758 的城市有 17 个，包括镇江、绍兴、合肥、连云港、长沙、九江、南昌、湖州、扬州、宜昌、泰州、襄阳、马鞍山、淮安、昆明、赣州、盐城。与 2020 年相比，减少了 3 个城市，约占所有研究单元的 15.45%。其中，上游城市有 1 个（较上年减少 1 个），中游城市有 6 个（较上年增加 1 个），下游城市有 10 个（较上年减少 3 个）。

第四层级中，分项指数在 0.6553~1.0679 的城市有 38 个，包括徐州、芜湖、舟山、淮北、宜春、台州、贵阳、吉安、宿迁、遵义、金华、宜宾、黄石、铜陵、温州、衢州、滁州、蚌埠、鹰潭、重庆、池州、泸州、上饶、萍乡、荆门、德阳、郴州、咸宁、岳阳、黄山、眉山、景德镇、孝感、安庆、湘潭、十堰、宣城、绵阳。与 2020 年相比，减少了 1 个城市，约占所有研究单元的 34.55%。其中，上游城市有 8 个，中游城市有 14 个（较上年减少 3 个），下游城市有 16 个（较上年增加 2 个）。

第五层级中，分项指数在 0.0262~0.6354 的城市有 44 个，包括遂宁、新余、株洲、攀枝花、丽水、常德、鄂州、昭通、淮南、玉溪、内江、乐山、永州、资阳、衡阳、抚州、娄底、随州、邵阳、六盘水、广安、南充、荆州、阜阳、益阳、六安、曲靖、黄冈、宿州、怀化、雅安、自贡、达州、亳州、丽江、广元、普洱、安顺、保山、张家界、铜仁、巴中、毕节、临沧。与 2020 年相较，增加了 5 个城市，约占所有研究单元的 40%。其中，上游城市有 23 个（较上年增加 2 个），中游城市有 15 个（较上年增加 2

个），下游城市有 6 个（较上年增加 1 个）。

第三层级以上的城市有 28 个，2019 年为 38 个，2020 年为 30 个，在产业协调分项上 2021 年第三层级以上城市数量小幅下降。

二 城镇协调

城镇协调分项包括 2 个指标，分别为中心城区人口占比和城乡居民人均可支配收入比。从表 4-5 可知，总体上看，在城镇协调分项上，相较于 2020 年，排名上升的城市有 62 个，下降的城市有 46 个，保持不变的城市有 2 个。

通过分析可知，下游 41 个城市中，有 21 个城市的排名处于前 1/3（较上年增加 9 个），12 个城市的排名处于中间 1/3，8 个城市的排名处于后 1/3（较上年减少 9 个）；中游 36 个城市中，有 10 个城市的排名处于前 1/3（较上年增加 3 个），11 个城市的排名处于中间 1/3（较上年减少 1 个），15 个城市的排名处于后 1/3（较上年减少 2 个）；上游 33 个城市中，有 5 个城市的排名处于前 1/3（较上年减少 12 个），13 个城市的排名处于中间 1/3（较上年增加 1 个），15 个城市的排名处于后 1/3（较上年增加 11 个）。

分城市来看，采用 ArcGIS 自然断裂点法将 110 个城市划分为五个层级。

第一层级中，分项指数大于 1.4644 的城市有 12 个，分别为鄂州、舟山、上海、杭州、武汉、常州、南京、成都、萍乡、长沙、芜湖、新余，占全体研究单元的 10.91%。其中，鄂州、舟山、萍乡、芜湖表现亮眼。第一层级城市数量较上年减少了 3 个。其中，上游城市有 1 个（较上年减少 3 个），中游城市有 5 个，下游城市有 6 个。

第二层级中，分项指数在 1.0803～1.3873 的城市有 34 个，分别为无锡、宁波、贵阳、扬州、湖州、益阳、淮安、苏州、重庆、攀枝花、合肥、宣城、连云港、绍兴、徐州、鹰潭、湘潭、盐城、自贡、宿迁、南通、南昌、随州、铜陵、嘉兴、衢州、乐山、马鞍山、绵阳、池州、镇江、襄阳、宜宾、遂宁，约占所有研究单元的 30.91%。与 2020 年相比，增加了 12 个城市。其中，上游城市有 8 个（较上年减少 5 个），中游城市有 6 个（较上

表4-5 2021年长江经济带城镇镇协调情况及与2020年对比

城市层级	包含城市
第一层级（12）	鄂州（↑）、上海（↓）、杭州（↑）、武汉（↓）、常州（↑）、南京（↓）、成都（↑）、萍乡（↑）、长沙（↑）、芜湖（↑）、新余（-）
第二层级（34）	无锡（↑）、宁波（↓）、贵阳（↑）、宣城（↑）、扬州（↓）、湖州（↑）、益阳（↑）、重庆（↓）、攀枝花（↓）、合肥（↑）、连云港（↑）、绍兴（↑）、徐州（↑）、鹰潭（↑）、湘潭（↑）、盐城（↑）、自贡（↑）、宿迁（↑）、南通（↑）、南昌（↓）、随州（↑）、铜陵（↓）、嘉兴（↓）、衢州（↑）、乐山（↑）、绵阳（↑）、马鞍山（↓）、池州（↑）、镇江（↑）、襄阳（↑）、宜宾（-）、遂宁（↑）
第三层级（30）	株洲（↑）、宜昌（↑）、资阳（↑）、泰州（↑）、黄山（↓）、昆明（↓）、荆州（↑）、眉山（↑）、淮北（↓）、荆门（↑）、衡阳（↑）、德阳（↑）、蚌埠（↓）、常德（↓）、淮南（↓）、六安（↓）、岳阳（↑）、南充（↓）、咸宁（↑）、景德镇（↓）、广安（↓）、达州（↑）、永州（↑）、六盘水（↓）、孝感（↑）、雅安（↓）
第四层级（27）	丽水（↑）、温州（↓）、十堰（↓）、张家界（↓）、金华（↑）、亳州（↓）、郴州（↓）、宜春（↑）、广元（↓）、宿州（↓）、黄石（↓）、玉溪（↓）、安顺（↓）、遵义（↓）、娄底（↓）、上饶（↓）、九江（↓）、阜阳（↓）、滁州（↓）、邵阳（↑）、黄冈（↑）、保山（↑）、安庆（↓）、曲靖（↓）、临沧（↓）、吉安（↓）
第五层级（7）	怀化（↓）、普洱（↓）、丽江（↓）、赣州（↓）、毕节（↓）、铜仁（↓）、昭通（↓）

年增加 3 个），下游城市有 20 个（较上年增加 14 个），以下游城市为主。

第三层级中，分项指数在 0.8339 ~ 1.0669 的城市有 30 个，包括株洲、宜昌、荆门、资阳、泰州、抚州、昆明、黄山、台州、荆州、眉山、淮北、内江、衡阳、德阳、蚌埠、常德、淮南、泸州、六安、雅安、岳阳、南充、咸宁、景德镇、广安、达州、永州、六盘水、孝感。与 2020 年相比，减少 5 个城市，约占所有研究单元的 27.27%。其中，上游城市有 11 个（较上年减少 1 个），中游城市有 12 个（较上年增加 1 个），下游城市有 7 个（较上年减少 5 个）。

第四层级中，分项指数在 0.5423 ~ 0.8205 的城市有 27 个，包括丽水、十堰、温州、张家界、金华、亳州、郴州、宜春、巴中、广元、宿州、黄石、玉溪、安顺、遵义、娄底、上饶、九江、阜阳、滁州、邵阳、黄冈、保山、安庆、曲靖、临沧、吉安。与 2020 年相比，增加了 6 个城市，约占所有研究单元的 24.55%。其中，上游城市有 8 个（较上年增加 4 个），中游城市有 11 个（较上年增加 4 个），下游城市有 8 个（较上年减少 2 个）。

第五层级中，分项指数在 0.1650 ~ 0.4952 的城市有 7 个，包括怀化、普洱、赣州、丽江、毕节、铜仁、昭通。与 2020 年相比，减少了 10 个城市，约占所有研究单元的 6.36%。其中，上游城市有 5 个，中游城市有 2 个（较上年减少 5 个）。

第三层级以上的城市有 76 个，2019 年为 68 个，2020 年为 72 个，在城镇协调分项上 2021 年第三层级以上城市数量小幅增加。

三　社会协调

社会协调分项包括 2 个指标，分别为社会网络联系度和失业保险覆盖率。从表 4-6 可知，总体上看，在社会协调分项上，相较于 2020 年，2021 年排名上升的城市有 73 个，下降的城市有 27 个，保持不变的城市有 10 个。

通过分析可知，下游 41 个城市中，有 22 个城市的排名处于前 1/3（较

表4-6 2021年长江经济带社会协调情况及与2020年对比

城市层级	包含城市
第一层级（5）	上海（-）、杭州（-）、南京（-）、苏州（-）、无锡（-）
第二层级（15）	常州（↑）、武汉（↑）、成都（↑）、长沙（↓）、嘉兴（↑）、宁波（-）、镇江（↑）、南昌（↑）、贵阳（↓）、湖州（↑）、绍兴（↑）、重庆（↑）、徐州（↑）
第三层级（24）	衢州（↑）、温州（↑）、扬州（↑）、昆明（↑）、怀化（↓）、宜昌（↑）、上饶（↓）、南通（↑）、娄底（↑）、九江（↑）、蚌埠（↑）、鹰潭（↑）、萍乡（↑）、衡阳（↓）、湘潭（↓）、株洲（↓）、淮安（↑）、铜陵（↑）、泰州（↑）、丽水（↑）、宣城（↑）、舟山（↑）
第四层级（32）	新余（↑）、马鞍山（↑）、连云港（↑）、黄石（↑）、岳阳（↓）、宜春（↑）、淮南（↑）、德阳（↑）、盐城（↑）、阜阳（↑）、绵阳（↑）、襄阳（↑）、淮北（↑）、攀枝花（↑）、六安（↑）、安庆（↑）、广元（↑）、黄山（↓）、咸宁（↑）、滁州（↑）、眉山（↑）、乐山（↑）、池州（↑）、吉安（↑）、遵义（↓）、曲靖（↑）、赣州（↑）、安顺（↓）、鄂州（↑）、宿迁（↑）、宜宾（↑）、荆州（↑）
第五层级（34）	十堰（↑）、荆门（↑）、六盘水（↓）、孝感（↑）、宿州（↑）、张家界（↓）、永州（↓）、郴州（↓）、景德镇（↑）、雅安（↑）、内江（↑）、玉溪（↑）、邵阳（↓）、泸州（↑）、抚州（↑）、益阳（↑）、毕节（↓）、亳州（↓）、随州（↓）、常德（↓）、自贡（↑）、遂宁（↓）、资阳（↓）、黄冈（↓）、南充（↑）、普洱（↑）、铜仁（↑）、丽江（↓）、广安（↑）、巴中（-）、达州（↓）、临沧（-）、保山（-）、昭通（-）

上年增加4个），16个城市的排名处于中间1/3（较上年减少1个），3个城市的排名处于后1/3（较上年减少3个）；中游36个城市中，有10个城市的排名处于前1/3（较上年减少1个），11个城市的排名处于中间1/3（较上年减少3个），15个城市的排名处于后1/3（较上年增加4个）；上游33个城市中，有4个城市的排名处于前1/3（较上年减少3个），9个城市的排名处于中间1/3（较上年增加4个），20个城市的排名处于后1/3（较上年减少1个）。

分城市来看，采用ArcGIS自然断裂点法将110个城市划分为五个层级。

第一层级中，分项指数大于3.2780的城市有5个，分别为上海、杭州、南京、苏州、无锡，占全体研究单元的4.55%。与2020年相较，无锡进入第一层级，排序保持不变。

第二层级中，分项指数在1.6659~2.7787的城市有15个，分别为常州、武汉、成都、长沙、嘉兴、合肥、宁波、镇江、金华、南昌、贵阳、湖州、绍兴、重庆、徐州，约占所有研究单元的13.64%。与2020年相比，减少了4个城市。其中，上游城市有3个，中游城市有3个（较上年减少了5个），下游城市有9个（较上年增加1个）。

第三层级中，分项指数在0.8845~1.5321的城市有24个，包括衢州、芜湖、温州、扬州、昆明、台州、怀化、上饶、宜昌、南通、娄底、九江、蚌埠、鹰潭、萍乡、舟山、衡阳、湘潭、株洲、淮安、铜陵、泰州、丽水、宣城。与2020年相比，增加了3个城市，约占所有研究单元的21.82%。其中，上游城市有1个（较上年减少4个），中游城市有10个（较上年增加3个），下游城市有13个（较上年增加4个）。

第四层级中，分项指数在0.4735~0.8444的城市有32个，包括新余、马鞍山、连云港、黄石、岳阳、宜春、淮南、德阳、盐城、阜阳、绵阳、襄阳、淮北、攀枝花、六安、安庆、广元、黄山、咸宁、滁州、眉山、乐山、池州、吉安、遵义、赣州、曲靖、安顺、鄂州、宿迁、宜宾、荆州。与2020年相比，减少了5个城市，约占所有研究单元的29.09%。其中，上游城市有10个（较上年增加3个），中游城市有10个（较上年减少3个），下游城市有 12 个（较上年减少 5 个）。

第五层级中，分项指数在 0.0484~0.4592 的城市有 34 个（排名第 77 位至第 110 位），包括十堰、荆门、六盘水、孝感、张家界、宿州、永州、郴州、景德镇、雅安、内江、玉溪、邵阳、泸州、抚州、益阳、毕节、亳州、常德、随州、自贡、遂宁、资阳、黄冈、南充、普洱、铜仁、广安、丽江、巴中、达州、临沧、保山、昭通，约占所有研究单元的 30.91%。与 2020 年相比，增加了 5 个城市。其中，上游城市有 19 个（较上年增加 1 个），中游城市有 13 个（较上年增加 5 个），下游城市有 2 个（较上年减少 1 个）。

2021 年在社会协调分项中第三层级以上的城市有 44 个，城市数量与 2020 年持平。

四　人与自然协调

人与自然协调分项包括 3 个指标，有人口密度比、经济密度比和城镇密度比。从表 4-7 可知，总体上看，在人与自然协调分项上，相较于 2020 年，2021 年排名上升的城市有 41 个，下降的城市有 67 个，保持不变的城市有 2 个。

通过分析可知，下游 41 个城市中，有 17 个城市的排名处于前 1/3（较上年减少 8 个），14 个城市的排名处于中间 1/3（较上年增加 3 个），10 个城市的排名处于后 1/3（较上年增加 5 个）；中游 36 个城市中，有 11 个城市的排名处于前 1/3（较上年增加 7 个），12 个城市的排名处于中间 1/3（较上年减少 3 个），13 个城市的排名处于后 1/3（较上年减少 4 个）；上游 33 个城市中，有 8 个城市的排名处于前 1/3（较上年增加 1 个），10 个城市的排名处于中间 1/3，15 个城市的排名处于后 1/3（较上年减少 1 个）。

分城市来看，采用 ArcGIS 自然断裂点法将 110 个城市划分为五个层级。

第一层级中，分项指数大于 2.9356 的城市有 4 个，分别为上海、武汉、内江、成都，约占所有研究单元的 3.64%。与 2020 年相比，新增武汉、内江与成都 3 市，其中内江表现亮眼。

第二层级中，分项指数在 1.4886~2.4484 的城市有 12 个（排名第 5 位至第 16 位），分别为无锡、苏州、南京、常州、嘉兴、合肥、舟山、鄂州、

表4-7 2021年长江经济带人与自然协调情况及与2020年对比

城市层级	包含城市
第一层级（4）	上海（—）、武汉（↑）、内江（↑）、成都（↑）
第二层级（12）	无锡（↓）、苏州（↓）、南京（↓）、常州（↓）、嘉兴（↓）、合肥（↑）、鄂州（↑）、南通（↑）、宁波（↓）、宜宾（↑）、长沙（↓）
第三层级（27）	泰州（↓）、南昌（↓）、衡阳（↓）、杭州（↑）、荆州（↑）、镇江（↓）、德阳（↑）、黄冈（↑）、扬州（↓）、达州（↑）、南充（↓）、怀化（↑）、娄底（↑）、广安（↓）、湘潭（↑）、自贡（↓）、徐州（↑）、株洲（↓）、芜湖（↓）、邵阳（↑）、绍兴（↓）、丽江（↑）、淮北（↓）、温州（↑）、淮安（—）、遂宁（↓）
第四层级（40）	曲靖（↑）、上饶（↑）、阜阳（↓）、孝感（↓）、泸州（↓）、铜仁（↑）、岳阳（↑）、亳州（↓）、郴州（↑）、黄石（↓）、台州（↓）、昭通（↓）、萍乡（↓）、淮南（↓）、湖州（↑）、宜春（↓）、绵阳（↓）、蚌埠（↓）、重庆（↑）、金华（↓）、铜陵（↓）、鹰潭（↑）、贵阳（↓）、张家界（↑）、永州（↑）、宿迁（↓）、抚州（↑）、临沧（↓）、保山（↑）、连云港（↓）、昆明（↓）、常德（↓）、襄阳（↓）、新余（↓）、赣州（↓）、眉山（↑）、益阳（↑）、巴中（↓）、乐山（↓）
第五层级（27）	玉溪（↑）、安庆（↓）、衢州（↓）、滁州（↓）、盐城（↓）、景德镇（↓）、六安（↓）、普洱（↑）、安顺（↑）、宣城（↓）、咸宁（↓）、九江（↓）、宜昌（↓）、毕节（↓）、吉安（↑）、攀枝花（↓）、丽水（↓）、荆门（↓）、广元（↑）、资阳（↓）、遵义（↓）、随州（↓）、黄山（↓）、池州（↓）、十堰（↓）、六盘水（↓）、雅安（↓）

南通、宁波、宜宾、长沙，约占所有研究单元的10.91%。与2020年相比，增加了5个城市，层级内部各城市的排序变化较大。其中，上游城市有1个，中游城市有2个（较上年增加1个），下游城市有9个（较上年增加4个）。

第三层级中，分项指数在0.9815~1.3946的城市有27个，包括泰州、南昌、衡阳、杭州、荆州、镇江、马鞍山、德阳、黄冈、扬州、达州、南充、怀化、娄底、广安、湘潭、自贡、徐州、株洲、芜湖、邵阳、绍兴、丽江、温州、淮北、淮安、遂宁。与2020年相比增加了13个城市，约占所有研究单元的24.55%。其中，上游城市有7个（较上年增加7个），中游城市有9个（较上年增加6个），下游城市有11个。

第四层级中，分项指数在0.6081~0.9353的城市有40个，包括曲靖、上饶、阜阳、孝感、泸州、铜仁、岳阳、亳州、郴州、黄石、台州、昭通、萍乡、淮南、湖州、宜春、绵阳、蚌埠、重庆、金华、铜陵、鹰潭、贵阳、张家界、永州、宿迁、宿州、临沧、抚州、保山、连云港、巴中、昆明、常德、襄阳、新余、赣州、眉山、益阳、乐山。与2020年相比增加了7个城市，约占所有研究单元的36.36%。其中，上游城市有13个（较上年增加3个），中游城市有16个（较上年增加9个），下游城市有11个（较上年减少5个）。

第五层级中，分项指数在0.2371~0.5958的城市有27个，包括玉溪、安庆、衢州、滁州、盐城、景德镇、六安、广元、普洱、安顺、宣城、咸宁、九江、宜昌、毕节、攀枝花、吉安、丽水、荆门、六盘水、资阳、遵义、随州、黄山、池州、十堰、雅安，约占所有研究单元的24.55%。与2020年相比，减少了28个城市。其中，上游城市有10个（较上年减少11个），中游城市有8个（较上年减少17个），下游城市有9个（较上年增加1个）。

第三层级以上的城市有43个，2019年为30个，2020年为22个，在人与自然协调分项上2021年第三层级以上城市数量显著增长。

第三节　融合度指数分析

上文展示了 2021 年长江经济带 110 个地级及以上城市的融合度情况及与 2020 年对比情况。融合度指数包含生态优美、交通顺畅、经济协调、市场统一与机制科学五个方面，下文依次展开说明。

一　生态优美

生态优美分项包括 3 个指标，分别为环境空气质量优良天数、万元 GDP"三废"污染排放和建成区绿化覆盖率。从表 4-8 可知，总体上看，在生态优美分项上，相较于 2020 年，2021 年排名上升的城市有 54 个，下降的城市有 51 个，保持不变的城市有 5 个。

通过分析可知，下游 41 个城市中，有 17 个城市的排名处于前 1/3（较上年增加 9 个），14 个城市的排名处于中间 1/3（较上年减少 1 个），10 个城市的排名处于后 1/3（较上年减少 8 个）；中游 36 个城市中，有 16 个城市的排名处于前 1/3，8 个城市的排名处于中间 1/3（较上年减少 2 个），12 个城市的排名处于后 1/3（较上年增加 2 个）；上游 33 个城市中，有 3 个城市的排名处于前 1/3（较上年减少 9 个），14 个城市的排名处于中间 1/3（较上年增加 3 个），16 个城市的排名处于后 1/3（较上年增加 6 个）。

分城市来看，采用 ArcGIS 自然断裂点法将 110 个城市划分为五个层级。

第一层级中，分项指数大于 1.2847 的城市有 12 个，分别为景德镇、抚州、赣州、上饶、新余、九江、黄山、南充、宜春、孝感、郴州、吉安，占全体研究单元的 10.91%。与 2020 年相比增加了 3 个城市。其中，上游城市有 1 个（较上年增加 1 个），中游城市有 10 个（较上年增加 2 个），下游城市有 1 个。

第二层级中，分项指数在 1.0279 ~ 1.1914 的城市有 33 个，分别为鹰潭、六安、淮北、舟山、贵阳、湖州、丽水、巴中、衢州、台州、芜湖、宜

表4-8 2021年长江经济带生态优美情况及与2020年对比

城市层级	包含城市
第一层级（12）	景德镇（一）、抚州（一）、赣州（↑）、上饶（↑）、新余（↓）、九江（↑）、黄山（↓）、南充（↑）、宜春（↓）、孝感（↑）、郴州（↓）、吉安（↓）
第二层级（33）	鹰潭（↑）、六安（↑）、淮北（↑）、舟山（↓）、芜湖（↑）、宜昌（↑）、长沙（↑）、合肥（↑）、南京（↑）、岳阳（↑）、滁州（↑）、马鞍山（↑）、南通（↑）、蚌埠（↑）、宁波（↑）、衡阳（↑）、株洲（↑）、武汉（↓）、萍乡（↓）、重庆（↓）、广安（↓）、遂宁（↓）、扬州（↑）、成都（↑）、十堰（↑）、盐城（↑）、南昌（↑）、贵阳（↑）、衢州（↑）、丽水（一）、巴中（一）、台州（↓）、湖州（↑）
第三层级（29）	自贡（↑）、金华（↑）、池州（↓）、绍兴（↓）、随州（↑）、普洱（↑）、广元（↓）、丽江（↓）、襄阳（↑）、苏州（↑）、保山（↓）、遵义（↓）、黄冈（↓）、玉溪（↓）、安顺（↓）、宣城（↓）、铜陵（↓）、淮安（↓）、镇江（↑）、常州（↑）、连云港（↑）、怀化（↓）、绵阳（↓）、安庆（↑）、亳州（↑）、昭通（↑）、鄂州（↑）、嘉兴（↑）
第四层级（23）	宿迁（↑）、咸宁（↓）、永州（↓）、杭州（↓）、泸州（↓）、宜宾（↑）、益阳（↑）、宿州（↑）、达州（一）、张家界（↓）、湘潭（↓）、眉山（↓）、六盘水（↑）、德阳（↓）、资阳（↓）、娄底（↓）、铜仁（↓）、荆门（↓）、曲靖（↓）、无锡（↓）、昆明（↓）
第五层级（13）	温州（↓）、雅安（↓）、毕节（↓）、临沧（↓）、上海（↓）、淮南（↑）、泰州（↓）、黄石（↓）、邵阳（↓）、内江（↓）、荆州（↓）、常德（↓）、攀枝花（↓）

昌、长沙、合肥、南京、十堰、盐城、岳阳、南昌、滁州、马鞍山、南通、蚌埠、宁波、株洲、衡阳、武汉、萍乡、重庆、广安、遂宁、扬州、成都，约占所有研究单元的30%。与2020年相比增加了7个城市。其中，上游城市有6个（较上年减少6个），中游城市有10个（较上年增加3个），下游城市有17个（较上年增加10个），下游城市增幅明显。

第三层级中，分项指数在0.9324~1.0247的城市有29个，包括自贡、金华、绍兴、池州、随州、普洱、广元、丽江、襄阳、苏州、保山、遵义、黄冈、玉溪、安顺、铜陵、宣城、淮安、亳州、安庆、镇江、常州、连云港、怀化、绵阳、徐州、昭通、鄂州、嘉兴。与2020年相比减少了11个城市，约占所有研究单元的26.36%。其中，上游城市有10个（较上年减少1个），中游城市有5个（较上年减少7个），下游城市有14个（较上年减少3个）。

第四层级中，分项指数在0.8032~0.9222的城市有23个，包括宿迁、咸宁、乐山、阜阳、永州、泸州、杭州、宜宾、益阳、曲靖、宿州、达州、张家界、湘潭、眉山、六盘水、德阳、资阳、娄底、铜仁、荆门、无锡、昆明。与2020年相比减少了8个城市，约占所有研究单元的20.91%。其中，上游城市有11个（较上年增加1个），中游城市有7个（较上年减少2个），下游城市有5个（较上年减少7个）。

第五层级中，分项指数在0.5500~0.7954的城市有13个，包括温州、雅安、毕节、临沧、上海、淮南、泰州、黄石、内江、邵阳、荆州、常德、攀枝花，约占所有研究单元的11.82%。与2020年相比增加了9个城市。其中，上游城市有5个（较上年增加5个），中游城市有4个（较上年增加4个），下游城市有4个。

第三层级以上的城市有74个，2019年为83个，2020年为75个，2021年分布在第二层级的城市数量明显增加，在生态优美分项上2021年第三层级以上城市数量略有下降。

二　交通顺畅

交通顺畅分项包括 2 个指标，分别为单位行政区面积实有城市道路面积里程和单位行政区面积实有高速公路面积。从表 4-9 可知，总体上看，在交通顺畅分项上，相较于 2020 年，2021 年排名上升的城市有 56 个，下降的城市有 50 个，保持不变的城市有 4 个。

通过分析可知，下游 41 个城市中，有 14 个城市的排名处于前 1/3（较上年减少 10 个），20 个城市的排名处于中间 1/3（较上年增加 9 个），7 个城市的排名处于后 1/3（较上年增加 1 个）；中游 36 个城市中，有 11 个城市的排名处于前 1/3（较上年增加 4 个），7 个城市的排名处于中间 1/3（较上年减少 7 个），18 个城市的排名处于后 1/3（较上年增加 3 个）；上游 33 个城市中，有 11 个城市的排名处于前 1/3（较上年增加 6 个），9 个城市的排名处于中间 1/3（较上年减少 2 个），13 个城市的排名处于后 1/3（较上年减少 4 个）。

分城市来看，采用 ArcGIS 自然断裂点法将 110 个城市划分为五个层级。

第一层级中，分项指数大于 1.6388 的城市有 10 个，分别为上海、鄂州、武汉、嘉兴、成都、遂宁、常州、广安、内江、南京。约占所有研究单元的 9.09%。与 2020 年相比增加了 9 个城市，其中，上游城市有 4 个（较上年增加 4 个），中游城市有 2 个（较上年增加 2 个），下游城市有 4 个（较上年增加 3 个），第一层级城市数量大幅增加。

第二层级中，分项指数在 1.1639～1.5144 的城市有 24 个，分别为自贡、萍乡、南通、湖州、贵阳、无锡、孝感、南充、苏州、重庆、南昌、马鞍山、德阳、泰州、镇江、铜仁、绍兴、芜湖、黄石、湘潭、长沙、铜陵、乐山、咸宁，约占所有研究单元的 21.82%。与 2020 年相比增加了 18 个城市。其中，上游城市有 7 个（较上年增加 6 个），中游城市有 7 个（较上年增加 6 个），下游城市有 10 个（较上年增加 6 个）。

第三层级中，分项指数在 0.8822～1.1445 的城市有 31 个，包括娄底、荆州、蚌埠、黄冈、安顺、六盘水、亳州、宁波、宿州、昆明、连云港、巴

表4-9 2021年长江经济带交通顺畅情况及与2020年对比

城市层级	包含城市
第一层级（10）	上海（-）、鄂州（↑）、武汉（-）、嘉兴（↑）、成都（↑）、遂宁（↑）、常州（↓）、广安（↑）、内江（↑）、南京（↓）
第二层级（24）	自贡（↑）、萍乡（↑）、南通（↑）、湖州（↑）、德阳（↑）、镇江（↓）、贵阳（↑）、孝感（↑）、南充（↑）、苏州（↑）、南昌（↑）、马鞍山（↑）、泰州（↑）、铜仁（↓）、绍兴（↑）、芜湖（↓）、黄石（↓）、湘潭（-）、长沙（↓）、重庆（↑）、铜陵（↑）、乐山（↑）、咸宁（↑）
第三层级（31）	娄底（↑）、荆州（↑）、蚌埠（↑）、黄冈（↑）、安顺（↑）、六盘水（↑）、亳州（↑）、宁波（↓）、昆明（↓）、连云港（↓）、巴中（↑）、宜宾（↑）、合肥（↑）、泸州（↓）、扬州（↑）、台州（↓）、舟山（↓）、新余（↑）、滁州（↑）、衡阳（↑）、遵义（↓）、淮北（↓）、温州（↑）、宜昌（↓）、襄阳（↓）、安庆（↑）、淮南（↓）、阜阳（↑）、宜春（↑）、达州（↑）
第四层级（27）	玉溪（↑）、宣城（↑）、淮安（↑）、随州（↑）、杭州（↓）、徐州（↓）、衢州（↓）、益阳（↓）、株洲（↓）、荆门（↑）、赣州（↓）、九江（↓）、金华（↓）、岳阳（↓）、抚州（↓）、眉山（↓）、鹰潭（↑）、宿迁（↓）、池州（↑）、曲靖（↓）、盐城（↓）、吉安（↓）、常德（↑）、上饶（↑）、广元（↑）、昭通（↑）
第五层级（18）	资阳（↓）、十堰（↓）、黄山（↓）、景德镇（↓）、邵阳（↓）、保山（↑）、六安（↓）、郴州（↓）、绵阳（↓）、攀枝花（↓）、永州（↑）、丽水（↓）、怀化（↓）、张家界（↓）、雅安（↑）、临沧（↑）、丽江（↓）、普洱（↓）

中、宜宾、合肥、泸州、扬州、台州、舟山、新余、滁州、衡阳、遵义、淮北、温州、宜昌、襄阳、安庆、淮南、阜阳、宜春、达州。与2020年相比增加了15个城市，约占所有研究单元的28.18%。其中，上游城市有8个（较上年增加6个），中游城市有8个（较上年增加5个），下游城市有15个（较上年增加4个）。

第四层级中，分项指数在0.6360~0.8688的城市有27个，包括玉溪、宣城、淮安、随州、杭州、徐州、衢州、毕节、益阳、株洲、荆门、赣州、九江、金华、岳阳、抚州、眉山、鹰潭、宿迁、昭通、池州、曲靖、盐城、吉安、常德、上饶、广元。与2020年相比减少了7个城市，约占所有研究单元的24.55%。其中，上游城市有6个（较上年减少5个），中游城市有12个（较上年增加3个），下游城市有9个（较上年减少5个）。

第五层级中，分项指数在0.1786~0.5928的城市有18个，包括资阳、十堰、黄山、景德镇、邵阳、保山、六安、郴州、绵阳、攀枝花、永州、丽水、怀化、张家界、雅安、临沧、丽江、普洱，约占所有研究单元的16.36%。与2020年相比减少了35个城市。其中上游城市有8个（较上年减少11个），中游城市有7个（较上年减少16个），下游城市有3个（较上年减少8个）。

第三层级以上的城市有65个，在交通顺畅分项上2019年与2020年指标略有不同，第三层级城市数量2019年为83个、2020年为23个。第三层级以上城市数量大幅上升。

三　经济协调

经济协调分项包括2个指标，分别为人均（绿色）GDP和R&D经费支出占财政支出的比重。从表4-10可知，总体上看，在经济协调分项上，相较于2020年，2021年排名上升的城市有43个，下降的城市有51个，保持不变的城市有16个。

通过分析可知，下游41个城市中，有25个城市的排名处于前1/3（较

表4-10 2021年长江经济带经济协调情况及与2020年对比

城市层级	包含城市
第一层级（9）	合肥（-）、芜湖（↑）、苏州（↓）、武汉（↑）、杭州（↓）、南京（↓）、宁波（↓）、无锡（↑）、上海（↓）
第二层级（18）	成都（↑）、常州（-）、南通（-）、绍兴（-）、长沙（↑）、铜陵（↑）、株洲（↓）、嘉兴（-）、南昌（↑）、舟山（↑）、镇江（↓）、马鞍山（↓）、鄂州（↑）、宜昌（↑）、湖州（↑）、扬州（↓）、湘潭（↓）、泰州（↑）
第三层级（26）	鹰潭（↓）、蚌埠（↓）、宣城（-）、绵阳（↑）、滁州（↑）、衢州（↑）、台州（↑）、宜春（-）、玉溪（↓）、淮北、徐州（↑）、温州（↑）、淮安（↑）、盐城（-）、岳阳（↑）、襄阳（↓）、荆门（↓）、金华（↓）、黄山（↓）、宿迁（↓）、九江（-）、新余（↓）、黄石（↓）、重庆（↑）、昆明（↓）
第四层级（28）	萍乡（↓）、咸宁（↑）、丽水（↓）、景德镇（↑）、孝感（↓）、郴州（↓）、赣州（↓）、抚州（↓）、十堰（↓）、池州（↑）、荆州（↓）、宜宾（↑）、德阳（↓）、安顺（↑）、雅安（↓）、永州（↑）、益阳（↓）、自贡（↑）、上饶（-）、六盘水（↓）、遵义（↓）、随州（↓）
第五层级（29）	怀化（↓）、泸州（↑）、黄冈（↑）、淮南（↑）、眉山（↑）、铜仁（↓）、宿州（↑）、曲靖（↑）、遂宁（-）、亳州（-）、六安（↓）、资阳（↓）、乐山（↓）、阜阳（↑）、毕节（↑）、娄底（↓）、内江（↓）、邵阳（↓）、张家界（↓）、广元（↓）、保山（-）、南充（↓）、南江（↑）、丽江（↑）、达州（↑）、普洱（↑）、广安（↓）、巴中（-）、临沧（↓）、昭通（-）

上年增加 1 个），11 个城市的排名处于中间 1/3，5 个城市的排名处于后 1/3（较上年减少 1 个）；中游 36 个城市中，有 9 个城市的排名处于前 1/3，18 个城市的排名处于中间 1/3，9 个城市的排名处于后 1/3；上游 33 个城市中，有 2 个城市的排名处于前 1/3（较上年减少 1 个），7 个城市的排名处于中间 1/3，24 个城市的排名处于后 1/3（较上年增加 1 个）。

分城市来看，采用 ArcGIS 自然断裂点法将 110 个城市划分为五个层级。

第一层级中，分项指数大于 2.2906 的城市有 9 个，分别为合肥、芜湖、苏州、武汉、杭州、南京、宁波、无锡、上海，占所有研究单元的 8.18%。与 2020 年相较无增减，仅排名略有变化。其中，中游城市有 1 个，下游城市有 8 个。合肥、苏州、芜湖、杭州和上海为 G60 科创走廊城市。

第二层级中，分项指数在 1.4190～2.1508 的城市有 18 个，分别为成都、常州、南通、绍兴、长沙、铜陵、株洲、嘉兴、南昌、舟山、镇江、马鞍山、鄂州、宜昌、湖州、扬州、湘潭、泰州，约占所有研究单元的 16.36%。与 2020 年相比增加了 2 个城市。其中，上游城市有 1 个，中游城市有 6 个（较上年增加 2 个），下游城市有 11 个。

第三层级中，分项指数在 0.8905～1.3460 的城市有 26 个，包括鹰潭、蚌埠、宣城、绵阳、滁州、盐城、衢州、台州、岳阳、宜春、玉溪、淮北、徐州、淮安、温州、贵阳、襄阳、荆门、金华、黄山、宿迁、九江、新余、黄石、重庆、昆明。与 2020 年相比增加了 2 个城市，约占所有研究单元的 23.64%。其中，上游城市有 5 个（较上年增加 2 个），中游城市有 8 个（较上年减少 1 个），下游城市有 13 个（较上年增加 1 个）。

第四层级中，分项指数在 0.5227～0.8358 的城市有 28 个，包括萍乡、咸宁、安庆、丽水、景德镇、孝感、连云港、吉安、常德、郴州、赣州、抚州、十堰、池州、荆州、宜宾、攀枝花、德阳、衡阳、安顺、雅安、永州、益阳、自贡、上饶、六盘水、遵义、随州。与 2020 相比减少了 7 个城市，约占所有研究单元的 25.45%。其中，上游城市有 8 个（较上年减少 3 个），中游城市有 16 个（较上年减少 3 个），下游城市有 4 个（较上年减少 1 个）。

第五层级中，分项指数在 0.0135~0.4599 的城市有 29 个，包括怀化、泸州、黄冈、淮南、眉山、娄底、铜仁、曲靖、宿州、遂宁、亳州、六安、资阳、乐山、阜阳、毕节、内江、邵阳、张家界、广元、保山、南充、丽江、普洱、达州、广安、临沧、巴中、昭通，约占所有研究单元的 26.36%。与 2020 年相较增加了 3 个城市。其中上游城市有 19 个（较上年增加 1 个），中游城市有 5 个（较上年增加 2 个），下游城市有 5 个。

第三层级以上的城市有 53 个，2019 年为 56 个，2020 年为 49 个，在经济协调分项中 2021 年第三层级以上城市数量有小幅上升。

四 市场统一与机制科学

市场统一分项包括 2 个指标，分别为国内 100 强企业分支机构数和世界 100 强企业分支机构数。从表 4-11 可知，总体上看，在市场统一分项上，相较于 2020 年，2021 年排名上升的城市有 45 个，下降的城市有 59 个，保持不变的城市有 6 个。

通过分析可知，下游 41 个城市中，有 26 个城市的排名处于前 1/3，11 个城市的排名处于中间 1/3，4 个城市的排名处于后 1/3；中游 36 个城市中，有 5 个城市的排名处于前 1/3（较上年减少 1 个），21 个城市的排名处于中间 1/3（较上年增加 2 个），10 个城市的排名处于后 1/3（较上年减少 1 个）；上游 33 个城市中，有 5 个城市的排名处于前 1/3（较上年增加 1 个），4 个城市的排名处于中间 1/3（较上年减少 2 个），24 个城市的排名处于后 1/3（较上年增加 1 个）。

分城市来看，采用 ArcGIS 自然断裂点法将 110 个城市划分为五个层级。

第一层级中，分项指数大于 6.8629 的城市有 1 个，仅有上海。与 2020 年相较无增减。

第二层级中，分项指数在 4.3208~6.8629 的城市有 7 个，分别为武汉、成都、重庆、南京、苏州、杭州、长沙，约占所有研究单元的 6.36%。与 2020 年相比增加了 2 个城市。其中，上游城市有 2 个，中游城市有 2 个（较上年增加 1 个），下游城市有 3 个（较上年增加 1 个）。

表4-11　2021年长江经济带市场统一情况及与2020年对比

城市层级	包含城市
第一层级（1）	上海（一）
第二层级（7）	武汉（一）、成都（一）、重庆（↑）、南京（↑）、苏州（↑）、杭州（↓）、长沙（↑）
第三层级（7）	合肥（↓）、常州（↑）、昆明（↑）、宁波（↓）、南昌（↓）、贵阳（↓）、南通（↑）
第四层级（14）	嘉兴（↑）、徐州（↑）、温州（↓）、宿迁（↑）、无锡（↓）、芜湖（↑）、湖州（↓）、淮安（↓）、盐城（↓）、泰州（↑）、镇江（↑）、台州（↑）、扬州（↑）、宜春（↑）
第五层级（81）	亳州（↑）、安庆（↓）、绍兴（↓）、遵义（↑）、连云港（一）、金华（↓）、襄阳（↑）、滁州（↓）、娄底（↑）、铜陵（↑）、舟山（↓）、阜阳（↓）、六安（↑）、上饶（↑）、荆州（↑）、株洲（↑）、蚌埠（↓）、马鞍山（↓）、宣城（↓）、邵阳（↑）、岳阳（↑）、永州（↓）、宿州（↑）、九江（↓）、淮南（一）、池州（↓）、黄石（↓）、鄂州（↑）、黄冈（↑）、湘潭（↓）、常德（↓）、郴州（一）、广元（↑）、乐山（↑）、宜宾（↑）、保山（↓）、吉安（↑）、十堰（↓）、宜昌（↓）、随州（↑）、衡阳（↑）、绵阳（↓）、衢州（↑）、淮北（↑）、新余（↓）、抚州（↓）、荆门（↑）、德阳（↓）、眉山（↑）、巴中（↑）、六盘水（↓）、曲靖（↓）、丽水（↑）、景德镇（↓）、益阳（↓）、泸州（↓）、南充（↑）、达州（↓）、昭通（↑）、怀化（↓）、攀枝花（↓）、内江（↑）、广安（↑）、资阳（↑）、黄山（↓）、玉溪（↓）、雅安（↓）、萍乡（↓）、遂宁（↓）、铜仁（↓）、普洱（↓）、张家界（↓）、自贡（↓）、毕节（↓）、丽江（↓）、鹰潭（↑）、咸宁（↑）、临沧（↓）

085

第三层级中，分项指数在 2.1155~3.1979 的城市有 7 个，包括合肥、常州、昆明、宁波、南昌、贵阳、南通。与 2020 年相较增加了 1 个城市，约占所有研究单元的 6.36%。其中，上游城市有 2 个（较上年增加 1 个），中游城市有 1 个，下游城市有 4 个（较上年增加 1 个）。

第四层级中，分项指数在 0.6288~1.4328 的城市有 14 个，包括嘉兴、徐州、温州、宿迁、无锡、芜湖、淮安、湖州、盐城、泰州、镇江、台州、扬州、宜春。与 2020 年相比增加了 5 个城市，约占所有研究单元的 12.73%。其中，中游城市有 1 个（较上年增加 1 个），下游城市有 13 个（较上年增加 4 个）。

第五层级中，分项指数在 0.0000~0.5345 的城市有 81 个，包括亳州、安庆、绍兴、遵义、连云港、金华、襄阳、滁州、娄底、铜陵、舟山、阜阳、六安、上饶、荆州、株洲、蚌埠、马鞍山、宣城、孝感、邵阳、岳阳、永州、宿州、九江、淮南、赣州、池州、黄石、鄂州、黄冈、湘潭、常德、郴州、广元、乐山、宜宾、保山、吉安、十堰、宜昌、随州、衡阳、绵阳、衢州、淮北、新余、抚州、荆门、德阳、眉山、达州、巴中、六盘水、曲靖、丽水、景德镇、益阳、泸州、南充、雅安、安顺、昭通、怀化、攀枝花、内江、广安、资阳、玉溪、黄山、萍乡、鹰潭、咸宁、遂宁、铜仁、普洱、张家界、自贡、毕节、丽江、临沧，约占所有研究单元的 73.64%。与 2020 年相比减少了 8 个城市，其中上游城市有 29 个，中游城市有 32 个（较上年减少 1 个），下游城市有 20 个（较上年减少了 7 个）。

第三层级以上的城市有 15 个，2019 年为 13 个，2020 年为 12 个。在市场统一分项上 2021 年第三层级以上城市数量小幅上升。同时可以看到，100 强企业依然倾向于在省会城市以及区域内中心城市布局。

机制科学分项只有唯一的定性指标，即以水资源保护与水环境综合治理为核心的联防联控机制和生态环境补偿机制，旨在衡量长江经济带生态底色水环境的机制建设。110 个地级及以上城市的联防联控机制和生态补偿机制等已经相对完善。

第五章　长江经济带协调性均衡
发展问题诊断

基于对长江经济带协调性均衡发展水平的系统评价，对照新发展理念以及区域高质量协调发展的战略目标，长江经济带协调性均衡发展仍存在不少问题和薄弱环节，主要表现在区域协同融合发展有待深入、产业集群竞争能力亟须提升、区域间人民基本生活水平差距尚显、综合交通网络体系仍需完善、生态环境共保联治力度不足等方面。

第一节　区域协同融合发展有待深入

一　流域协同发展能力呈现空间异质性

从发展阶段来看，长江经济带下游已整体迈入工业化高级阶段，上中游尚处于工业化中级阶段；从发展水平来看，长江经济带下游地区高而上中游地区低，中心大城市高而边缘中小城市低，地区发展不平衡；从发展质态来看，长江经济带协同发展能力呈现下游地区普遍较高、上中游地区普遍较低的态势，区域内协同发展能力的空间差异十分显著，上海、苏州、南京、杭州、武汉、成都、无锡、宁波、常州、重庆位居排行榜前列，下游地区是协同发展能力的高值集聚区，而排名靠后的城市则大多是位于上中游地区中心城市周边的中小城市。

二　大中小城市融合发展水平有待提高

从城市群、都市圈的发展质态看，长三角城市群的苏锡常、南京、杭州、宁波都市圈协同发展能力指数远远高于武汉都市圈、环鄱阳湖都市圈、环长株潭都市圈等。不少城市（群）自成体系，存在小而全、功能趋同等问题，导致各城市（群）产业同质化严重、重复建设。城市间规划缺乏有效衔接，未体现产业分工合作、发挥特色优势的要求。城市体系布局仍需进一步完善。各城市的功能定位缺乏"一盘棋"思想，导致生产要素流动或配置效率不高。不少城市的接合部还有规划空白，影响了城市群整体功能的发挥。

三 区域间新型城镇化建设差异性显著

从城镇化提升速度来看，2021年长江经济带整体城镇化率约为64.7%，与过去几年相比，大多数省份的城镇化速度加快，高于全国平均水平，但上游的贵州、下游的江苏和上海等则明显低于全国平均水平；从城市发展规律来看，上中游地区有较大发展空间，但上游地区发展空间面临刚性约束；从城市群层面来看，长三角城市群发展水平较高，但空间分布不均衡，人口过度集聚，环境容量不足；成渝城市群内城乡二元结构突出，统筹难度大，非核心城市之间的关联度较弱；长江中游城市群内组团城市的联系相对松散，城镇化水平差异大，生态环境保护压力较大；从城乡融合来看，推动城市更新的动力不足，城乡协调的跨域联动机制不健全。

第二节 产业集群竞争能力亟须提升

一 流域产业布局规划问题相对突出

一方面，沿江省市均是从自身出发，进行产业规划和布局，导致低水平重复建设和资源浪费，其中突出表现为上中游与下游的产业链未能实现有效对接，下游地区的发展缺乏资源支撑，上中游地区的发展缺乏资金、技术的支持。另一方面，长江经济带各地开发的时间远早于《国务院关于依托黄金水道推动长江经济带发展的指导意见》和《长江经济带发展规划纲要》，而且这些地区在早期的开发过程中已经形成了固有的产业布局，即使存在不合理之处，也很难从根本上予以调整。

二　流域产业集群竞争能力有待加强

长期以来，跨省合作一直是长江经济带产业发展中的难点，不同区域的功能不同，发展任务和目标也不同，跨区协调与合作难度大，导致经济带产业集群整体竞争能力仍不强，产业协调发展水平不高，且70%以上的城市产业协调指数均小于1。上中下游地区之间的产业紧密度、关联度不高，分工合作、协同发展的整体格局尚未形成。目前，长江经济带已形成较为完整的、覆盖全域的电子信息产业集群、重化工产业集群、机电机械产业集群、汽车产业集群和高新技术产业集群等，产业规模庞大、门类齐全、集聚度较高，但总体来说，多数产业发展仍处于价值链的中低端水平，尤其是重化产业占比较高，产业转型升级的难度大。

三　流域产业结构转型与升级难度大

长江经济带产业竞争力不高、地区间重复建设，其重要原因是产业转型与结构升级面临较大困难。目前，长江经济带集中了较多高耗能高排放的重化工业，包括硫酸、化学纤维、化肥农药等行业，产值占比都超过全国的55%，其中化学纤维超过80%。此外，还有大量的机械、冶金、汽车制造、服装加工等行业。这些传统行业的升级改造需要大量的资金、技术，然而这些专用性资产及其产品升级改造难度较大。此外，部分地区仍然不同程度地存在市场壁垒现象，既阻碍资源要素的流动，也影响产业转型升级以及区域产业集群发展壮大。

第三节　区域间人民基本生活水平差距明显

一　区域间生活水平存在明显差异

目前，长江经济带各地区之间、城乡之间、流段之间的经济发展水平、居民收入水平及民生保障水平等仍存在较大差异。从收入绝对值来看，长江经济带各流段的收入水平表现为下游地区>中游地区>上游地区；从重要节点城市的城乡居民收入水平来看，收入最高的是上海、浙江、江苏，其次是重庆和湖北，收入最低的是云南、贵州；从就业保障来看，上中游的部分城市乃至中心城市的最低工资群体及就业弱势群体仍占不小比例，社会保障水平也不高。如重庆市最低工资标准覆盖群体比重达到4.8%，是上海的4倍，而其最低工资标准仅为上海的54%；成渝城市群内三大中心城市就业弱势群体的比重接近或超过10%，远高于长三角城市群。

二 城镇居民人均可支配收入增幅有限

从流域内城镇居民人均可支配收入增速来看，2021~2022年，长江经济带城镇居民人均可支配收入的名义增速为1.46%，但远低于全国3.95%的水平，更远低于2020~2021年的平均水平8.55%。从流域各省市来看，城镇居民人均收入增长2%~6%。城镇居民人均可支配收入最高的是上海，高达84034元，最低的是贵州省，为41086元。从上中下游地区来看，下游地区城镇居民人均可支配收入为61859元，中游和上游地区分别为44730元和42937元，下游地区长三角三省一市的均值远高于其他地区，而中游和上游地区之间的差距不明显。中游地区受新冠疫情的影响较大，城镇居民人均可支配收入增幅有限；上游除部分省会城市外，大部分城市的城镇居民人均可支配收入在全流域来说相对偏低，增长幅度也不大。

三 流域内农村居民收入水平相对较低

目前，流域内各省市城乡居民人均可支配收入均保持快速增长态势。但与城镇居民人均可支配收入相比，流域内农村居民人均可支配收入水平相对较低。一方面，与城镇居民人均可支配收入相比，流域内农村居民人均可支配收入水平相对较低。2022年长江经济带11省市农村居民人均可支配收入均值为22774元，较同期全国平均水平高出2641元，但比2020~2021年的增长值少了556元。另一方面，从上游、中游和下游地区来看，中上游与下游农村居民人均可支配收入的差距较为明显，长三角三省一市的均值远高于其他地区。下游地区农村居民人均可支配收入为29877元，中游和上游地区分别为19706元和17002元。此外，从各省市来看，上海农村居民人均可支配收入最高。

第四节　综合交通网络体系仍需完善

一　长江各段航道条件不均

长江干线重点河段的航道尺度基本达标，但部分河段受河道自然条件影响，存在水深变浅、顶冲险滩、淤积物堆积等问题。长江下游部分河段航道条件不够稳定，局部航段通航压力较大；中游河段航道水深与上下游相比偏低，而且有不少航段是珍稀鱼类的栖身之所，水运遭遇"肠梗阻"。长江上游干流和重要支流，如嘉陵江、乌江、金沙江等虽通过建设梯级化航电枢纽等实现了全江通航，但仍存在航运能力"堵点"。上游重庆以上航道等级总体偏低，通过能力明显不足。中游荆州段部分大型深舱船舶"超吃水"冒险通过浅区，易导致航道内搁浅、阻航甚至断航。下游"三沙"水道（福姜沙、白茆沙、通州沙水道）作为重点浅险水道，一直以来都是长江干线航道维护治理中的重点和难点，通航环境复杂、航道治理难度大。

二　综合交通枢纽有待完善

沿江东西向、连续贯通的高速铁路线缺乏，影响了沿江通道的整体功能发挥和效率提升，对长江经济带发展的支撑作用不足。现有沿江地区铁路线路较少，客货争线情况较为突出，导致铁路货运功能难以得到有效发挥。在整个综合立体交通走廊中，铁路在骨干运输和绿色低碳等方面的比较优势难以凸显，对于缓解三峡枢纽运输瓶颈、推动区域运输结构调整等均支撑不足，宜铁则铁、宜水则水、宜公则公的综合运输体系尚未建立。沿江通道在能力供给、资源利用等方面存在问题，距建成现代化综合立体交通走廊的目标仍有差距。公路运输能力不足，南北向通道能力较弱，向西开放的国际通道能力不足，城际铁路建设滞后，城际交通网络功能不完善。不同交通方式之间缺乏协调，空港、海港、铁路站点等换乘枢纽衔接不足，上中游各城市之间也未能充分对接城际轨道交通与高铁线路。港口、机场集疏运体系建设有待进一步加强。

三　智慧交通体系尚待布局

智慧交通涉及多个领域和多个层面的技术标准，目前尚缺乏统一和完善的技术标准体系。不同地区、不同厂商、不同平台之间的技术标准不兼容或不一致，导致数据共享和互联互通困难，影响了智慧交通系统的运行效率。例如，车联网领域，存在多种不同的通信技术和协议，如 LTE-V2X、DSRC、5G 等，缺乏统一的标准和规范，导致车与车、车与路、车与云之间的信息交互存在障碍。涉及传感器、通信、计算、控制、人工智能等，其中一些核心技术仍然依赖于国外供应商，如高精度地图、高性能芯片、高端传感器等。这些技术的缺乏或受制于人，影响了智慧交通系统的性能和安全性，也增加了行业发展成本和风险。智慧交通领域的监管政策有待优化，尚未形成完善的法律法规体系。

第五节　生态环境共保联治力度不足

一　局部区域水环境问题凸显

沿江传统产业发展惯性较大，岸线资源开发利用方式粗放，废水排放总量仍然较大，部分水域水环境保护及风险防控压力较大。长江沿线重化工业分布仍较密集，高污染高耗能企业数量较多，通航船舶和危险化学品运输总量较大，安全风险防范压力加大；部分支流水域生态环境承载能力下降，湖库富营养化问题未得到有效解决，黑臭水整治、工农业污水治理等工作仍需加强。长江源头区"人—草—畜"矛盾还没有得到根本解决，草场加速退化，应适当增加水源涵养指标权重；上游地区"人鱼争江"问题凸显，"三磷"排放影响较大，城乡面源污染严重，应适当增加水体连通性、汛期污染强度等指标权重；中下游地区长江干支流、洞庭湖、鄱阳湖、巢湖、太湖等自然岸线和水生生物栖息地受损严重，部分地区存在面源污染旱季"藏污纳垢"、雨季"零存整取"，水生植被退化严重，湖泊富营养化问题严重，应适当增加自然岸线、汛期污染强度、水生植被等指标权重。

二　全链条保护格局尚未形成

近年来，在"生态优先、绿色发展"方针指引下，通过采取"共抓大保护、不搞大开发"系列政策举措，长江经济带生态环境保护修复工作取得了巨大的成就，"三生"环境得到明显改善，但流域生态环境的整体性与保护治理的分散性矛盾仍较突出，各地区各部门之间的横向联动相对不足，尚未形成高水平、全链条式保护的系统合力。未建立全流域范围、全生态要素、长时间尺度的长江流域生态环境本底数据库，相关监测点和研究力量分散在各部门、各层级，缺乏统一标准，数据存储机制、共享机制和整合接口尚未形成，尤其是缺乏对长江生态环境承载能力的系统分析。长江经济带覆盖多个行政区域，涉及生态环境、自然资源、水利、林业、地质矿产、农业、海洋等多个监管部门，目前纵向的责任分工相对清晰，而横向联动相对不足，部门协同有待加强。沿岸各省市发展政策自成体系，政出多门现象短期内难以彻底改变。推动长江经济带发展领导小组办公室会议暨省际协商合作机制等横向联系制度大多为软性机制和临时性机构，长江委等常设机构的统筹力度有待加强。

三　生态保护基础能力仍待加强

生态环境监测体系现代化能力不足，难以满足生态环境保护精细化管控要求。基层监测能力整体较弱、布局不均衡，区域环境质量监测、执法监测以及风险管控溯源预警等工作还存在短板，数据综合分析水平不高，部分地区监测设备老化、实验条件简陋，有些县级监测能力不足。在监测网络方面，大气监测网在支撑精准管控上还需持续加力，水环境监测网在数据应用及质控管理上还有不足，地下水监测网站点分属不同部门，还没有形成统一的管理合力。生态环境科技应用不足，环境管理市场化手段运用不足，基础设施建设滞后、运行总体水平不高。有的地方存在生态环境监管工作流于表面、不到位的情况，有的企业法律意识淡薄，污染治理设施运行不正常、超标排放、监测数据造假等问题突出。

第六章　长江经济带协调性均衡 发展对策建议

新时代推进长江经济带协调性均衡发展要重点解决发展中存在的主要矛盾和突出问题，着力在增强区域协同融通带动能力、打造多极支撑的现代产业体系、夯实人民共同富裕物质基础、完善综合立体交通运输网络、加强流域生态环境联防联治等方面不断实现新突破，推动区域内不同地区之间、不同经济主体之间以及人与自然之间形成和谐共生、互利共赢的协同协调关系，实现长江经济带更有效率、更加公平、更可持续的高质量发展。

第一节　促进协调发展，着力增强区域 协同融通带动能力

一　推动流域协同创新体系建设

围绕发展新质生产力，深化流域协同创新。第一，充分发挥上海、合肥综合性国家科学中心的撬动作用，大力推进创新型城市以及制造业联合创新中心建设，对于"卡脖子"的重大科研任务和关键性技术，开展长期、稳定的联合攻关，着力实现产业基础高级化。第二，鼓励长江经济带与沿海经济带在科研院所合作、科技成果转化、产业集群建设等方面加强联系，实现优势互补。在环保合规、技术可控并符合产业发展需求的前提下，长江中上游城市可以有选择性地接受部分沿海经济带的产业转移。第三，加强长江经济带沿线人才服务、信息认证等方面的合作，并尝试利用大数据、互联网等手段建立长江经济带人力资源市场，推行人才资源互认共享、社保一体化等

实质性政策，并建立基于"创新资源"合作的跨区域人才联合培养机制。第四，构建线上线下相结合的技术标准与知识产权交易市场，积极组建长江经济带智库联盟，为长江经济带沿线的技术流动、知识产权和科技金融服务提供平台，切实推动创新链与产业链、人才链的有机融合。

二 深化流域交通文化互联互通

深化区域交通"硬联通"、长江文化"软联通"，促进要素市场互联互通，以高水平协同联动形成高质量发展整体合力。第一，深化要素融通。促进跨区域、跨部门、跨层级的数据信息共享和流程互联互通，深化政务服务合作，优化营商环境，促进区域间、城乡间要素双向自由流动。以主体功能区战略引导经济合理布局，统筹抓好沿江产业布局和转移，优化重大生产力布局，鼓励区域间共建产业园区，引导资金、技术、劳动密集型产业从东部向中西部、从中心城市向腹地有序转移，推动优势产业延链、新兴产业建链。继续深化上游地区同中下游地区的能源合作，推进西电东送接续水电项目建设，在长江经济带加快实施"东数西算"工程，加强数据、算力和能源之间的协同联动。第二，深化交通融通。加快建设综合立体交通走廊，加强交通网络的相互联通和"公水铁"等运输方式的相互衔接，提升区域交通一体化水平。有序推进长江黄金水道功能向支流拓展，畅通干支相连"微循环"，深入推动长江三角洲高等级航道网和合裕线等提档升级，加快汉江2000吨级航道建设，进一步有序提升湘江、沅水、赣江、信江等高等级航道通航条件，畅通岷江、嘉陵江、乌江、金沙江等航运，持续健全综合交通运输体系，形成层次分明、功能互补、竞争有序的内河航运发展格局。第三，深化文化融通。深化长江流域上中下游地区在文化和旅游领域的协同合作，构建长江文物和文化遗产保护协同格局，为长江经济带高质量发展提供强大的价值引导力、文化凝聚力、精神推动力和现实创造力。深入发掘长江文化的时代价值，统筹兼顾长江流域上中下游特点和文化多样性，推动长江国家文化公园与长江经济带融合共建，推出更多体现新时代长江文化的文艺精品，讲好新时代的长江故事。积极推进文化和旅游深度融合发展，携手打造长江国际黄金旅游带，建设一批具有自然山水特色和历史人文内涵的滨江城市、小城镇和美丽乡村。

三　切实完善区域协同发展机制

第一，切实完善园区协同发展机制。推进园区环境保护、招商引资、信息服务和监管执法等方面的标准化工作，统一准入门槛和服务细则，实现战略联动与规划协同。推进毗邻园区、重点飞地深度对接，探索"圈层梯度、一区多园"模式。推广北京中关村、上海张江、武汉东湖的"1+N"管理体制，以龙头城市带动、整合沿线其他城市的高新技术产业资源，使沿线各地高效享受科技产业协同的政策红利。第二，不断完善"长江流域园区合作联盟"等创新合作机制，扩容"G60科创走廊"，更好地发挥其引领辐射作用。积极打造数字化、一体化园区，推动长江经济带园区的各类创新政策"跨区通兑"，引领、动员各类主体拓展多样化合作，推动营业执照和工业产品生产许可证等"全流域通办"。第三，建立健全跨区域管理协调机制，实施长江经济带各省市联动与一体化发展。在国家推动长江经济带发展领导小组下，组建具备管理和建设功能的长江流域管理局，加强横向补偿机制、产业和资源跨地区转移、跨区域构建"飞地经济"合作模式等方面的省际信息沟通和政策协调。

第二节　激活发展动能，着力打造多极
支撑现代产业体系

一　奋力推进产业绿色转型升级

大力发展新质生产力，深入推进流域产业绿色高质量发展。第一，坚持以产业绿色化、集聚化、高级化发展为导向，以数字经济和能源革命为依托，有效落实负面清单和产业结构调整目录，以推动传统产业转型和战略性新兴产业发展为目标，以提高绿色环保技术自主创新能力为突破口，以沿江

开发区和产业园区为载体，鼓励企业开发绿色产品、建设绿色工厂、打造绿色园区、完善绿色供应链，并进一步强化环保法律法规和行业标准约束。第二，充分发挥长三角生态绿色一体化发展示范区的示范作用，点面结合、系统治理，努力探索生态环保领域的产融发展之路，为践行和推广"两山"理论提供实践样板。第三，围绕产业基础高级化和产业链现代化积极开展新领域新赛道的引领性技术攻关，吸引集聚高层次科技创新人才，提升科技前沿领域原始创新能力，加快突破一批关键核心技术；培育壮大先进制造业，加快发展战略性新兴产业和未来产业。第四，推动产业链供应链现代化。创新产业组织形态与运营模式，加强产业链协同合作、新兴产业建链、优势产业延链，促进资源要素围绕产业链优化配置，促进大中小企业融通发展，推动长江经济带在维护国家"重要产业链供应链安全"方面发挥更大作用。

二 着力加强产业链分工与协作

第一，要紧紧把握第四次科技革命与产业变革所带来的新经济、新基建、新投资、新消费等重大历史机遇，紧紧瞄准物联网、人工智能、石墨烯新材料、量子技术、基因工程等前沿（未来）产业科技领域，加强上中下游产业分工协作和主导产业集群互嵌衔接。在长三角、成渝地区双城经济圈等地区重点打造一批空间上高度集聚、上下游紧密协同、供应链高效集聚，规模大、效益好的新型产业链集群。鼓励下游区域依托技术和产业优势，瞄准国际先进产业发展，积极参与全球经济竞争。促进中上游区域积极承接下游区域产业转移，留住产业链关键环节，促进产业转型升级和高质量发展。第二，淡化区域指向、强调功能聚合，在长江经济带重点产业集群中应重点围绕集成电路、人工智能、高端装备等优势产业，加强窗口指导与配套服务，培育更多的高科技服务业领军企业。第三，持续做好产业有序转移接续。找准关键问题或难点，由国家层面统筹协调产业空间布局，做到有扶有控、分类指导，缓解上海产业布局过重压力，发挥南京、武汉、重庆、成都等承载重要产业布局的重要作用。基于区域一体化背景下城市群联动、企业结盟、联合建园、飞地经济等跨界跨域发展所带来的巨大市场潜力与流动空间，用区域市场大循环有效带动两大循环的双向互动。支持企业通过援建、托管、股份合作、招商合作等模式，建立跨区域产业发展协作平台与产业联盟。鼓励总部、研发、生产分离模式，促进上中下游城市协同发展。

三 突出协同创新生态体系建设

第一，围绕产业基础高级化和产业链现代化，积极开展新领域新赛道的引领性技术攻关，聚焦关键基础材料、核心基础零部件（元器件）、工业基础软件、先进基础工艺、产业技术基础等领域实施一批产业基础再造项目，加快突破一批关键核心技术。要重视基本公共服务均等化，在扩大教育资源供给的同时，推动全流域创新资源共享、区际科技要素无阻碍流动与创新资源高效汇聚。第二，充分发挥上海、合肥综合性国家科学中心的撬动作用，大力推进创新型城市以及制造业联合创新中心建设，对于"卡脖子"的重大科研任务和关键性技术，开展长期、稳定的联合攻关，着力实现产业基础高级化。鼓励长江经济带与沿海经济带在科研院所合作、科技成果转化、产业集群建设等方面加强联系，实现优势互补。在环保合规、技术可控并符合产业发展需求的前提下，长江中上游城市可以有选择性地接受部分沿海经济带的产业转移。第三，加强人才服务、信息认证等方面的合作，并尝试利用大数据、互联网等手段建立长江经济带人力资源市场，推行人才资源互认共享、社保一体化等实质性政策，并建立基于"创新资源"合作的跨区域人才联合培养机制。第四，构建线上线下相结合的技术标准与知识产权交易市场，积极组建长江经济带智库联盟，为长江经济带沿线的技术流动、知识产权和科技金融服务提供平台，切实推动创新链与产业链、人才链的有机融合。

第三节 强化民生保障，着力夯实人民共同富裕物质基础

一 着力提升产业链现代化水平

第一，全面提升产业链竞争力。推动流域经济"稳增长""提质量"

"强动能"，为共同富裕奠定扎实的物质基础。围绕 5 个重点打造的世界级产业集群各个子产业进行深入梳理，完善产业链图谱，优化配置资源。同时，以产业链溯源及其技术评估为基础，初步建立起重点产业领域"卡脖子"技术攻关清单，预判攻关时间及其机会窗口。在有限资源投入的情况下，坚持"最缺什么补什么"的原则，以专业化为导向，形成以环节优化、区域协作为基础的"世界级—国家级—省级""三位一体"先进制造业集群梯队，并以此为抓手攻克一批制约产业链自主可控、安全高效的核心技术，推动一批卓越产业链竞争实力和创新能力达到国内一流、国际先进水平。

第二，切实增强产业链供应链韧性。实施产业链安全可靠工程，在产业链上下游关键节点形成一批国产化替代的原创成果，大幅提高产业技术自给性和安全性。推动产业链供应链多元化，构建必要的产业备份系统，并强化应急产品生产能力，力争重要产品和供应渠道至少有一个替代来源，提升产业链抗风险能力。发挥产业链优势企业和平台企业作用，依托供应链协同、创新能力共享、数据资源对接等模式提升产业链运行效率和联结水平，并支持建立企业联盟产业联盟、产业技术创新战略联盟，鼓励共享制造等新型生产组织方式，带动专业配套企业协同发展。

第三，以优质农产品、精深加工产业等作为突破口，推动农村产业转型升级。通过引进新的技术和设备，结合大数据和智能技术，建立数字化的农业生产信息平台，从而更好地掌握农产品市场需求，提高生产决策的精准性，可以更好地推动农业发展和乡村振兴。以德清县为例，把全国首创"数字服务中心"应用到德清农村电商产业园，通过优质培训资源、园区管理、资源预约、活动报名等板块，实现服务功效最大化，同时，从特色优质农产品入手，打造精品网货，推动农产品加工转化，提升产品附加值，实现从农产品生产向农产品加工转化。持续巩固拓展脱贫攻坚与乡村振兴战略成果，推动农村一二三产业深度融合，做优做强现代农业、发展智慧农业，不断拓宽农民增收渠道，在城乡均衡发展的基础上走向共同富裕。

二　增强城市群的集聚辐射作用

第一，构建多维协同推进的统筹协调运行机制。在国家顶层设计和统一规划引导下，统筹协调上下游、左右岸、干支流，建立全流域的协调治理机制，并完善跨行政区的利益协调机制，加强各省市之间、省市县之间的协调联动，调动社会各方的积极性，形成政府联动、企业主动、民间促动的合力。借鉴长三角区域合作与一体化经验和机制，11省市轮流作为领导小组联席会议主席方，每年召开一次会议，研究确定重大合作事项和年度工作计划，协调、指导和推动重大合作项目。

第二，制定城市群总体规划及区域合作发展战略规划。习近平总书记指出，要优化长江经济带城市群布局，坚持大中小结合、东中西联动，依托长三角、长江中游、成渝这三大城市群带动长江经济带发展。一方面，促进三大城市群各自大中小城市的协调发展，加快推动区域中心城市和重点镇发展。另一方面，加强城市群之间的联动合作，加快重庆、武汉航运中心建设，加快内陆开放型经济高地建设，推进长三角产业向长江中游和成渝城市群有序转移，促进三大城市群之间的资源优势互补、产业分工协作和互动合作。因此，要在已有规划基础上根据主体功能区综合谋划城市群发展和区域合作的规划。

第三，建立长江经济带协调性均衡提升机制。建立违约惩戒制度，对于违约的，采取行政撤免、减少合作项目、取消政策优惠、向社会公布评估结果等措施给予一定惩罚。支持建立多边或双边高层对话和议事机制、合作协调机制，定期举办经贸科技活动。进一步培育发展和规范管理社会组织，在行业协会中引入竞争机制，允许"一业多会"，允许按产业链各个环节、经营方式和服务类型设立行业协会，允许跨地域组建、合并组建和分拆组建等。建立和完善委托授权机制、合作联动机制、征询机制、监督指导机制等，促进行业协会的有效运转，充分发挥行业协会的桥梁和纽带作用。

三 不断完善成果共享实现机制

第一，切实构建发展成果人民共享的组织领导机制。夯实统筹城乡发展的组织基础，构建由政府主导、市场主力、群众主体、社会参与、发展成果人民共享的组织领导机制，通过调动一切积极因素，形成全社会关注、理解、支持和参与的强大力量。探索村、社区、非公企业党组织之间结对共建活动，推动城市党建资源向农村延伸、发展要素向农村流动、公共服务向农村覆盖。通过延伸载体、延伸领域、延伸服务畅通联系群众的"动脉"、完善制度创新的"内核"、拓宽方便群众的"路基"。

第二，切实构建发展成果人民共享的利益调节机制。完善长江经济带利益协调机制以确保群众的真切实惠。各级政府要始终坚持把落实富民政策、解决民生问题摆在优先位置，统筹协调各方面利益关系。构建"橄榄型"分配格局，做好初次分配、再分配、第三次分配协调配套的基础性制度安排，加大税收、社保、转移支付的调节力度，扩大中等收入群体比重，增加低收入群体收入，合理调节高收入，取缔非法收入。逐步建立以权力公平、机会公平、规则公平、分配公平为新内容的社会公平保障体系。

第三，切实构建发展成果人民共享的持续发展机制。积极构建发展成果人民共享的民主政治，进一步促进党群干群关系和谐；积极构建发展成果人民共享的繁荣经济，提升城乡居民收入水平，逐步缩小上下游、城乡之间的差距；积极构建发展成果人民共享的特色文化及和谐社会，畅通区域间、城乡间居民利益诉求的表达渠道，完善群众维权机制；积极构建发展成果人民共享的生态环境，从各方面深入推进长江经济带发展成果由人民共享的可持续发展。

第四节 巩固交通互联，着力完善综合立体交通运输网络

一 全面提升长江航运服务能力

第一，系统提升长江黄金水道功能。加快推进航道标准化建设及干支流

航道衔接。拓宽航运通道，加快三峡水运新通道建设，借助优化过闸方案、推广标准船型等，进一步简化流程提升过闸效率。制定出台长江保护法实施细则，在最大限度降低生态环境影响的基础上，推进上游碍航水道整治，提升通航能力，助推重庆建设国际性交通枢纽城市和内陆开放高地。大力发展数字交通，形成开放共享、互联互通的长江航运数据资源体系，整体提升长江航运体系发展能力、治理能力和服务能力，打造绿色智慧航运体系。第二，加强集疏运体系建设。建成布局合理、功能完善、集约绿色、安全智慧的现代化港口集疏运体系。码头数字化、信息化程度全面提升，"港航一体化"管理服务平台在全流域广泛应用，支撑发展多式联运"一单制""一箱制"，形成港航协同、水陆联动、开放融合的港口服务体系。第三，建立长江航运信用管理体系。建立全线统一的信用管理制度、管理系统，实施标准统一的信用评价机制、联动应用机制，以"三船"（船公司、船舶、船员）为重点，逐步延伸至港口、货主，探索开展"绿蓝黄红"四色码管理，实现"守信联合激励、失信联合惩戒"。统一标准和配套制度，推动和各省市交通运输部门进行信息对接、共享，条件允许时与海事法院、金融、海关等部门进行信息共享。通过以上方式，形成行业融合互动、部门齐抓共管、企业协同联动的良好局面，实现从"他律"到"自律"的转变。

二 推进综合交通网络体系建设

第一，加快北沿江高铁、过江通道建设，加大东西、南北向的高速公路和铁路客运专线等快速通道建设，加快中心城市轨道交通建设和都市圈、城市群内的城际铁路建设。推动省际高速公路衔接畅通，推动国家高速公路 G4、G60 等扩容改造，规划建设一批省级高速公路，加快国省道干线跨省路段提质改造，打通省际市际待贯通路段，支持渡改桥等项目建设。第二，加强上中下游航运中心建设，推进上中下游主要港口集约化规模化发展，促进其他沿江港口协同发展，推动长江港口群一体化治理，鼓励港口等领域企业采用共同出资、交叉持股等模式整合资源，实现高效运营。明确长江航运高质量发展"145"总体思路，将智慧长江建设作为高质量发展的突破口，以"131"为智慧长江建设路径。加快沿江地区既有铁路干线瓶颈路段扩能改造，完善铁路物流基地布局，推动铁路场站向重点港口、枢纽/专业货运机场、产业集聚区、大宗物资主产区等延伸，推动大宗物资"公转铁""公转水"，鼓励工矿企业、粮食企业等将货物"散改集"，增强铁路源头运输组织能力。第三，加强对重大交通瓶颈问题的研究力度。加大投入，将轨道、公路、市区道路、高速公路等信息平台整合成统一的信息化平台，提升和完善交通信号控制系统、交通综合监测系统、交通诱导系统的功能，建设智能化交通应急指挥、交通数据综合分析与预报、科学交通组织优化与仿真等信息资源处理应用系统，发挥现代科技在治理交通拥堵中的作用。

三 前瞻性布局未来交通与网络

第一，跨区域开展智能交通系统（ITS）实验，通过收集和分析相关交通数据，实现交通信号的智能控制、车辆导航与定位、紧急救援服务等功能，从而优化交通流量，提高道路使用效率，减少交通拥堵和事故，使相关功能板块的互联互通水平再上新台阶。第二，相关重点通信企业开展低成本、低能耗、适合于三网融合有线无线结合的新型宽带接入系统研发，大力支持 4K/8K 内容制作和频道建设。鼓励相关通信上市企业积极参与未来网络基础设施建设，高水平建设量子通信、北斗卫星、第六代移动通信、太赫兹通信实验室基地，率先开展基础研究、关键核心技术攻关、标准规范等。第三，建设高速信息网络基础设施，加快推动 5G、千兆光纤等高速网络在长江经济带的全覆盖，提升网络带宽和传输速度，在相关核心城市布局和建设数据中心、云计算平台等新型基础设施，为上中下游协调发展提供强大的数据存储和计算能力支撑。促进信息资源的共享与整合，建立健全信息资源共享机制，推动各政府部门、企业和社会组织之间的数据互联互通，提高政府决策的科学性和效率。强化公共服务与民生保障，利用高速信息网络提升公共服务水平，推动在线教育、远程医疗等优质公共服务资源由城市群向其他板块辐射，满足人民群众的多样化需求。

第五节　厚植绿色底蕴，着力加强流域
生态环境联防联治

一　推进长江水体整治提质增效

一是建立区域联动的长江流域环境污染共同防治体系，强化区域协同，稳步推进区域生态共同体和利益共同体建设，全面落实上游保护优先、中游适度开发、下游优化发展的总体发展布局。二是落实河长制、湖长制，加强长江、淮河、钱塘江、新安江等跨省联防联控，加大长江口、杭州湾等蓝色海湾整治力度。深化太湖流域水环境综合治理，加大巢湖、淀山湖、太浦河等重点跨界水体协同治理力度。加大千岛湖等重要饮用水水源地保护力度，优化太湖、巢湖等重要生态空间管控，推动提升区域环境治理一体化水平。三是因地制宜，按照"一河一策"的原则开展黑臭水体整治，分析城市黑臭水体污染特征及污染物来源，根据目标水体污染程度、污染原因的不同，筛选技术可行、经济合理、效果明显的技术方法。改善河道水质，坚持一手抓污染源控制，一手抓生态修复。污染源控制是关键，通过整治城市非点源污染及控制河道底泥污染，大幅降低河道污染负荷。同时，注重河道的生态修复功能，通过在河道中种植水生植物，恢复和改善河道生态的自我修复功能，保护生物多样性。

二　完善各类生态产品价值机制

一是探索建立生态产品价值实现机制，加强政策协同，建立健全长江流域生态环境全链条保护格局，统筹协调各职能部门，携手提升长江流域生态环境保护与修复的系统性。在生态产品价值实现过程中，还需加强自然风险综合防控，安全有序地推进生态产品开发经营工作。二是聚焦健全流域横向生态保护补偿机制行动，不断丰富流域生态补偿内容，优化补偿方式，完善补偿标准，加快建立长江干流跨省流域横向生态保护补偿机制以及重点流域

跨市流域横向生态保护补偿机制。强化生态环境分区管控，完善生态资源产权制度和生态产品财税支持、生态保护补偿等政策；对于碳排放权和排污权等准公共性生态产品，探索自然资源有偿使用、生态产品定价机制、绿色债券等。三是聚焦完善绿色激励机制行动，开展绿色能源消费促进行动，鼓励绿色电力消费，加大绿色金融支持力度。对于生态农产品、旅游产品等经营性生态产品，加强生态产品认证推广、公众参与支持，加快发展"绿色信贷""绿色债券""绿色保险""绿色基金"。

三 提升生态环境保护基础能力

一是要从履职能力提升、业务培训、实验室建设、管测协同等方面入手，切实提升基层监测机构的支撑、引领、服务水平。要因地制宜开展特色示范实验室建设，强化各省市的监测能力，以特色专业促进人才培养。统筹各级站人员、经费、设备及实验室资源，在污染源在线监测监督检查上下功夫，围绕属地污染物排放和风险管控需求，培养一批能够高效开展污染源监管的技术力量。二是开展非现场执法监管，推动企业在线自动监测、视频监控等"智能数改网联"，加强环境应急能力建设，提升生态环境本质安全水平。强化生态环境保护科技支撑，加强太湖治理、PM2.5和臭氧协同控制、应对气候变化等领域的基础研究。健全生态环境法规政策。加强部门分工协作，发挥各自优势、形成合力。比如鱼类、重点保护水生生物指标完全来自长江水生生物完整性指数评价体系，水体连通性、生态流量、自然岸线等指标与水利部水电清理整治、生态流量保障、岸线利用管理等重点工作密切相关。三是强化监督管理，提升数据质量。建设运行好沿江各省份生态环境监测质量管理平台，创新质控手段和方式，针对全行业、覆盖全要素开展环境监测质量监督检查，健全长效工作机制，严厉打击监测数据弄虚作假行为，尤其要加强对第三方环保服务机构监管的顶层设计，出台相关政策法规。

下篇　智库成果篇

第七章　长江经济带发展概况

"故人西辞黄鹤楼，烟花三月下扬州。孤帆远影碧空尽，唯见长江天际流。"这首流传千古的李白名诗极尽渲染之能事，绘出了一幅意境开阔的送别场景，但从地理学的角度看则反映出自古以来长江作为沟通我国东、中、西部的重要载体，沿岸各地区之间联系日益紧密。2023 年 10 月 12 日，习近平总书记在江西省南昌市主持召开进一步推动长江经济带高质量发展座谈会时指出，要进一步推动长江经济带高质量发展更好支撑和服务中国式现代化。

第一节　长江经济带发展战略简介

一　战略演进

长江经济带发展战略演进主要得益于四个历史性的重大契机，并由此构成了四个主要发展阶段：一是 20 世纪 80 年代初至 1991 年，为长江经济带发展战略孕育期，主要标志性事件是全国国土总体规划纲要的研究与编制工作；二是 1992~2012 年，为长江经济带发展战略萌芽期，主要标志性事件是上海浦东开发开放的实质性启动；三是 2013~2015 年，为长江经济带发展战略确立期，主要标志性事件是国务院发布的《关于依托黄金水道推动长江经济带发展的指导意见》及相关重要文件；四是2016年至今，为长江经济带发展战略深化期，主要标志性事件是习近平总书记先后四次主持召开长江经济带发展座谈会。为避免与上年度报告的内容重复，本部分着重介绍2016~2023年长江经济带发展战略深化期的重要事件。

（一）2016~2020年

2016年1月5日，习近平总书记在重庆首次召开推动长江经济带发展座谈会，强调当前和今后相当长一个时期，要把修复长江生态环境摆在压倒性位置，共抓大保护、不搞大开发。必须从中华民族长远利益考虑，走生态优先、绿色发展之路。

2016年3月2日，国家发展改革委、科技部、工业和信息化部联合发布《长江经济带创新驱动产业转型升级方案》，明确提出要打造新型平板显示、集成电路、先进轨道交通装备、汽车制造、电子商务等五大世界级产业集群，培育生物医药、研发设计服务、检验检测服务、软件和信息技术服务、新材料、现代物流、现代金融服务、节能环保、新能源装备、航空航天等十大新兴产业集群。

2016年3月25日，中共中央政治局审议通过了《长江经济带发展规划纲要》，指出长江经济带发展的战略定位必须坚持生态优先、绿色发展，共抓大保护、不搞大开发。要强化创新驱动转型升级，打造电子信息、高端装备、汽车、家电、纺织服装等五大世界级产业集群。要按照全国主体功能区规划要求，建立生态环境硬约束机制，列出负面清单，设定禁止开发的岸线、河段、区域、产业，强化日常监测和问责。

2016年5月11日，国务院常务会议通过《长江三角洲城市群发展规划》，明确将长三角城市群的规划范围由原来江浙沪的15市扩大至包括皖江城市带8市在内的沪苏浙皖26个地级及以上城市，发展目标是到2030年全面建成具有全球影响力的世界级城市群。

2017年10月18日，习近平总书记在党的十九大报告中再次强调，以共抓大保护、不搞大开发为导向推动长江经济带发展。

2018 年以来，围绕长江经济带发展战略出现了一些新的重大调整和变化。一方面，国家进一步加强沿江 11 省市面上的各项工作部署，包括：2018 年 1 月 10 日，张高丽主持召开推动长江经济带发展工作会议，深入学习贯彻党的十九大、中央经济工作会议、中央农村工作会议精神，总结近年来推动长江经济带发展工作成效并研究部署下一步重点工作。2018 年 12 月 14 日，韩正主持召开推动长江经济带发展领导小组会议，全面贯彻落实习近平总书记在深入推动长江经济带发展座谈会上的重要讲话精神，坚持问题导向，推动长江经济带共抓大保护取得新进展，等等。特别是习近平总书记 2018 年 4 月 26 日在武汉主持召开深入推动长江经济带发展座谈会并发表重要讲话，强调新形势下推动长江经济带发展的关键是要正确把握整体推进和重点突破、生态环境保护和经济发展、总体谋划和久久为功、破除旧动能和培育新动能、自我发展和协同发展的关系，坚持新发展理念，坚持稳中求进工作总基调，坚持共抓大保护、不搞大开发，加强改革创新、战略统筹、规划引导，以长江经济带发展推动经济高质量发展。

2018 年 4 月 16 日，习近平总书记就上海市委、市政府呈报的关于长三角合作的工作汇报做了专门的批示，明确提出上海要进一步发挥龙头带动作用，苏浙皖各展其长，推动长三角实现更高质量的一体化发展。随后，习近平总书记在 2018 年 11 月 5 日首届中国国际进口博览会开幕式上的主旨演讲中正式宣布，（中央）支持长江三角洲区域一体化发展并上升为国家战略。

2019 年 5 月 13 日，中共中央政治局审议通过了《长江三角洲区域一体化发展规划纲要》并于 12 月正式印发，明确提出要把长三角打造成为我国发展强劲活跃增长极、全国高质量发展样板区、率先基本实现现代化引领区、区域一体化发展示范区、新时代改革开放新高地。这既标志着长三角区域经济开始迈入更高质量一体化发展的新阶段，也标志着长江经济带整体发展战略在其下游地区获得了双重国家战略叠加的新优势，标志着以长三角更高质量一体化发展来统领长江经济带整体发展的新阶段到来。

2020 年 10 月 16 日，中共中央政治局召开会议审议通过了《成渝地区双城经济圈建设规划纲要》，提出推动成渝地区双城经济圈建设，有利于形成优势互补、高质量发展的区域经济布局，有利于拓展市场空间、优化和稳定产业链供应链，是构建以国内大循环为主体、国内国际双循环相互促进的新发展格局的一项重大举措。成渝地区应牢固树立一盘棋思想和一体化发展理念，健全合作机制，打造区域协作的高水平样板。唱好"双城记"，联手打造内陆改革开放高地，共同建设高标准市场体系，营造一流营商环境，以共建"一带一路"为引领，建设好西部陆海新通道，积极参与国内国际经济双循环。坚持不懈抓好生态环境保护，走出一条生态优先、绿色发展的新路子，推进人与自然和谐共生。

2020年11月14日，习近平总书记在南京主持召开全面推动长江经济带发展座谈会并发表重要讲话，强调"要坚定不移贯彻新发展理念，推动长江经济带高质量发展，谱写生态优先绿色发展新篇章，打造区域协调发展新样板，构筑高水平对外开放新高地，塑造创新驱动发展新优势，绘就山水人城和谐相融新画卷，使长江经济带成为我国生态优先绿色发展主战场、畅通国内国际双循环主动脉、引领经济高质量发展主力军"。这进一步表明，全面推动长江经济带发展，既是一场攻坚战，更是一场持久战。

（二）2021年

1月5日，国家发展和改革委员会举行推动长江经济带发展五周年专题新闻发布会，国家发展和改革委员会基础司主要负责人、推动长江经济带发展领导小组办公室综合协调组主要负责人，以及生态环境部、交通运输部相关司局负责人先后介绍了推动长江经济带发展取得的成效。5年来，沿江11省市和有关部门深入学习贯彻习近平总书记重要讲话和指示精神，认真落实国务院领导同志的重要批示要求，按照领导小组决策部署，坚持问题导向，强化系统思维，以钉钉子精神持续推进生态环境整治，促进经济社会发展全面绿色转型，力度之大、规模之广、影响之深，前所未有，长江经济带生态环境保护发生了转折性变化，经济社会发展取得了历史性成就。

3月1日，《中华人民共和国长江保护法》正式实施，作为我国首部流域法律，是习近平总书记亲自确定的重大立法任务。长江保护法把习近平总书记关于长江保护的重要指示要求和党中央重大决策部署转化为国家意志和全社会的行为准则，为长江母亲河永葆生机活力、中华民族永续发展提供了法治保障。

5月18日，国家发展和改革委员会指出长江经济带化工企业已累计关改搬转8731家。推动长江经济带发展领导小组办公室会同沿江省市和有关部门扎实推进长江经济带生态环境系统保护修复和绿色高质量发展，不断完善体制机制，取得明显进展，突出体现在顶层设计加快完善、生态环境突出问题整改、加快推进和生态环境污染治理"4+1"工程稳步推进等三个方面。

5月30日，人力资源和社会保障部、国家发展和改革委员会、财政部、农业农村部联合发布《关于实施长江流域重点水域退捕渔民安置保障工作推进行动的通知》，全面启动长江经济带"十年禁渔"。为确保广大渔民退得出、稳得住、能致富，强调保持安置保障政策不变、力度不减，建立健全工作长效机制，巩固拓展安置保障成果，帮助已就业人员稳定就业、有就业意愿的未就业人员及早就业，努力确保就业帮扶及时到位、技能培训全面落实、社会保障应保尽保、困难兜底应扶尽扶，实现退捕渔民上岸就业有出路、长远生计有保障。

6月7日，国家发展和改革委员会、交通运输部联合印发《成渝地区双城经济圈综合交通运输发展规划》，明确在水运发展方面，川渝两省市将充分发挥水运资源优势，共建重庆长江上游航运中心。川渝两地将加强港口分工协作，构建结构合理、功能完善的港口集群，形成以重庆长江上游航运中心为核心，以泸州港、宜宾港等为骨干，其他港口共同发展的总体格局。

9月20日，国家发展和改革委员会发布了《"十四五"长江经济带发展实施方案》，站在新的起点上，绘就了长江经济带发展新征程的宏伟蓝图，是支撑指引长江经济带高质量发展的总方案，在"十四五"长江经济带发展"1+N"规划政策体系中居于"1"的地位，主要包括总体思路、重点任务和组织实施三大板块。

11月19日，世界第二大水电站——金沙江白鹤滩水电站4号机组正式并网发电，是三峡集团在长江干流上建成投产的第100台水轮发电机组。近年来，长江干流建成乌东德、白鹤滩、溪洛渡、向家坝、三峡、葛洲坝等6

座大型梯级电站。截至 2021 年 10 月，已累计发电量约 28916 亿千瓦时，成为世界上最大的清洁能源走廊。

12 月 24 日，中国人民银行、国家发展改革委、财政部、中国银行保险监督管理委员会、中国证券监督管理委员会、国家外汇管理局、重庆市人民政府、四川省人民政府联合印发《成渝共建西部金融中心规划》，指出以金融改革创新为动力，以内陆金融开放创新为突破口，以营造良好金融发展环境和防范化解金融风险为保障，深化金融体制机制改革，共同完善提升区域金融市场功能，合力扩大金融对外开放，深化跨境跨区域金融合作，强化重庆和成都中心城市的带动作用，促进各类金融要素资源合理流动和高效集聚，支持重庆打造西部金融中心，加快推进成渝共建西部金融中心。

（三）2022 年

1 月 5 日，在长江经济带发展战略提出 6 周年之际，长江国家文化公园建设正式启动。综合考虑长江干流区域和长江经济带区域，长江国家文化公园的建设范围覆盖上海、江苏、浙江、安徽、江西、湖北、湖南、重庆、四川、贵州、云南、西藏和青海等 13 个省区市。沿江城市充分激活长江丰富的历史文化资源，系统阐发长江文化的精神内涵，深入挖掘长江文化的时代价值。

2 月 15 日，国家发展和改革委员会印发《长江中游城市群发展"十四五"实施方案》，强调常住人口城镇化率达到 67%、铁路总里程达到 1.4 万公里、基本实现城市群内主要城市间 2 小时通达、全社会研发经费投入年均增长 7% 以上等"硬指标"。

2 月 28 日，武汉长江新区宣布成立，规划总面积约 555 平方公里，常住人口约 50 万人。从武汉城市圈打造成全国重要增长极，以及武汉建设国家中心城市、长江经济带核心城市、国际化大都市的定位看，长江新区将是重要的增量支撑。

3 月 25 日，《重庆市人民政府办公厅关于做好 2022 年市级重大项目实施有关工作的通知》发布。其中，在城市提升领域，明确提出要加快航道、港口、航电枢纽等 8 个重大项目建设，加速建设长江上游航运中心。

6月8日，习近平总书记在四川宜宾三江口考察时谆谆嘱托，保护好长江流域生态环境是推动长江经济带高质量发展的前提，也是守护好中华文明摇篮的必然要求。总书记三次提到"上游"，上游意识、上游责任、上游担当，这是对长江上游各省区市的共同要求。

7月15日，四川省推动长江经济带发展领导小组暨省推动黄河流域生态保护和高质量发展领导小组全体会议召开。会议指出，要坚定不移地走生态优先、绿色发展之路，扎实推动四川省长江黄河流域高质量发展。紧扣碳达峰碳中和目标，持续优化沿江产业布局，培育壮大清洁能源及其支撑、应用产业，坚决遏制"两高一低"项目盲目发展。依托长江黄金水道，完善综合交通网络布局，推动沿江通道与西部陆海新通道有效衔接。以成渝地区双城经济圈建设引领区域高水平绿色合作，做好区域协调发展"一盘棋"这篇大文章。

9月21日，"2022·长江保护与发展论坛"在江西南昌开幕，主题是"双碳"战略背景下协同推动长江生态环境保护和经济发展。国家林草局负责人在会议上表示，2022年长江经济带11省市已完成造林1546万亩，石漠化土地面积与2016年同口径相比减少4233万亩，水土流失面积减少7095万亩，禁牧和草畜平衡面积达到3.87亿亩；建成91个国家森林城市，绿色成为长江经济带亮丽的风景。

11月25日，全国首部专门针对长江船舶污染防治的地方性法规《江苏省长江船舶污染防治条例》通过，明确由海事管理机构建立健全长江船舶污染防治分级分类监管机制，立足长三角区域船舶污染防治一体化，从污染事故调查、信用联合监管、协调机制建立和应急联防联控等方面，明确了长三角区域船舶污染防治协作相关要求。

11月28日，生态环境部举行例行新闻发布会，自然生态保护司司长崔书红在回答记者提问中指出长江流域已建立保护长江江豚相关的自然保护区13处，覆盖了40%长江江豚的分布水域，保护近80%的种群。长江流域332个自然保护区和水产种质资源保护区全面禁捕后，在南京、武汉等长江干流江段，"微笑天使"长江江豚出现频率显著增加，部分水域单个聚集群体达到60多头。

12月23日，湖北、江西、湖南协同推动高质量发展座谈会举行，三省省委、省政府主要负责人就加快推进中部地区崛起和长江经济带发展进一步达成共识，签署了14个合作协议。

（四）2023年

2月21日，武汉、长沙、合肥、南昌四个省会城市协同12个观察员城市签署《长江中游城市群省会城市合作行动计划（2023—2025年）》等文件。行动计划提出，发挥"四市"引领作用，以培育发展现代都市圈为引领，加快建设重要先进制造业基地、具有核心竞争力的科技创新高地、内陆地区改革开放高地、绿色发展先行区和高品质生活宜居地。同时，"四市"还与黄石、岳阳、安庆、九江、黄冈、株洲、铜陵、抚州、咸宁、湘潭、六安、宜春12个观察员城市共同签署《长江中游城市群重点合作事项》，共涉及40项具体事项，包含28项跨省合作事项以及12项都市圈合作事项。

3月25日，20万尾中华鲟在湖北省宜昌市胭脂园长江珍稀鱼类放流点放归长江，这是三峡集团连续第68次开展流域化中华鲟放流活动。本次放流首次采用"现场放流+云端放流"相结合的方式，放流延续"中、青、幼"相结合的科学放流策略，放流子二代中华鲟年龄跨度从半岁至14岁，为促进中华鲟自然种群恢复创造有利条件。目前，三峡集团建立了覆盖亲鱼培育、催产繁殖、梯队建设等全生命周期保护体系，建成国内最大规模的中华鲟人工种群梯队。中华鲟是地球上最古老的脊椎动物之一，距今已有1.4亿年历史，是国家一级野生保护动物和长江珍稀特有鱼类保护的旗舰型物种。

7月28日，安徽省十四届人大常委会第三次会议审议通过了《安徽省长江船舶污染防治条例》。该条例作为安徽省交通运输领域首部长三角地区协同立法，严格贯彻落实《长江保护法》等法律要求，对标苏沪地方立法，立足安徽工作实际，聚焦长江船舶水污染防治、大气污染防治、相关作业活动污染防治、事故应急处置和区域协作等重点领域进行细化、完善、规范，为推进长三角区域长江船舶污染联防联治提供地方立法依据。

9月27日，长三角"三省一市"启动长江禁渔联合执法行动。本次行

动是沪苏浙皖"保护长江水生生物，共促长三角一体化"主题活动的重要
组成部分，旨在建立长江口水域信息化、联动化、常态化长效监管机制，保
持长江口禁捕管理区以及"三省一市"交界水域的高压严管态势，动态清
零涉渔"三无"船舶、渔具网具和非法捕捞、违规垂钓，协同防范和严厉
打击非法捕捞违法行为。沪苏浙皖有关部门明确定期会商、信息共享、强化
协查等工作机制，形成了常态化、长效化的联合执法机制。

10月12日，习近平总书记在南昌主持召开进一步推动长江经济带高质
量发展座谈会并发表重要讲话。他强调，要完整、准确、全面贯彻新发展理
念，坚持共抓大保护、不搞大开发，坚持生态优先、绿色发展，以科技创新
为引领，统筹推进生态环境保护和经济社会发展，加强政策协同和工作协
同，谋长远之势、行长久之策、建久安之基，进一步推动长江经济带高质量
发展，更好支撑和服务中国式现代化。

11月27日，中共中央政治局会议审议《关于进一步推动长江经济带高
质量发展若干政策措施的意见》。会议指出，长江经济带发展战略是以
习近平同志为核心的党中央作出的重大战略决策。战略实施以来，思想认
识、生态环境、发展方式、区域融合、改革开放等方面发生了重大变化，发
展质量稳步提升，发展态势日趋向好。会议强调，推动长江经济带高质量发
展，根本上依赖于长江流域高质量的生态环境。

12月初，江苏省政府与安徽省政府正式签署《关于建立长江流域横向
生态保护补偿机制合作协议》，苏皖两省在长江干流和滁河流域正式建立横
向生态保护补偿机制。两省协议本着"权责对等、双向补偿，协同保护、
联防联治，多元合作、互利共赢"的原则，以苏皖两省跨界的长江干流乌
江（左岸）和三兴村（右岸）断面、长江支流滁河陈浅断面水质考核情况
为依据，实施补偿资金与水质改善相挂钩的双向补偿机制。补偿资金于次年
清算拨付，将专项用于长江流域环境综合治理、生态保护修复、经济结构调
整和产业优化升级等方面。

12月10日，从四川成都开往湖北荆州的铁水联运"长江班列"在成都
市青白江区城厢中心站首发。当日首发班列搭载的钛白粉、元明粉、玻璃纤

维等物资，将经铁路送达湖北荆州，再由长江水运分拨至江苏、上海等地，运输时间由原来的15~20天缩短为10天左右。铁水联运"长江班列"有效减轻了三峡枢纽过闸负荷，解决了上下游货物通道交流瓶颈问题。预计到2030年，该班列将完成对三峡枢纽1500万吨以上的通航运量缺口分流，约占未来三峡分流运输总量的30%。

二 战略意义

在2024年第十四届全国人民代表大会第二次会议上李强总理在政府工作报告中提出，持续推进长江经济带高质量发展，推动黄河流域生态保护和高质量发展。加强重要江河湖库生态保护治理。持续推进长江十年禁渔。实施生物多样性保护重大工程。江苏长江经济带研究院院长、江苏省中国特色社会主义理论体系研究中心南通大学基地主任成长春教授在2024年长江经济带区域协同融通发展座谈会上指出，针对"长江经济带区域协调发展的新要求"，要注重"共商、共治、共建、共享，'美美与共'"。其中，共商是保障，促进省际高效联动；共治是基础，加强生态联防联治；共建是关键，描绘全域美好蓝图；共享是核心，推动发展惠及全民。[①]

（一）实现中华民族永续发展的必由之路

长江是中华民族的母亲河，是中华民族的重要发源地，也是中华民族永续发展的重要支撑。长江作为中华民族的大动脉，从世界屋脊到巴山蜀水再到江南水乡，以丰富的自然资源和人文风貌滋养着中华文明。长江流域生态地位突出，拥有全国1/3的水资源和3/5的水能资源储备量，森林覆盖率达41.3%，河湖湿地面积约占全国的20%，拥有丰富的水生物资源。长江经济带面积约占全国的21%，已经形成了以水为纽带，连接上下游、左右岸、干支流的独特经济社会大系统，其生态关系着全国经济社会发展。长江流域生态环境是长江流域甚至全国经济社会发展的重要基础，要实现中华民族永续发

[①] 成长春：《促进长江经济带区域协调发展》，在长江经济带区域协同融通发展座谈会上的讲话，2024年4月。

展，就必须充分保护好长江流域的生态环境，坚持生态优先、绿色发展。

（二）推动全国统筹发展的牢固支撑

长江经济带人口和经济总量均超过全国的 40%，生态地位重要、综合实力较强、发展潜力巨大。推动长江经济带发展，有利于走出一条生态优先、绿色发展之路，让中华民族母亲河永葆生机活力，真正使黄金水道产生黄金效益；挖掘中上游广阔腹地蕴含的巨大内需潜力，促进经济增长空间从沿海向沿江内陆拓展，形成上中下游优势互补、协作互动格局，缩小东中西部发展差距；打破行政分割和市场壁垒，推动经济要素有序自由流动、资源高效配置、市场统一融合，促进区域经济协同发展；优化沿江产业结构和城镇化布局，建设陆海双向对外开放新走廊，培育国际经济合作竞争新优势，促进经济提质增效升级。

（三）破解世界发展难题的中国方案

长期以来，探索环境保护与经济协调的可持续发展道路成为构建人类命运共同体的一项重要课题，大河治理和流域经济发展也是各大国的普遍性难题。长江流域是我国对外开放的重要前沿，集沿海、沿江、沿边、内陆开放于一体，是连接丝绸之路经济带和 21 世纪海上丝绸之路的重要纽带，是我国推动形成全面开放新格局的重要区域。把长江经济带建设成为生态文明建设的先行示范带，实现生态效益、经济效益、社会效益的统一，必将在世界范围内产生很强的示范效应。长江经济带走生态优先、绿色发展之路，坚持共抓大保护、不搞大开发，将生态保护放在压倒一切的位置，打造绿色世界级产业集群，培育具有国际竞争力的绿色城市群，为全球大江大河流域环境治理和可持续发展提供中国方案。

第二节　长江经济带发展态势简析

一　研究区域概况

作为中国第一、世界第三大河，长江拥有极其丰沛的淡水资源、水能资

117

源和航道资源，每年入海的径流量约为 9857 亿立方米，约占全国河川径流总量的 36.4%和七大水系的 63.4%，成为中外闻名的"黄金水道"，在农业、水利、航运、经济发展、城镇建设等方面都有着得天独厚的自然资源优势。但对于长江经济带具体范围的确定在不同时期存在不同观点，具体如表 7-1 所示。2014 年《国务院关于依托黄金水道推动长江经济带发展的指导意见》明确了"9 省 2 市"的行政区划范围。

2023 年，长江经济带国内生产总值超 58 万亿元，占全国的比重达 46.7%，对全国经济增长的贡献率提高至 48.8%。沿江 15 个主要港口已实现铁路进港。江海联运、铁水联运等多式联运架起长江立体综合交通走廊，2023 年长江客货两旺，干线港口货物吞吐量为 38.8 亿吨，长江经济带水质优良断面比例为 95.6%，干流水质连续 4 年全线保持Ⅱ类。自 2021 年 1 月 1 日起，长江流域重点水域实行"十年禁渔"，至 2023 年，禁渔"三年强基础"迎来收官，渔民稳住了、生态恢复了，禁渔取得阶段性成效，从"休养生息"到"生生不息"，长江正在焕发新生。

表 7-1 长江经济带范围的不同界定

序号	名称	提出时间	范围	辖区面积	观点代表
1	长江沿岸产业带	1984 年	仅包括长江干流沿岸地区，构成"T"字形结构的东西向轴带，具体范围模糊	不定	陆大道
2	长江流域产业密集带	1985 年	以长江流域若干超级城市或特大城市为中心，通过辐射、联结各自腹地的大中小型城市和农村组成的经济区	模糊	郭振淮及中国生产力经济学研究会
3	长江沿岸开发轴线	1987 年	长江口到四川渡口，全长约 3000km，南北宽约 50km	模糊	陆大道
4	长江沿岸经济区	1992 年	沪苏浙皖赣鄂湘川黔滇	205.5 万平方公里	国家计委
5	长江流域经济区	1993 年	沪苏浙皖赣鄂湘川黔滇青藏	180 余万平方公里	陈国阶
6	东中经济区	1994 年	沪苏浙皖赣鄂湘为第一成员，豫、陕南、川东南为第二成员	模糊	胡序威

序号	名称	提出时间	范围	辖区面积	观点代表
7	长江地区	1995 年	长江三角洲 14 个市、沿江 23 个市及 4 个地区	30 余万平方公里	徐国弟
8	长江产业带	1997 年	沪苏浙皖赣鄂湘川	143.3 万平方公里	虞孝感
9	长江经济带	1999 年	沪苏浙皖赣鄂湘渝川	约 150 万平方公里	陆炳炎
10	长江流域经济协作区	2001 年	以长江干流的辐射效应为依据,范围变动。以沿长江中下游辐射的范围为长度、以垂直于长江的辐射范围为宽度形成的区域	有机变动	厉以宁
11	长江经济带	2013 年	沪苏浙皖赣鄂湘川渝黔滇	205.5 万平方公里	国家发展改革委
12	长江经济带	2014 年	沪苏浙皖赣鄂湘川渝黔滇	205.2 万平方公里	国务院

资料来源:徐廷廷:《长江经济带产业分工合作演化研究》,华东师范大学,2015。

二　主要发展态势①

2023 年,长江经济带沿江 11 省市生产总值达 58 万亿元,同比增长 5.5%。与此同时,长江经济带综合立体交通走廊持续完善,新兴产业集群带动作用明显,电子信息、装备制造等产业规模占全国的比重均超过 50%。生态环境建设成效显著,打造区域协调发展新样板的体制机制逐步完善。

(一)产业经济维度

如表 7-2 所示,总体上看,与 2020 年相比,2021 年长江经济带各城市的经济发展水平格局未发生大的变化,依然呈现出下游>中游>上游的态势。

---

① 2023 年初在撰写指数报告时相关统计年鉴数据还未公布,同时也为了便于与 2020 年指数进行比较,故表格中的数据为 2021 年值,而其他概括性说明则在校稿时统一更新至 2023 年,特此说明。

表7-2　2021年长江经济带各城市产业经济发展状况

单位：亿元，%

城市	GDP	第二、第三产业占比	城市	GDP	第二、第三产业占比	城市	GDP	第二、第三产业占比
上　海	43215	99.77	铜　陵	1165	94.92	永　州	2261	82.38
南　京	16356	98.14	池　州	1004	90.62	怀　化	1818	85.39
无　锡	14003	99.07	安　庆	2656	90.47	娄　底	1826	88.82
徐　州	8117	90.84	黄　山	957	92.45	重　庆	28100	93.11
常　州	8808	98.11	南　昌	6651	96.40	成　都	19900	97.07
苏　州	22718	99.17	景德镇	1102	93.55	自　贡	1601	84.86
南　通	11027	95.60	萍　乡	1108	93.14	攀枝花	1133	90.87
连云港	3728	89.32	九　江	3736	93.39	泸　州	2406	88.98
淮　安	4550	90.70	新　余	1155	93.85	德　阳	2656	89.41
盐　城	6617	88.88	鹰　潭	1144	93.44	绵　阳	3350	88.74
扬　州	6696	95.26	赣　州	4169	89.76	广　元	1116	82.20
镇　江	4763	96.70	吉　安	2526	90.18	遂　宁	1519	85.47
泰　州	6025	94.72	宜　春	3191	89.50	内　江	1605	82.74
宿　迁	3719	90.51	抚　州	1795	87.18	眉　山	2205	86.76
杭　州	18109	98.16	上　饶	3043	89.62	南　充	2602	81.75
宁　波	14595	97.56	武　汉	17717	97.49	乐　山	1547	85.15
温　州	7585	97.82	黄　石	1866	93.17	宜　宾	3148	88.69
嘉　兴	6355	97.94	十　堰	2164	90.36	广　安	1417	82.83
湖　州	3645	95.92	宜　昌	5023	89.07	达　州	2351	82.50
绍　兴	6795	96.66	襄　阳	5309	89.56	雅　安	840	81.21
金　华	5355	97.20	鄂　州	1162	90.11	巴　中	742	76.50
衢　州	1876	95.31	荆　门	2121	86.92	资　阳	890	80.54
舟　山	1704	90.67	孝　感	2562	85.09	贵　阳	4711	95.88
台　州	5786	94.75	荆　州	2716	80.57	六盘水	1474	87.78
丽　水	1710	93.68	黄　冈	2541	80.19	遵　义	4170	87.46
合　肥	11412	96.92	咸　宁	1752	86.47	安　顺	1079	82.21
淮　北	1223	92.94	随　州	1241	85.00	毕　节	2181	75.88
亳　州	1972	86.25	长　沙	13271	96.79	铜　仁	1463	78.40
宿　州	2167	84.68	株　洲	3420	92.42	昆　明	7888	95.39
蚌　埠	1988	86.30	湘　潭	2548	93.25	曲　靖	3393	84.31
阜　阳	3071	86.42	衡　阳	3840	88.39	玉　溪	2352	89.95
淮　南	1457	89.66	邵　阳	2462	83.39	保　山	1165	75.84

续表

城市	GDP	第二、第三产业占比	城市	GDP	第二、第三产业占比	城市	GDP	第二、第三产业占比
滁　州	3362	91.44	岳　阳	4403	89.50	昭　通	1462	83.24
六　安	1923	86.70	常　德	4054	88.47	丽　江	570	85.58
马鞍山	2439	95.73	张家界	580	85.73	普　洱	1073	74.93
芜　湖	4302	96.06	益　阳	2019	83.94	临　沧	908	70.07
宣　城	1833	90.62	郴　州	2770	89.47			

　　下游城市经济发展水平较高且增速较快。首先，从各城市的 GDP 来看，前十位的城市分别是上海、重庆、苏州、成都、杭州、武汉、南京、宁波、无锡和长沙。较 2020 年排名没有变化。其中下游城市占绝大多数。其次，从各城市的 GDP 增速来看，前十位的城市分别是芜湖、六安、池州、泰州、宣城、淮安、滁州、金华、湖州和镇江，增速大多在 9% 以上，超过同期全国 GDP 平均增速。10 个城市全部位于长江下游。

　　下游城市大多已进入工业化后期阶段，而中上游城市的粮食安全责任更重。从各城市的第二、第三产业占比来看，前十位的城市分别是上海、苏州、无锡、杭州、南京、常州、嘉兴、温州、宁波和武汉。不少中上游城市的第一产业比重相对较高，如临沧（29.93%）、普洱（25.07%）、宝山（24.16%）、巴中（23.5%）和铜仁（21.6%）等，但考虑到党的二十大报告提出的"全方位夯实粮食安全根基，全面落实粮食安全党政同责，牢牢守住十八亿亩耕地红线"基本要求，这些城市在流域中全方位夯实粮食安全根基的责任重大。比较长江经济带及其上、中、下游 GDP 的变异系数发现，中游的变异系数最小，下游的变异系数最大，但可喜的是，无论是流域整体还是各流段，2021 年的变异系数均较 2020 年有所缩小。

　　具体到上中下游各城市可知，下游沪苏两省市的产业经济发展水平相对较高。下游城市 GDP 和第二、第三产业占比的平均值分别是 6751.12 亿元（较 2020 年提高了 12.17%）和 93.52%（较 2020 年上升了 0.14 个百分点），均为流域最高。依据GDP增速（8.38%）和第二、第三产业占比变化（0.34%）可将下游城市分为两大类，一类是以无锡、杭州、芜湖为代表的城市，共有23个（其中芜湖的GDP增速达11.6%），苏、浙、皖分别有8个、8个和7个；另一类是以上海、南京、温州和蚌埠为代表的城市，共18个，沪、苏、浙、皖分别有1个、5个、3个和9个。

中游湖北省2020年经济指标呈负增长，2021年出现了明显的回升，产业经济发展水平处于中游前列。中游城市GDP和第二、第三产业占比的平均值分别是3362.94亿元（较2020年提高了12.5%）和89.22%（较2020年上升了0.66个百分点）。依据GDP增速（9.8%）和第二、第三产业占比变化（0.24%）可将中游城市分为两大类，一类是以南昌、武汉为代表的城市，共有22个（其中荆州的GDP增速达12%），赣、鄂均有11个；另一类是以长沙、荆门为代表的城市，除荆门外，全位于湖南省，共计14个。

上游四川和重庆两省市的产业经济发展水平相对较高。上游城市GDP和第二、第三产业占比的平均值分别是3404.92亿元（较2020年提高了11.13%）和84.74%（较2020年下降了8.44个百分点）。依据GDP增速（7.98%）和第二、第三产业占比变化（0.18%）可将上游城市分为两大类，一类是以重庆、成都、遵义、曲靖为代表的城市，共有18个（其中玉溪的GDP增速达9.1%），渝、川、贵、云分别有1个、8个、2个和7个；另一类是以攀枝花、贵阳、巴中和六盘水为代表的城市，共有15个，川、贵、云分别有10个、4个和1个。

（二）共同富裕维度

实现共同富裕是长江经济带发展的根本目的，改革开放40多年来，中、下游城市群动能转换与发展潜能充分，产业结构与要素资源优势互补，在实现共同富裕的道路上成就显著，尤其是长江经济带城镇居民人均可支配收入居全国前列，城市群内部城乡收入差距持续缩小、人民生活质量不断提升。如表7-3所示，从绝对值上看，2021年长江经济带各城市的共同富裕水平表现出下游＞中游＞上游的态势，较2020年变化不大，其中，中游和上游之间的差距大幅缩小；从变异系数上看，2021 年长江经济带各城市的共同富裕水平表现出上游>中游>下游的态势。

表 7-3 2021 年长江经济带各城市共同富裕发展状况

城市	城乡居民人均可支配收入（元）	城乡居民人均可支配收入比	城市	城乡居民人均可支配收入（元）	城乡居民人均可支配收入比	城市	城乡居民人均可支配收入（元）	城乡居民人均可支配收入比
上 海	78027	1.99	铜 陵	32316	2.34	永 州	26238	1.94
南 京	66140	2.25	池 州	28973	2.02	怀 化	22613	2.45
无 锡	63014	1.78	安 庆	27098	2.32	娄 底	24737	2.22
徐 州	34217	1.72	黄 山	30574	2.06	重 庆	30801	2.40
常 州	56897	1.84	南 昌	44565	2.20	成 都	40880	1.81
苏 州	68191	1.85	景德镇	37250	2.17	自 贡	31336	2.03
南 通	46882	1.97	萍 乡	36982	1.90	攀枝花	34947	2.18
连云港	32295	1.87	九 江	34264	2.32	泸 州	31502	2.15
淮 安	34731	2.01	新 余	39711	2.02	德 阳	32311	1.96
盐 城	36764	1.68	鹰 潭	34662	2.03	绵 阳	32245	2.02
扬 州	42287	1.86	赣 州	29035	2.74	广 元	27466	2.45
镇 江	50360	1.89	吉 安	31426	2.34	遂 宁	30025	2.04
泰 州	43777	1.96	宜 春	31510	2.09	内 江	30788	2.11
宿 迁	29122	1.62	抚 州	30931	2.06	眉 山	31191	2.11
杭 州	67709	1.75	上 饶	31518	2.45	南 充	28763	2.15
宁 波	59952	1.72	武 汉	48336	2.03	乐 山	31954	1.94
温 州	54025	1.94	黄 石	33837	2.24	宜 宾	31685	2.08
嘉 兴	54667	1.60	十 堰	27136	2.73	广 安	30529	2.09
湖 州	51800	1.65	宜 昌	33688	1.98	达 州	28943	2.11
绍 兴	56600	1.71	襄 阳	29510	1.99	雅 安	29001	2.30
金 华	50580	2.00	鄂 州	32713	1.78	巴 中	27476	2.44
衢 州	37935	1.86	荆 门	32334	1.76	资 阳	30830	1.93

城市	城乡居民人均可支配收入（元）	城乡居民人均可支配收入比	城市	城乡居民人均可支配收入（元）	城乡居民人均可支配收入比	城市	城乡居民人均可支配收入（元）	城乡居民人均可支配收入比
舟　山	55830	1.38	孝　感	31177	2.01	贵　阳	39420	2.13
台　州	50643	1.92	荆　州	30830	1.80	六盘水	25441	2.83
丽　水	37744	2.02	黄　冈	30254	2.07	遵　义	30010	2.50
合　肥	46009	1.98	咸　宁	28545	1.94	安　顺	24146	2.85
淮　北	30737	2.40	随　州	27789	1.72	毕　节	22897	3.00
亳　州	24481	2.23	长　沙	58113	1.63	铜　仁	23522	2.98
宿　州	24290	2.34	株　洲	44922	2.04	昆　明	36015	2.69
蚌　埠	31972	2.18	湘　潭	37896	1.79	曲　靖	29460	2.59
阜　阳	24443	2.35	衡　阳	33367	1.76	玉　溪	32336	2.46
淮　南	31632	2.48	邵　阳	25074	2.13	保　山	27242	2.69
滁　州	28141	2.24	岳　阳	32260	1.97	昭　通	23165	2.71
六　安	24788	2.30	常　德	30448	1.93	丽　江	27093	2.93
马鞍山	46557	1.99	张家界	21630	2.35	普　洱	24673	2.61
芜　湖	40501	1.79	益　阳	28478	1.73	临　沧	23958	2.38
宣　城	33720	2.24	郴　州	31449	2.07			

下游城市城镇居民人均可支配收入较高且增速较快。首先，从各城市的城镇居民人均可支配收入来看，前十位的城市分别是上海、苏州、杭州、南京、无锡、宁波、长沙、常州、绍兴和舟山，中游城市长沙进入前十名。其次，从各城市的城镇居民人均可支配收入增速来看，前十位的城市分别是上海、南京、贵阳、黄冈、南昌、武汉、合肥、杭州、苏州、新余，增速大多在9%以上，与同期全国城镇居民人均可支配收入增速（名义增长9.1%）大致相当。

长江经济带各流段的城乡居民人均可支配收入比均呈下降趋势。从各城市的城乡居民人均可支配收入比来看，差异最小十位的城市分别是岳阳、嘉兴、舟山、宿迁、湖州、长沙、盐城、绍兴、随州、宁波。可见下游城市不仅在城乡居民人均可支配收入的绝对值上优势明显，而且在城乡居民人均可支配收入比上也具有优势。比较长江经济带及其上、中、下游城乡居民人均可支配收入比的变异系数发现，2021年上述区域的变异系数分别为0.4718、0.1454、0.1183和0.1171，整体较2020年扩大了0.3288，上游扩大了0.0001，中、下游区域分别缩小了0.0264和0.0049，表明长江经济带整体城乡居民收入差距扩大，但中、下游地区城乡居民收入差距进一步减小，而上游区域城乡居民收入差距几乎未发生变化。

具体到上中下游各城市可知，下游除安徽省外，其余省市的城乡居民人均可支配收入相对较高。下游城市城乡居民人均可支配收入和城乡居民人均可支配收入比的平均值分别是43083（较2020年提高了14.8%）和1.98（较2020年下降了1.49%）。根据2021年城乡居民人均可支配收入平均值（43083元）可将下游城市分为两大类，一类是以上海、南京、无锡、杭州为代表的城市，共有37个（其中上海的城乡居民人均可支配收入增速达40.2%），沪、苏、浙、皖分别有1个、13个、11个、12个；另一类是以亳州和六安为代表的城市，共有4个，全部位于安徽省。

中游城市2020年受新冠疫情影响城乡居民人均可支配收入增长滞缓，2021年出现较大增长。中游城市城乡居民人均可支配收入和城乡居民人均可支配收入比的平均值分别是32922元（较2020年提高了18.0%）和2.07（较2020年下降了3.26%）。依据2021年城乡居民人均可支配收入平均值（32922元）可将中游城市分为两大类，一类以南昌、九江、武汉、长沙和湘潭为代表的城市，共有14个，赣、鄂、湘分别有6个、4个和4个；另一类是以赣州、黄冈、益阳为代表的城市，共有22个，赣、鄂、湘分别有5个、8个和9个。

上游除部分省会城市外，大部分城市的城乡居民人均可支配收入就全流域而言相对偏低。2021年下游城市城乡居民人均可支配收入和城乡人均可支配收入比的平均值分别是29759元（较2020年提高了9.92%）和2.35（较2020年下降了2.08%）。依据2021年城乡居民人均可支配收入平均值（29759元）可将上游城市分为两大类，一类是以重庆、成都、贵阳和昆明为代表的城市，共有 18 个，渝、川、贵、云分别有 1 个、13 个、2 个和 2 个；另一类是以广元、南充、毕节为代表的城市，共有 15 个，川、贵、云分别有 5 个、4 个、6 个。

（三）基本公共服务维度

如表 7-4 所示，总体上看，2021 年长江经济带各城市的基本公共服务水平存在较大差异。考虑到基本公共服务水平与地方政府财力密切相关，故总体来看，长江经济带各城市的基本公共服务水平表现出下游>中游>上游的态势。

表 7-4　2021 年长江经济带各城市基本公共服务发展状况

单位：张，册

城市	每万人拥有病床数	每万人拥有公共图书馆藏书	城市	每万人拥有病床数	每万人拥有公共图书馆藏书	城市	每万人拥有病床数	每万人拥有公共图书馆藏书
上海	67.67	33028	铜陵	75.30	19602	永州	83.67	12176
南京	70.14	26360	池州	69.47	7137	怀化	90.28	5198
无锡	68.99	13343	安庆	65.37	8343	娄底	79.17	4978
徐州	67.79	5937	黄山	73.27	9610	重庆	74.94	7286
常州	59.63	11066	南昌	58.77	5414	成都	75.89	8909
苏州	60.40	19840	景德镇	57.35	8756	自贡	94.14	2675
南通	65.43	10513	萍乡	50.43	18023	攀枝花	86.80	7825
连云港	61.50	8236	九江	45.22	8381	泸州	82.21	4555
淮安	65.98	8965	新余	56.21	7815	德阳	78.62	3758
盐城	64.95	9712	鹰潭	55.52	4153	绵阳	85.76	4628
扬州	58.99	12607	赣州	46.02	5890	广元	96.96	6833
镇江	55.02	13303	吉安	46.23	7439	遂宁	75.36	4098
泰州	65.02	8160	宜春	47.54	3843	内江	85.17	3254
宿迁	67.01	5661	抚州	44.36	6510	眉山	83.40	3650
杭州	69.07	22358	上饶	46.85	2510	南充	84.52	4495
宁波	41.26	11645	武汉	71.57	14038	乐山	71.03	3211
温州	41.88	15508	黄石	57.53	7691	宜宾	79.20	2606
嘉兴	44.99	21077	十堰	106.45	5858	广安	67.11	7235

城市	每万人拥有病床数	每万人拥有公共图书馆藏书	城市	每万人拥有病床数	每万人拥有公共图书馆藏书	城市	每万人拥有病床数	每万人拥有公共图书馆藏书
湖 州	55.27	11984	宜 昌	75.42	10281	达 州	77.39	9181
绍 兴	47.64	15487	襄 阳	77.22	6868	雅 安	101.70	7966
金 华	44.22	8629	鄂 州	56.34	10470	巴 中	85.24	3737
衢 州	61.00	19083	荆 门	73.80	5497	资 阳	94.74	9282
舟 山	48.99	22137	孝 感	68.47	4867	贵 阳	92.69	5353
台 州	42.39	14855	荆 州	68.52	4243	六盘水	48.45	3050
丽 水	54.06	13201	黄 冈	77.31	7204	遵 义	53.13	3775
合 肥	72.39	8801	咸 宁	69.38	5626	安 顺	40.59	7941
淮 北	69.38	4407	随 州	67.60	3523	毕 节	38.83	2435
亳 州	55.19	3570	长 沙	85.14	12179	铜 仁	46.55	4810
宿 州	59.18	2948	株 洲	76.06	9657	昆 明	76.57	4522
蚌 埠	78.19	8924	湘 潭	79.27	7200	曲 靖	69.29	3334
阜 阳	67.43	2472	衡 阳	76.35	3866	玉 溪	49.62	6893
淮 南	64.28	3191	邵 阳	74.56	4298	保 山	69.50	4306
滁 州	65.23	6165	岳 阳	73.81	11067	昭 通	0.00	2066
六 安	64.29	3837	常 德	79.58	4601	丽 江	56.21	5964
马鞍山	70.79	11451	张家界	71.28	3178	普 洱	73.05	4282
芜 湖	75.13	6481	益 阳	81.88	4258	临 沧	27.90	3521
宣 城	63.94	5991	郴 州	79.64	3456			

上游城市公共医疗服务水平较高而中游城市提升速度较快。首先,从各城市的每万人拥有病床数来看,2021年居前列的城市有十堰、雅安、广元、资阳、自贡、贵阳、怀化、攀枝花、绵阳、巴中、内江等,以中上游城市居多。其次,从各城市的每万人拥有病床数增速来看,居前列的城市有黄冈、眉山、咸宁、六安、孝感、资阳、随州、常德、十堰、襄阳,增速大多在20%以上,高于同期全国每万人拥有病床数增速(1.8%)。

长江经济带各流段每万人拥有公共图书馆藏书差异较大而中游城市增加

速度最快。从各城市的每万人拥有公共图书馆藏书情况来看，居前列的城市有上海、南京、杭州、舟山、嘉兴、苏州、铜陵、衢州、萍乡和温州，可见下游城市在每万人拥有公共图书馆藏书情况上明显更具优势。比较长江经济带及其上、中、下游每万人拥有公共图书馆藏书的变异系数发现，2021年分别为0.6734、0.4132、0.4929和0.5846，分别较2020年缩小了0.0469、0.0216、0.0492和0.0249，表明近两年来书香城市建设成效明显，区域间差异进一步缩小。

具体到上中下游各城市可知，下游城市每万人拥有病床数和每万人拥有公共图书馆藏书分别为61.91张（较2020年提高22.9%）和11240册（较2020年降低了3.1%）。考虑到基本公共服务中医疗服务更为社会大众所关心，故依据2021年每万人拥有病床数可将下游城市分为两大类，一类是以上海、南京、杭州和合肥为代表的城市，共有24个，沪、苏、浙、皖分别有1个、8个、1个和14个；另一类是以徐州、嘉兴和宿州为代表的城市，共有17个，苏、浙、皖分别有5个、10个和2个。

中游城市每万人拥有病床数和每万人拥有公共图书馆藏书的平均值分别是68.19张（较2020年提高34.3%）和6973册（较2020年提高了11%）。考虑到基本公共服务中医疗服务更为社会大众所关心，故依据2021年每万人拥有病床数可将中游城市分为两大类，一类是以十堰、怀化、长沙和永州为代表的城市，共有22个，鄂、湘分别有9个和13个；另一类是以随州、黄石和南昌为代表的城市，共有14个，赣、鄂分别有11个和3个。

上游城市每万人拥有病床数和每万人拥有公共图书馆藏书的平均值分别是70.38张（较2020年提高20.7%）和5073册（较2020年上升了8.6%）。考虑到基本公共服务中医疗服务更为社会大众所关心，故依据2021年每万人拥有病床数可将上游城市分为两大类，一类是以雅安、广元、资阳和自贡为代表的城市，共有21个，渝、川、贵、云分别有1个、17个、1个和2个；另一类是以保山、曲靖和广安为代表的城市，共有12个，川、贵、云分别有1个、6个和5个。

（四）生态环境维度

如表 7-5 所示，总体上看，2021 年长江经济带各城市的生态环境发展水平表现出上游>中游>下游的态势。

表 7-5　2021 年长江经济带各城市生态环境发展状况

单位：天，吨

城市	环境空气质量优良天数	万元 GDP "三废"排放	城市	环境空气质量优良天数	万元 GDP "三废"排放	城市	环境空气质量优良天数	万元 GDP "三废"排放
上海	335	0.345	铜陵	319	1.699	永州	352	0.481
南京	300	0.327	池州	315	2.790	怀化	354	0.342
无锡	300	0.245	安庆	315	0.422	娄底	334	2.219
徐州	289	0.401	黄山	340	0.190	重庆	332	0.562
常州	279	0.380	南昌	335	0.240	成都	299	0.101
苏州	306	0.355	景德镇	361	0.930	自贡	297	0.195
南通	322	0.143	萍乡	214	2.140	攀枝花	300	7.442
连云港	306	0.349	九江	338	1.017	泸州	308	1.114
淮安	298	0.251	新余	358	2.825	德阳	302	1.109
盐城	319	0.410	鹰潭	348	0.535	绵阳	327	0.366
扬州	286	0.324	赣州	353	0.772	广元	351	0.665
镇江	289	0.392	吉安	357	0.865	遂宁	329	0.268
泰州	293	0.179	宜春	344	1.746	内江	306	0.267
宿迁	295	0.185	抚州	343	0.552	眉山	314	2.445
杭州	345	0.154	上饶	343	1.370	南充	336	0.142
宁波	321	0.234	武汉	289	0.205	乐山	311	0.724
温州	350	0.095	黄石	278	1.700	宜宾	324	0.796
嘉兴	361	0.291	十堰	337	0.250	广安	320	1.117
湖州	329	0.529	宜昌	307	0.638	达州	324	1.733
绍兴	308	0.146	襄阳	283	0.268	雅安	301	0.677
金华	341	0.388	鄂州	312	1.575	巴中	349	0.320
衢州	347	0.965	荆门	297	0.798	资阳	316	0.176
舟山	349	0.271	孝感	312	0.420	贵阳	365	0.521

129

续表

城市	环境空气质量优良天数	万元GDP"三废"排放	城市	环境空气质量优良天数	万元GDP"三废"排放	城市	环境空气质量优良天数	万元GDP"三废"排放
台 州	358	0.196	荆 州	322	0.355	六盘水	358	3.748
丽 水	362	0.265	黄 冈	314	0.434	遵 义	365	1.419
合 肥	314	0.167	咸 宁	342	0.705	安 顺	364	3.748
淮 北	310	1.448	随 州	324	0.196	毕 节	347	3.334
亳 州	299	0.286	长 沙	304	0.050	铜 仁	357	3.748
宿 州	281	0.539	株 洲	310	0.501	昆 明	209	0.910
蚌 埠	308	0.336	湘 潭	308	1.246	曲 靖	365	2.322
阜 阳	286	0.700	衡 阳	334	0.490	玉 溪	361	1.718
淮 南	331	1.664	邵 阳	196	0.446	保 山	363	1.370
滁 州	324	0.546	岳 阳	331	0.324	昭 通	363	1.651
六 安	364	0.628	常 德	312	0.326	丽 江	364	1.033
马鞍山	300	1.875	张家界	357	0.426	普 洱	361	1.050
芜 湖	284	0.954	益 阳	319	0.422	临 沧	357	0.687
宣 城	288	0.663	郴 州	357	0.782			

注："三废"指工业废水、工业 SO_2 和工业 NO_X。

中、上游城市的环境空气质量优良天数相对较多且中游各城市间差异较小。首先，从各城市的环境空气质量优良天数来看，前十位的城市分别是贵阳、遵义、曲靖、六安、丽江、安顺、保山、昭通、丽水和嘉兴。此外，长江经济带及其上、中、下游环境空气质量优良天数的变异系数分别为0.9909、0.0002、0.1121、0.0777，上游各城市间的环境空气质量优良天数差异最小，而中游各城市间的环境空气质量优良天数差异较大。

下游城市的生态环境质量相对较好，中游城市则城际差异相对较小。从各城市的万元GDP"三废"排放（负指标，由小到大排列）来看，前十位的城市分别是长沙、温州、成都、南充、南通、绍兴、杭州、合肥、资阳、泰州，可见下游的不少城市万元GDP"三废"排放量不高，绿色发展表现相对较好。再比较长江经济带及其上、中、下游各城市的万元 GDP "三废"排放变异系数可知，分别为 1.1498、1.0450、0.8124、1.0106，较 2020 年均有所增长。

具体到上中下游各城市可知，以社会公众最为关心的环境空气质量优良天数为例，下游城市该指标的平均值约为 316 天，较之中、上游城市还有一定差距。分省份来看，浙江表现最优，绝大多数城市均处于平均值以上，江苏表现相对欠佳，仅有南通、盐城等在平均值以上。总体来看，根据环境空气质量优良天数平均值可将下游城市分为两大类，一类是以上海、南通、杭州、六安为代表的城市，共有 18 个，沪、苏、浙、皖分别有 1 个、2 个、10 个和 5 个；另一类是以南京、泰州、阜阳为代表的城市，共有 23 个，主要集中在江苏和安徽，苏、皖、浙分别有 11 个、11 个和 1 个。

中游江西和湖南两省的生态环境相对较好。中游各城市环境空气质量优良天数平均值是 322 天，据此可将中游城市分为两大类，一类是以景德镇、吉安、咸宁和张家界为代表的城市，共有 21 个，赣、鄂、湘分别有 10 个、4 个和 7 个，另一类是以益阳、武汉、长沙为代表的城市，共有 15 个，赣、鄂、湘分别有 1 个、6 个和 8 个。

上游云南省的生态环境较好。各城市环境空气质量优良天数平均值是 332 天，据此可将上游城市分为两大类，一类是以遵义、曲靖、贵阳和安顺为代表的城市，共有 17 个，渝、川、贵、云分别有 1 个、3 个、6 个和 7 个；另一类是以遂宁、绵阳、宜宾和达州为代表的城市，共有 16 个，贵、川分别有 1 个和 15 个。

三　关键指标解析

（一）经济发展阶段

从人均 GDP 的维度来看，2021 年长江经济带人均 GDP 为 90330 元，按当年平均汇率 6.4515 折算为 14001 美元，整体处于工业化后期阶段。其中，上、中、下游地区分别为 10419 美元、11668 美元和 18115 美元，即下游已整体迈入后工业化阶段，而上、中游地区仍处于工业化后期阶段，中游和上游人均 GDP 水平分别相当于下游的 64.4% 和 57.5%，与 2020 年的水平接近。从城镇化率的维度来看，2021 年长江经济带整体的城镇化率为 65.3%，下、中、上游则分别为 71.5%、62.3% 和 59.5%。对照表 7-6 可知，中游和下游处于工业化后期，且下游地区接近于后工业化阶段，同时上游已经十分接近工业化后期阶段。从一产从业人员占比来看，2021 年长江经济带整体的一产比重约为 6.3%，具体到下、中、上游地区则分别为 3.7%、8.0% 和 10.0%，同时考虑到农业的人均产出绩效要明显低于制造业与服务业，可以判定上游产业结构仍处于工业化中期至后期阶段之间，中游和下游已进入工业化后期至后工业化阶段之间。

表 7-6　工业化不同阶段的判断标志

经济发展水平	换算因子	前工业化阶段	工业化实现阶段			后工业化阶段
			工业化初期	工业化中期	工业化后期	
人均 GDP（1995 年美元）	1.00	610~1220	1220~2430	2430~4870	4870~9120	9120 以上
人均 GDP（2018 年美元）	1.54	939~1879	1879~3742	3742~7500	7500~14045	14045 以上
产业结构		A>I	A>20%，A<I	A<20%，I>S	A<10%，I>S	A<10%，I<S
一产从业人员占比		60% 以上	45%~60%	30%~45%	10%~30%	10% 以下
城镇化率		30% 以下	30%~50%	50%~60%	60%~75%	75% 以上

注：2005~2018 年对 1995 年美元的换算因子是根据美国历年的物价平减指数计算的，据此划分每年的工业化发展阶段；A、I、S 分别代表第一、第二、第三产业产值在 GDP 中的比重。
资料来源：1995 年的发展阶段划分依据来自"皮书数据库"《中国经济特区发展报告（2014）》；产业结构、城镇化对发展阶段的划分标志来自陈佳贵、黄群慧、钟宏武《中国地区工业化进程的综合评价和特征分析》，《经济研究》2006 年第 6 期。

（二）产业结构

目前，长江经济带的产业结构问题依然较多，一方面是流域整体第三产业发展水平还不高，第三产业增加值占比仍低于全国平均水平；另一方面是长江经济带各城市间的产业发展水平差异很大，例如第一产业比重最高的临沧（29.93%）是上海（0.23%）的 113 倍。但可喜的是，长江经济带各流段均已高度重视培育战略性新兴产业和高新技术产业，根据有关报道，"十四五"开局之年，上海、湖南战略性新兴产业增加值比上年分别增长 15.2 个、12.3 个百分点，安徽和江苏战略性新兴产业产值占全部规模以上工业产值比重分别提高到 41% 和 39.8%，浙江战略性新兴产业增加值增长 17.0%，拉动规模以上工业增加值增长 5.5 个百分点，湖北战略性新兴产业产值占全部规上工业比重的 21.8%，重庆全年规模以上工业战略性新兴产业增加值比上年增长 18.2%；江西战略性新兴产业、高新技术产业增加值占规模以上工业增加值比重分别为 23.2%、38.5%，比上年分别提高 1.1 个、0.3 个百分点，云南高新技术产业工业总产值较上年增长 28.6%，贵州高新技术产业产值同比增长 16.8%，四川全年高新技术产业实现营业收入 2.4 万亿元，比上年增长 19.4%。

（三）R&D 经费支出

研究与试验发展（R&D）经费是指报告期为实施研究与试验发展活动而实际产生的全部经费支出，是国际上广泛使用的、衡量一个国家或地区自主创新投入规模及水平的重要指标。2021 年，长江经济带研究与试验发展经费投入保持着较快增速，财政科技支出稳步增加，研究与试验发展投入强度持续提升，基础研究占比明显提高。从表 7-7 可知，2021 年长江经济带中 R&D 经费支出排名前五位的城市分别是上海、苏州、杭州、成都和重庆，较 2020 年分别同比增长 12.6%、16.7%、15.2%、14.6%、14.6%。另外，这些城市的地区生产总值也均位于长江经济带的前列。分地区来看，研究与试验发展经费投入超过百亿元的城市有 29 个，下游有 21 个城市，中游和上游各有 4 个城市。由此可见，长江经济带各城市之间 R&D 经费支出差距较大，上中下游的自主创新投入规模不均衡。

表7-7　2021年长江经济带各城市R&D经费支出状况

单位：亿元

城市	R&D经费支出	城市	R&D经费支出	城市	R&D经费支出
上　海	1819.80	铜　陵	33.40	永　州	42.36
南　京	578.80	池　州	16.20	怀　化	24.37
无　锡	445.00	安　庆	34.30	娄　底	35.05
徐　州	146.20	黄　山	11.20	重　庆	603.80
常　州	290.40	南　昌	128.16	成　都	631.90
苏　州	888.70	景德镇	19.29	自　贡	16.90
南　通	286.20	萍　乡	14.59	攀枝花	18.30
连云港	88.20	九　江	55.36	泸　州	24.50
淮　安	81.00	新　余	14.46	德　阳	87.70
盐　城	140.30	鹰　潭	22.99	绵　阳	239.50
扬　州	151.60	赣　州	71.30	广　元	7.80
镇　江	113.80	吉　安	42.94	遂　宁	15.10
泰　州	159.80	宜　春	54.90	内　江	16.20
宿　迁	68.50	抚　州	26.76	眉　山	15.50
杭　州	667.00	上　饶	51.42	南　充	23.80
宁　波	402.70	武　汉	249.13	乐　山	22.60
温　州	182.70	黄　石	29.94	宜　宾	44.20
嘉　兴	210.00	十　堰	47.71	广　安	7.60
湖　州	113.60	宜　昌	99.63	达　州	17.10
绍　兴	195.00	襄　阳	85.65	雅　安	10.00
金　华	120.90	鄂　州	13.07	巴　中	2.50
衢　州	37.40	荆　门	52.78	资　阳	4.80
舟　山	34.10	孝　感	53.79	贵　阳	87.32
台　州	139.40	荆　州	35.38	六盘水	12.70
丽　水	34.10	黄　冈	30.29	遵　义	22.40
合　肥	394.60	咸　宁	20.38	安　顺	11.29
淮　北	25.10	随　州	9.90	毕　节	4.15
亳　州	14.30	长　沙	367.09	铜　仁	7.47
宿　州	16.00	株　洲	103.14	昆　明	128.23
蚌　埠	48.20	湘　潭	74.65	曲　靖	43.80
阜　阳	34.40	衡　阳	73.97	玉　溪	21.29

城市	R&D 经费支出	城市	R&D 经费支出	城市	R&D 经费支出
淮 南	20.40	邵 阳	47.90	保 山	12.86
滁 州	67.70	岳 阳	98.06	昭 通	5.80
六 安	24.00	常 德	56.54	丽 江	4.42
马鞍山	78.80	张家界	2.16	普 洱	3.44
芜 湖	149.70	益 阳	36.89	临 沧	2.59
宣 城	39.90	郴 州	59.90		

（四）城市规模

以常住人口计算，2021 年长江经济带城市规模等级的空间分布情况如下：下游有 3 个城市人口超 1000 万，有 15 个城市人口在 500 万~1000 万，有 14 个城市人口在 300 万~500 万，有 9 个城市人口在 100 万~300 万；中游拥有 2 个城市人口超 1000 万，有 11 个城市人口在 500 万~1000 万，有 12 个城市人口在 300 万~500 万，有 11 个城市人口在 100 万~300 万；上游有 2 个城市人口超 1000 万，有 8 个城市人口在 500 万~1000 万，有 9 个城市人口在 300 万~500 万，有 14 个城市人口在 100 万~300 万（见图 7-1）。

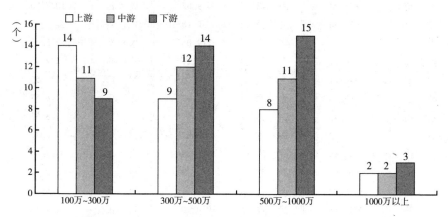

图 7-1 2021 年长江经济带各流段不同人口规模城市数量

（五）规上企业利润总额

规模以上企业利润总额是反映企业盈利能力的重要指标，是地方政府获取稳定收入的重要渠道，对地方经济社会发展有着重要作用。2021 年，面对复杂严峻的国际环境和各种风险挑战，各地区、各部门大力支持工业发展，工业经济持续稳定恢复，企业利润实现较快增长，盈利能力稳步提升。大部分城市的规上企业利润总额都实现了正增长。2021 年长江经济带 110个城市中，规上企业利润总额最高的为上海（3164.63 亿元），其次为苏州（2727.66 亿元）、重庆（1877.55 亿元）、宁波（1757.68 亿元）、杭州（1515.22 亿元）和无锡（1452.45 亿元）；规上企业利润总额最低的为普洱（22.18 亿元）、临沧（18.45 亿元）、巴中（18.16 亿元）、资阳（10.04 亿元）、张家界（6.45 亿元）。

表 7-8　2021 年长江经济带各城市规上企业利润总额状况

单位：亿元

城市	规上企业利润总额	城市	规上企业利润总额	城市	规上企业利润总额
上　海	3164.63	铜　陵	130.04	永　州	99.67
南　京	1098.91	池　州	69.73	怀　化	78.43
无　锡	1452.45	安　庆	104.55	娄　底	165.18
徐　州	357.35	黄　山	162.80	重　庆	1877.55
常　州	855.24	南　昌	449.62	成　都	1087.50
苏　州	2727.66	景德镇	52.10	自　贡	74.78
南　通	760.20	萍　乡	119.06	攀枝花	225.75
连云港	350.87	九　江	706.21	泸　州	377.17
淮　安	192.21	新　余	110.30	德　阳	271.55
盐　城	247.55	鹰　潭	129.03	绵　阳	178.58
扬　州	414.46	赣　州	345.67	广　元	133.57
镇　江	308.72	吉　安	365.97	遂　宁	136.77
泰　州	446.93	宜　春	418.18	内　江	112.50
宿　迁	304.63	抚　州	142.39	眉　山	319.88
杭　州	1515.22	上　饶	358.08	南　充	249.53
宁　波	1757.68	武　汉	1040.20	乐　山	120.54
温　州	367.72	黄　石	201.45	宜　宾	580.36
嘉　兴	874.81	十　堰	164.77	广　安	141.50
湖　州	424.82	宜　昌	838.23	达　州	204.92

城市	规上企业利润总额	城市	规上企业利润总额	城市	规上企业利润总额
绍　兴	626.03	襄　阳	691.94	雅　安	64.18
金　华	296.49	鄂　州	115.27	巴　中	18.16
衢　州	232.03	荆　门	254.72	资　阳	10.04
舟　山	327.91	孝　感	155.36	贵　阳	290.65
台　州	427.52	荆　州	174.83	六盘水	133.10
丽　水	145.75	黄　冈	75.62	遵　义	623.90
合　肥	586.06	咸　宁	226.79	安　顺	38.96
淮　北	413.42	随　州	122.29	毕　节	38.86
亳　州	61.95	长　沙	746.22	铜　仁	42.26
宿　州	54.02	株　洲	165.00	昆　明	377.07
蚌　埠	201.42	湘　潭	122.88	曲　靖	151.22
阜　阳	141.28	衡　阳	131.93	玉　溪	148.27
淮　南	116.91	邵　阳	265.12	保　山	66.17
滁　州	179.02	岳　阳	314.54	昭　通	112.77
六　安	30.88	常　德	173.79	丽　江	29.39
马鞍山	364.85	张家界	6.45	普　洱	22.18
芜　湖	149.19	益　阳	117.34	临　沧	18.45
宣　城	104.08	郴　州	175.58		

四　2024年各省市推进协调性均衡发展重点举措

2024年沿江一带9省2市发展的整体性、协调性和可持续性不断提高，城市群、都市圈对周边地区的带动作用进一步增强，城乡融合发展水平得到提升，区域协调融通得到了强化，区域协调发展以此为着力点取得进步，为新时期建设区域协调高质量发展提供重要支持，以高水平协同联动形成高质量发展整体合力。为此，本部分将进一步详细梳理9省2市在2024年为推动区域协调发展与均衡发展采取的重点举措，以期为后续的对策建议提供有效支撑。

（一）上海市

在上海市2024年政府工作报告中，上海明确提出要积极落实推动长江经济带高质量发展意见，具体见专栏1。

专栏 1　上海市在推进长江经济带协调均衡发展的重要举措

深化落实虹桥国际开放枢纽进一步提升能级政策措施，建好用好虹桥海外贸易中心、虹桥进口商品展示交易中心等重要平台，进一步提升国际航空服务功能。精心办好第七届进博会，扎实做好城市服务保障工作，推动更多新产品、新技术、新服务落地，持续放大溢出带动效应。积极落实推动长江经济带高质量发展意见，统筹抓好高水平生态保护与绿色创新发展。

（二）江苏省

在江苏省 2024 年政府工作报告中，江苏明确提出推进长江经济带高质量发展，具体见专栏 2。

专栏 2　江苏省在推进长江经济带协调均衡发展的重要举措

着力推动城乡融合区域协调发展。认真落实国家重大区域战略，一体推进新型城镇化战略和乡村振兴战略，做好区域互补、跨江融合、南北联动大文章，进一步提升发展整体性、协调性。联动推进长三角一体化发展和长江经济带高质量发展。建好用好先进技术成果长三角转化中心，推进沿沪宁产业创新带、宁杭生态经济带、G60 科创走廊、长三角一体化产业发展基地建设，规划建设长江口产业创新协同区，推动沿海港口与上海国际航运中心枢纽融合发展，更高水平建设生态绿色一体化发展示范区。认真落实进一步推动长江经济带高质量发展的政策措施，着力打造产业转型创新、绿色现代航运等先行示范段。深化"1+3"重点功能区建设。积极打造南京都市圈、淮海经济区、苏锡常都市圈，深入推动宁镇扬一体化发展。加强南北结对帮扶和产业链合作，高质量建设南北共建园区。大力发展海洋经济，深化陆海统筹、江海联动，培育壮大十大海洋产业链。做好全国东西部协作和对口支援合作工作。扎实推进以人为本的新型城镇化。推动农业转移人口市民化，打造 10 个国家县城新型城镇化建设示范区，深化宁锡常接合片区国家城乡融合发展试验区改革探索，促进各类要素双向流动。加快城市更新步伐，推进完整社区建设、城镇老旧小区改造和城市生命线安全等工程，加强城市内涝治理，系统化全域推动海绵城市建设，推动城市数字化转型，打造宜居、韧性、智慧城市。更好地支持县域经济高质量发展。着力完善综合立体交通网。开工建设南京北站枢纽等项目，争取开工建设盐泰锡常宜铁路，加快推进北沿江高铁、通苏嘉甬高铁、宁淮城际铁路、海太长江隧道、常泰长江大桥等在建项目，建成沪苏湖铁路江苏段、龙潭长江大桥等工程，加快南京禄口国际机场三期前期工作和淮安涟水机场改扩建工程建设，支持无锡硕放机场等枢纽节点进一步做强。协同推进二级航道网、现代水网建设，加快实施淮河入海水道二期、吴淞江整治工程，全面开工京杭运河苏南段"三改二"工程，建设通港达园专支线航道，打造汇通江淮、畅达黄海的现代化水运体系。

（三）浙江省

在浙江省 2024 年政府工作报告中，浙江明确提出要积极参与长江经济带共抓大保护，具体见专栏 3。

专栏 3　浙江省在推进长江经济带协调均衡发展的重要举措

加强生态保护和修复。完善生态环境分区管控方案，积极参与长江经济带共抓大保护，实施重要生态系统保护和修复重大工程，加强水土流失治理，创新生态保护补偿机制和生态产品价值实现机制。

（四）安徽省

在安徽省 2024 年政府工作报告中，安徽明确提出要抓好美丽长江（安徽）经济带新一轮提升工程，具体见专栏 4。

专栏 4　安徽省在推进长江经济带协调均衡发展的重要举措

高效落实重大国家战略。把握长三角一体化发展这个最大机遇，高质量推进各领域共建共享。协同打造长三角科技创新策源地，加强战略科技力量合作共建。深度参与产业链供应链分工协作，完善省际毗邻地区新型功能区跨界协同机制，加快产业锻长补短。加强生态环境共保联治，启动建设长三角（安徽）生态绿色康养基地。积极共建长三角联通国内国际双循环战略枢纽，加快建设虹桥国际开放枢纽安徽联动发展区。推进公共服务便利共享，加快缩小基本公共服务差距。深入实施推动长江经济带发展、中部地区加快崛起、共建"一带一路"等战略，高水平建设省际重要物流节点和合作园区，加快构建链接东中部市场化要素对接平台，把安徽承东启西的区位优势转化为"左右逢源"的开放优势。

加强高品质生态环境建设，全面推进绿色低碳发展。实施美丽安徽建设规划纲要，突出抓好美丽长江（安徽）经济带新一轮提升工程，加快建设山水秀美的生态强省。

系统推进生态保护修复。推进自然保护地整合优化，强化重要生态空间保护。持续推进长江十年禁渔，实施生物多样性保护重大工程。加强"四廊两屏"建设，完成人工造林 25.95 万亩，实施 10 处重要湿地保护修复工程。加快采煤沉陷区综合治理，修复废弃矿山 300 个以上。升级打造新安江—千岛湖生态环境共同保护合作区，实施皖苏、皖赣长江干流横向生态补偿。深化集体林权制度改革。加快巢湖流域"山水工程"建设，打造一批生态文明建设示范样板。

（五）江西省

在江西省 2024 年政府工作报告中，江西明确提出要深度融入共建长江经济带，具体见专栏 5。

专栏 5　江西省在推进长江经济带协调均衡发展的重要举措

促进内陆开放型经济试验区建设提质增效。积极对接国际高标准经贸规则，稳步扩大制度型开放，拓展国际贸易"单一窗口"服务功能，创建国际投资"单一窗口"，健全外商投资企业投诉协调工作机制，提升投资贸易自由化便利化水平。深度融入共建"一带一路"、长江经济带，主动对接融入长三角、粤港澳大湾区、海西经济区，积极承接产业转移，争取国家在江西省布局建设产业备份基地，吸引发达地区在赣设立飞地产业园、科技成果转化基地，支持赣州、吉安、抚州深化对口合作。推进国家现代流通战略支点城市、国家物流枢纽建设，稳定开行铁海联运、中欧班列，完善航空客货运网络，港口集装箱铁水联运量增长15%左右。大力发展口岸经济，深化九江港与上海港等长江沿线口岸合作，打造临空经济区、临港经济区，放大"口岸区+保税区+特色产业"联动效应。高水平办好重大经贸活动，完善招商引资考评体系，深化精准招商、定向招商。内陆开放型经济试验区是中央为江西量身定做的改革开放金字招牌，一定要不等不靠、主动作为，用足用好先行先试的政策红利，让开放为新时代江西发展注入澎湃动力。

（六）湖北省

在湖北省2024年政府工作报告中，湖北明确提出要坚决扛牢共抓长江大保护责任，具体见专栏6。

专栏6 湖北省在推进长江经济带协调均衡发展的重要举措

聚焦全面绿色低碳转型，走好生态优先绿色发展之路。坚决扛牢共抓长江大保护责任，协同推进降碳减污扩绿增长，加快建设人与自然和谐共生的美丽湖北。切实推动绿色产业发展。紧扣绿色制造方向，加快钢铁、石化、建材等9个重点行业节能降碳改造，实施节能环保产业高质量发展五大行动，围绕绿色建材、风电装备、绿色智能船舶等优势领域，重点培育6家省级产业园区，打造城市矿产、秸秆利用、废旧电池回收利用等10条循环经济产业链，推动产业生态化、生态产业化协同发展。切实推进全面绿色转型。着眼优化产业、能源、交通运输、用地四大结构，加快构建清洁能源、低碳交通、绿色城乡等十大体系，扎实推进华中氢能产业基地、大幕山抽水蓄能电站、枣阳风电产业园、汉川电厂四期等76个重点能源项目，实施低碳城市、"气化长江"等重点工程，依托"中碳登"系统打造具有全球影响力的碳市场，完善绿色金融、生态补偿、生态价值实现等机制，促进生产生活方式绿色化低碳化。切实筑牢生态安全屏障。深入实施长江高水平保护提质增效十大行动，持续抓好长江"十年禁渔"，深化洪湖、梁子湖、斧头湖治理攻坚，扎实推进小流域综合治理、沿江化工企业关改搬转、废弃矿山生态修复，加快建设三峡坝区绿色低碳发展示范区、丹江口库区绿色可持续发展先行区。绿色生态是湖北的宝贵财富、最美底色，我们要持续加力、久久为功，用心守护大美湖北好山好水好风光。

（七）湖南省

在湖南省 2024 年政府工作报告中，湖南明确提出要全面落实长江经济带发展战略，具体见专栏 7。

专栏 7　湖南省在推进长江经济带协调均衡发展的重要举措

对接融入国家战略。深度融入粤港澳大湾区建设，承接重点领域产业转移，加强与泛珠三角区域省份合作。积极对接长三角一体化，吸引跨国公司、知名企业、行业龙头企业落户湖南。全面落实促进中部地区崛起和长江经济带发展战略，推进岳阳长江经济带绿色发展示范区、湘赣边区域合作示范区建设。不断加强与海南自由贸易港合作，推动湘琼先进制造业共建产业园建设。

（八）重庆市

在重庆市 2024 年政府工作报告中，重庆明确提出要全面融入长江经济带高质量发展战略，具体见专栏 8。

专栏 8　重庆市在推进长江经济带协调均衡发展的重要举措

全面融入长江经济带高质量发展战略，扎实推进美丽重庆建设。坚持共抓大保护、不搞大开发，一体化推动治水、治气、治土、治废、治塑、治山、治岸、治城、治乡，构建城乡整体风貌大美格局。

深入打好污染防治攻坚战。建设美丽幸福河湖，落实"河湖长制"，

"一河一策"加强河流保护，实施流域面积200平方公里以上河流整治，深化入河排污口排查整治，实施高标准治理城市生活污水三年行动，加快污水溢流、侵占岸线、水土流失等问题治理，强化川渝跨界河流联防联治和库区水域清漂，持续改善水环境。守护美丽蓝天，实施空气质量持续改善行动计划，以主城都市区治气攻坚为重点，加强臭氧污染防治、柴油货车污染治理和重污染天气消除攻坚，力争空气质量优良天数稳定在320天以上。打造净土家园，加强土壤污染源头防控，实施农业面源污染防治巩固提升工程，深化限塑减废协同治理攻坚，提高重点建设用地和受污染耕地安全利用率。

加强生态系统保护修复。强化"三线一单"生态环境分区管控，严格执行准入清单。全面落实林长制，持续实施三峡库区腹心地带山水林田湖草沙一体化保护修复等重大工程，做好缙云山生态环境综合提升"后半篇"工作，深入推进锰污染综合整治和锰矿山生态修复，提质建设"两岸青山·千里林带"和国家储备林，打造科学绿化试点示范市。共建"六江"生态廊道，持续推进长江十年禁渔。做好三峡后续工作。支持重庆环境资源法庭建设。完善生态产品价值实现机制，深化集体林权制度改革，升级"长江绿融通"服务系统，优化"碳惠通"平台，拓宽绿水青山转化为金山银山的路径。

实施绿色低碳转型行动。推进工业、城乡、交通等重点领域碳达峰行动计划，加快工业园区循环化和节能降碳改造，坚决遏制"两高一低"项目盲目发展，有序推动能耗"双控"向碳排放"双控"转变，单位地区生产总值能耗下降3%。构建绿色低碳供应链，推动低碳数字能源试点示范，打造绿色工厂和绿色园区，培育壮大节能环保装备、废弃物资源化利用等绿色产业，大力发展绿色制造、装配式建筑，推进智能建造试点城市建设。鼓励绿色低碳产品消费，倡导绿色低碳生活方式。

（九）四川省

在四川省2024年政府工作报告中，四川明确提出要融入服务长江经济带发展，具体见专栏9。

专栏9　四川省在推进长江经济带协调均衡发展的重要举措

扩大高水平对外开放，构筑向西开放战略高地和参与国际竞争新基地。以高质量共建"一带一路"为引领，融入服务长江经济带发展和西部陆海新通道建设，统筹开放大通道、大平台、大枢纽建设，提升在全国开放格局中的位势和能级。

拓展向西开放新空间。开展"川行天下·向西行"国际市场拓展活动，实施"四川造优势产品出海"行动，深化欧洲、中亚、西亚等重点国别和地区经贸合作。建设中欧班列成都集结中心，巩固提升中欧班列、南向班列、长江班列运营水平，建设第三亚欧大陆桥国际贸易枢纽。恢复开通更多国际航线，构建以成都为中心连通亚洲、欧洲、南美洲等的骨干货运航线网络，打造11小时"亚欧空中货运走廊"和5小时"亚太空中货运圈"。

（十）贵州省

在贵州省2024年政府工作报告中，贵州明确提出要持续抓好长江经济带生态环境警示片披露问题整改工作，具体见专栏10。

专栏10　贵州省推进长江经济带协调均衡发展的重要举措

持续加强生态文明建设。坚持生态优先、绿色发展，奋力在推进人与自然和谐共生的现代化中走前列作示范。

深入打好污染防治攻坚战。持续抓好中央生态环保督察反馈问题、长江经济带生态环境警示片披露问题整改，扎实推进省级生态环保督察，以零容忍态度查处环境违法行为。实施城乡生态环保设施补短板、工业固废综合治理、重点河湖污染治理、秸秆综合利用"四大攻坚突破"，加快磷石膏、赤泥、锰渣等尾矿渣及冶炼废渣历史遗留问题治理，主要河流出境断面水质优良率保持在100%，9个中心城市环境空气质量平均优良天数比例达到国家下达目标要求。

扎实推进生态保护和修复。完成武陵山区"山水工程"建设任务。持续推进国土绿化行动，完成营造林280万亩、石漠化治理600平方公里、水土流失综合治理 3000 平方公里，建设国储林省级示范基地 10 个以上，森林覆盖率达 63.3%左右。持续抓好长江"十年禁渔"。全面完成赤水河流域小水电清理整改任务。加快创建梵净山国家公园、西南岩溶国家公园。

（十一）云南省

在云南省 2024 年政府工作报告中，云南明确提出要积极承接长江经济带下游地区外溢产业，具体见专栏 11。

专栏 11　云南省在推进长江经济带协调均衡发展的重要举措

有序有效承接产业转移。构建"2+3+N"沿边产业园区发展格局，动态优化支持政策，加快配套基础设施建设，每个园区落地一批重大产业项目。深化部省、省际、央地合作，积极承接长江经济带下游地区外溢产业，推广托管、飞地、园中园等跨区域合作模式，推动标志性产业链建设。

第八章　长江经济带协调性均衡发展研究进展

第一节　高质量发展研究

一　牢牢把握高质量发展这个首要任务——深入学习贯彻习近平新时代中国特色社会主义思想[*]

（一）核心阅读

习近平总书记明确提出的"四个必须"重要要求，是对新时代我国高质量发展实践经验的深刻总结，体现了我们党对经济社会发展规律认识的深化。我们要贯彻落实"四个必须"重要要求，以新气象新作为推动高质量发展取得新成效。

党的二十大科学谋划了未来一个时期党和国家事业发展的目标任务和大政方针，围绕加快构建新发展格局、着力推动高质量发展作出重大部署，为推动我国经济不断迈上新台阶、开创事业发展新局面指明了前进方向。习近平总书记在参加十四届全国人大一次会议江苏代表团审议时强调"高质量发展是全面建设社会主义现代化国家的首要任务"，明确提出"四个必须"重要要求。在十四届全国人大一次会议闭幕会上，习近平总书记再次指出，"在强国建设、民族复兴的新征程，我们要坚定不移推动高质量发展"。我们要深入学习贯彻习近平新时代中国特色社会主义思想和党的二十大精神，以新气象新作为推动高质量发展取得新成效。

---

[*] 成长春，南通大学江苏长江经济带研究院院长兼首席专家，教授，博导。本内容发表于《人民日报》2023 年 3 月 28 日。

（二）我国经济迈上高质量发展之路

党的十八大以来，以习近平同志为核心的党中央对经济形势进行科学判断，对发展理念和思路作出及时调整，创造性地提出了一系列新理念新思想新战略，在实践中形成了习近平经济思想，系统回答了新时代中国经济"怎么看""怎么干"等重大理论和实践问题，为新时代做好经济工作提供了根本遵循和行动指南。在习近平经济思想的科学指引下，我们以高质量发展为主题、以供给侧结构性改革为主线，全面贯彻新发展理念，加快构建新发展格局，推动发展的平衡性协调性包容性持续提高，引领我国经济迈上更高质量、更有效率、更加公平、更可持续、更为安全的发展之路。

进入新时代以来，我们完成脱贫攻坚、全面建成小康社会的历史任务，实现第一个百年奋斗目标。国内生产总值增加到121万亿元，人均国内生产总值突破1.2万美元，进出口规模超过40万亿元，经济实力实现历史性跃升；全社会研发经费投入强度提高到2.5%以上，科技进步贡献率提高到60%以上，发明专利有效量位居世界第一，创新支撑发展能力不断增强；城乡居民收入增长与经济增长基本同步，建成世界上规模最大的教育体系、社会保障体系、医疗卫生体系；单位国内生产总值能耗、二氧化碳排放量均大幅下降，生态环境明显改善；共建"一带一路"扎实推进，与151个国家、30多个国际组织签署200余份共建"一带一路"合作文件。我国高质量发展不断迈出新步伐、取得新成效。

（三）深入理解"四个必须"重要要求

发展是解决我国一切问题的总钥匙。没有坚实的物质技术基础，就不可能全面建成社会主义现代化强国。习近平总书记明确提出的"四个必须"重要要求，是对新时代我国高质量发展实践经验的深刻总结，体现了我们党对经济社会发展规律认识的深化，丰富发展了习近平经济思想，为新时代新征程推动高质量发展指明了前进方向、提供了重要遵循。

必须完整、准确、全面贯彻新发展理念。新发展理念回答了关于发展的目的、动力、方式、路径等一系列理论和实践问题，阐明了我们党关于发展的政治立场、价值导向、发展模式、发展道路等重大政治问题。党的十八大以来，我国经济实力实现历史性跃升，充分证明了新发展理念是指挥棒、红绿灯，是我国新时代发展思路、发展方向、发展着力点的集中体现，是管全局、管根本、管长远的导向。当前，世界之变、时代之变、历史之变正以前所未有的方式展开，我国发展不平衡不充分问题仍然突出。我们必须把发展质量问题摆在更为突出的位置，着力提升发展质量和效益，始终以创新、协调、绿色、开放、共享的内在统一来把握发展、衡量发展、推动发展，推动经济发展质量变革、效率变革、动力变革。

必须更好地统筹质的有效提升和量的合理增长。经济发展是质和量的有机统一，质的提升为量的增长提供持续动力，量的增长为质的提升提供重要基础。党的十八大以来，我国经济发展在质和量上取得历史性成就，总量翻了一番，结构进一步优化，发展新动能加快成长。新时代新阶段必须大力提高发展质量，持续激发经济发展内生动力，充分调动一切积极因素，实现量质齐升的高质量发展。这不是一时一地之举，而是贯穿全面建设社会主义现代化国家的整个过程。只有始终坚持质量第一、效益优先，大力增强质量意识，视质量为生命，以高质量为追求，才能推动经济实现质的有效提升和量的合理增长，不断做大做强中国经济，巩固社会主义现代化的物质技术基础。

必须坚定不移地深化改革开放、深入转变发展方式。实践告诉我们，唯有全面深化改革、扩大对外开放，才能更好地践行新发展理念，破解发展难题、增强发展活力、厚植发展优势。党的十八大以来，以习近平同志为核心的党中央推动更深层次改革、实行更高水平开放，转变发展方式取得决定性进展，经济质量效益和核心竞争力显著提高，为构建新发展格局提供了强大动力。当前，我国发展面临新的战略机遇、新的战略任务、新的战略阶段、新的战略要求、新的战略环境。面对改革发展稳定中不少躲不开、绕不过的深层次矛盾，面对前进道路上的风高浪急甚至惊涛骇浪，只有深入推进改革创新，坚定不移地扩大开放，以效率变革、动力变革促进质量变革，加快形成可持续的高质量发展体制机制，才能不断增强经济创新力和竞争力，形成共同推动高质量发展的强大合力。

必须以满足人民日益增长的美好生活需要为出发点和落脚点。"凡治国之道，必先富民。"发展的最终目的是造福人民，必须让发展成果更多惠及全体人民。高质量发展是能够很好地满足人民日益增长的美好生活需要的发展。党的十八大以来，以习近平同志为核心的党中央深入贯彻以人民为中心的发展思想，在高质量发展中保障和改善民生，在幼有所育、学有所教、劳有所得、病有所医、老有所养、住有所居、弱有所扶上持续用力，不断满足人民对美好生活的新期待。新征程上，要用心用情用力解决群众关心的就业、教育、社保、医疗、养老等实际问题，一件一件抓落实，一年接着一年干。只有坚持以人民为中心的发展思想，坚持发展为了人民、发展依靠人民、发展成果由人民共享，把发展成果不断转化为生活品质，才能不断增强人民群众的获得感、幸福感、安全感，让现代化建设成果更多更公平地惠及全体人民。

（四）以新气象新作为推动高质量发展取得新成效

新征程上，实现高质量发展关系我国社会主义现代化建设全局。我们要把思想和行动统一到习近平总书记重要讲话精神和党中央决策部署上来，贯彻落实"四个必须"重要要求，以新气象、新作为推动高质量发展取得新成效。

加快实现高水平科技自立自强。习近平总书记指出："加快实现高水平科技自立自强，是推动高质量发展的必由之路。"当前，世界百年未有之大变局加速演进，新一轮科技革命和产业变革深入发展，国际力量对比深刻调整。在激烈的国际竞争中开辟发展新领域新赛道、塑造发展新动能新优势，从根本上还是要依靠科技创新。必须坚持"四个面向"，加快实现高水平科技自立自强。加快实施创新驱动发展战略，强化重大科技创新平台建设，积聚力量进行原创性引领性科技攻关，打赢关键核心技术攻坚战。围绕产业链部署创新链，围绕创新链布局产业链，前瞻布局战略性新兴产业，培育发展未来产业，发展数字经济。强化企业主体地位，发挥科技型骨干企业引领支撑作用，推进创新链产业链资金链人才链深度融合。加强企业主导的产学研深度融合，强化目标导向，提高科技成果转化和产业化水平。深化科技体制改革，繁荣创新文化，弘扬科学家精神，在全社会形成鼓励、支持、参与创新的良好环境。

加快构建新发展格局。习近平总书记指出："加快构建新发展格局，是推动高质量发展的战略基点。"这是事关全局的系统性、深层次变革，是立足当前、着眼长远的战略谋划。要把实施扩大内需战略同深化供给侧结构性改革有机结合起来，增强国内大循环内生动力和可靠性，提升国际循环质量和水平，加快建设现代化产业体系。坚持把发展经济的着力点放在实体经济上，推进新型工业化，加快建设制造强国、质量强国、航天强国、交通强国、网络强国、数字中国。按照构建高水平社会主义市场经济体制、推进高水平对外开放的要求，依托国内大循环吸引全球高质量的商品和资源要素，促进国内国际双循环更为畅通。推动共建"一带一路"高质量发展，稳步扩大规则、规制、管理、标准等制度型开放，维护多元稳定的国际经济格局和经贸关系。

加快推进农业现代化。习近平总书记指出："农业强国是社会主义现代化强国的根基，推进农业现代化是实现高质量发展的必然要求。"全面建设社会主义现代化国家，最艰巨最繁重的任务仍然在农村。要全面推进乡村振兴，巩固拓展脱贫攻坚成果同乡村振兴有效衔接，全方位夯实粮食安全根基，确保中国人的饭碗牢牢端在自己手中。把产业振兴作为乡村振兴的重中之重，深入推进农村一二三产业深度融合，推动创业就业拓展空间，不断拓宽农民增收致富渠道。深化农村土地制度改革，巩固和完善农村基本经营制度，发展新型农村集体经济，发展新型农业经营主体和社会化服务，发展农村适度规模经营，为农业农村发展增动力、添活力。统筹乡村基础设施和公共服务体系建设，加快建设宜居宜业和美乡村。

聚焦人民幸福安康这个最终目的。习近平总书记指出："人民幸福安康是推动高质量发展的最终目的。"基层治理事关人民群众切身利益。要健全基层党组织领导的基层群众自治机制，加强基层组织建设；完善正确处理新形势下人民内部矛盾机制，完善网格化管理、精细化服务、信息化支撑的基层治理平台，健全城乡社区治理体系，为人民群众提供家门口的优质服务和精细管理。基本民生保障事关困难群众衣食冷暖，是促进共同富裕、打造高品质生活的基础性工程。要紧紧抓住人民群众急难愁盼问题，健全基本公共服务体系，不断推动幼有所育、学有所教、劳有所得、病有所医、老有所养、住有所居、弱有所扶取得新进展；协同推进人民富裕、国家强盛、中国美丽，让良好生态环境成为人民生活的增长点。

二　为推动长江经济带高质量发展把脉定向——读习近平总书记《推动长江经济带发展需要正确把握的几个关系》*

《推动长江经济带发展需要正确把握的几个关系》是 2018 年 4 月 26 日习近平总书记在湖北武汉召开的深入推动长江经济带发展座谈会上讲话的一部分，收录在《习近平著作选读》第二卷。这篇重要文献用马克思主义的立场观点方法对解决长江经济带面临的突出问题作出重要战略部署，为新形势下推动长江经济带高质量发展指明了正确方向和实践路径。

（一）紧盯长江经济带发展面临的矛盾与挑战

全面推动长江经济带走以生态优先、绿色发展为导向的高质量发展新路，是以习近平同志为核心的党中央主动适应把握引领经济发展新常态，立足推动区域协调发展、实现中华民族永续发展的战略高度作出的既利当前又惠长远的重大战略部署。

党的十八大以来，以习近平同志为核心的党中央以前所未有的力度协同推进长江经济带生态环境高水平保护与经济高质量发展，取得了显著成就。一是发展理念之变。坚持把修复长江生态环境摆在压倒性位置，"绿水青山就是金山银山"成为社会广泛共识。二是发展环境之变。从生态系统整体性和长江流域系统性出发，解决了一批历史上多年未解决、群众反映强烈的突出生态环境问题。三是发展方式之变。坚持在发展中保护、在保护中发展，推动形成绿色生产生活方式。四是发展格局之变。以黄金水道为主动

---

* 成长春，南通大学江苏长江经济带研究院院长、江苏省习近平新时代中国特色社会主义思想研究中心特约研究员。本内容发表于《学习时报》2023 年 9 月 6 日。

脉、以沿江铁路为骨干，各种运输方式统筹规划、协同发展的局面初步形成。区域发展协调性、平衡性、包容性稳步提升。五是发展机制之变。出台《长江保护法》，构建中央统筹、省负总责、市县抓落实的高效工作机制，协同推动长江大保护能力持续提升。

当前，长江经济带生态环境保护发生了转折性变化，经济社会发展取得了历史性成就，但长江流域因多年粗放型的经济发展模式导致生态环境问题依旧成为制约长江经济带可持续发展的现实障碍。以习近平同志为核心的党中央发出"'长江病了'，而且病得还不轻"的郑重警告，并且以诊治"长江病"为问题导向，追长江病源、找长江病因、挖长江病根，明确了观念层面——部分领导干部对于长江大保护认识片面，思想上不愿抓、落实上不真抓；治理层面——"生态环境形势依然严峻"；机制层面——"生态环境协同保护体制机制亟待建立健全"；经济层面——"流域发展不平衡不协调问题突出"；保障层面——"有关方面主观能动性有待提高"等五个方面的突出问题，判定"长江病"是"生态病"，更是"发展病""观念病"，为实现长江经济带可持续发展和流域环境综合治理提供了重要突破口。

（二）深化和发展对长江经济带建设的规律性认识

习近平总书记指出，新形势下，推动长江经济带发展，关键是要正确把握整体推进和重点突破、生态环境保护和经济发展、总体谋划和久久为功、破除旧动能和培育新动能、自身发展和协同发展等关系。"五个关系"的重要论述既是经验总结，又是理论概括，标志着我们党对长江经济带建设的规律性认识又有了进一步深化和发展。

正确把握整体推进和重点突破的关系。全面做好长江生态环境保护修复工作，必然是一个浩大而繁复的系统性工程，要从整体推进的全局性高度来谋划重点突破，注重治理措施内部的耦合相关性，努力做到全局和局部相配套、治本和治标相结合、渐进和突破相衔接。

正确把握生态环境保护和经济发展的关系。"绿水青山"和"金山银山"不是对立的。长江经济带建设要协调好经济增长和生态资源优化的关系，坚定不移保护绿水青山这个"金饭碗"，让保护修复生态环境获得合理回报，努力把绿水青山蕴含的生态产品价值转化为金山银山，才能既增加当代人的财富又保障后代人的发展。

正确把握总体谋划和久久为功的关系。习近平总书记指出，推动长江经济带发展是一个系统工程，不可能毕其功于一役。要做好顶层设计，以钉钉子精神，脚踏实地抓成效。在推动长江经济带发展过程中既要对未来整体性、长期性、基本性问题进行思考、权衡和设计，又要有"功成不必在我"的境界和"功成必定有我"的担当，"一张蓝图干到底""一锤接着一锤敲"。

正确把握破除旧动能和培育新动能的关系。发展动力决定发展速度、效能和可持续性，关乎全局和未来。推动长江经济带高质量发展就要不断革旧立新、推陈出新，既要毫不动摇地把培育发展新动能作为打造竞争新优势的重要抓手，又要坚定不移地把破除旧动能作为增添发展新动能、厚植整体实力的重要内容，积极打造新的经济增长极。

正确把握自身发展和协同发展的关系。习近平总书记指出，长江经济带作为流域经济，涉及水、路、港、岸、产、城等多个方面，要运用系统论的方法，正确把握自身发展和协同发展的关系。推动长江经济带协调性均衡发展要树立"一盘棋"思想，解决好长江沿岸"各唱各的调"、流域管理"九龙治水"、条块分割严重、衔接不协调等遗留问题，实现错位发展、协调发展、有机融合，形成整体合力。

（三）提出推动长江经济带高质量发展的战略任务

长江经济带覆盖沿江 11 省市，横跨我国东中西三大板块，人口规模和经济总量均占全国近半壁江山，是我国经济重心所在、活力所在。从世界百年未有之大变局加速演进的国际形势看，要求长江经济带在服务和支撑构建新发展格局中发挥更大作用，成为畅通国内国际双循环的主动脉；从国内情况看，沿江省市有责任、更有义务在严格保护生态环境的前提下，使长江经济带成为我国生态优先绿色发展的主战场、引领经济高质量发展的主力军。"五个关系"的重要论述为推动长江经济带发展掌舵领航、把脉定向，立下规矩、划定红线，是新时代深入推动长江经济带高质量发展的理论指导和根本遵循。

谱写生态优先绿色发展新篇章。坚持"绿水青山就是金山银山"的理念，坚持生态优先、绿色发展和共抓大保护、不搞大开发，把修复长江生态环境摆在压倒性位置，加快推动绿色低碳发展，"统筹考虑水环境、水生态、水资源、水安全、水文化和岸线等多方面的有机联系"，全面改善长江生态环境和水域生态功能。

打造区域协调发展新样板。发挥江海河湖经济地理独特优势，完善区域协调性均衡发展管理体制和空间组织机制、动力机制与治理机制，加强空间协同，突出功能互补，构建形成推进省域一体化发展和新型城镇化建设的区域协调发展新格局，加强长江上中下游协作互动，积极打造国内大循环的重要战略支点。

塑造创新驱动发展新优势。突出创新在现代化建设全局中的核心地位，强化企业科技创新主体地位，提升原始创新能力和水平，充分发挥流域协同联动整体优势，努力打造具有国际竞争力的先进制造业集群，推动完善自主可控、安全高效并为全国服务的产业链供应链，全面塑造创新驱动发展新优势。

构筑高水平对外开放新高地。要推动长江经济带发展和共建"一带一路"的融合，加快长江经济带上的共建"一带一路"支点建设。加快与周边国家和地区基础设施互联互通，培育国际经济合作竞争新优势。

绘就山水人城和谐相融新画卷。保护传承弘扬长江文化，推动优秀传统文化创造性转化、创新性发展，促进长江的历史文化、山水文化与城乡发展相融合，突出地方特色，更多采用"微改造"的"绣花"功夫，对历史文化街区进行修复。

三 紧紧跟随习近平总书记足迹，推动长江经济带高质量发展[*]

推动长江经济带发展是事关中华民族伟大复兴和永续发展的千秋大计。

---

[*] 南通大学江苏长江经济带研究院、习近平经济思想研究中心。本内容发表于《习近平经济思想研究》（2023年长江经济带高质量发展专刊）的"思想足迹"栏目。

习近平总书记始终心系长江，从三江源到崇明岛，调研足迹遍布长江流域，并先后于 2016 年、2018 年、2020 年在长江上游重庆、中游武汉、下游南京召开座谈会，系统谋划推动长江经济带发展的宏伟蓝图，反复强调生态优先、绿色发展的战略定位和共抓大保护、不搞大开发的战略导向，指明了推动长江经济带发展的方法路径，明确了全面推动长江经济带发展"五新三主"的战略使命。

（一）生态优先，绿色发展

长江拥有独特的生态系统，是我国重要的生态宝库。党的十八大以来，习近平总书记发表了一系列关于长江生态保护的重要讲话，强调要从中华民族长远利益的战略高度，深刻认识长江生态保护和环境治理的重要性和紧迫性。2016 年在重庆召开的推动长江经济带发展座谈会上，习近平总书记强调，推动长江经济带发展必须走生态优先、绿色发展之路，使绿水青山产生巨大生态效益、经济效益、社会效益，使母亲河永葆生机活力。当前和今后相当长一个时期，要把修复长江生态环境摆在压倒性位置，共抓大保护、不搞大开发。

党的十九大召开后，习近平总书记就长江生态问题亲赴湖北、湖南等地展开考察调研。2018 年 4 月 24 日，总书记考察湖北宜昌沿江企业绿色发展情况，走入兴发集团新材料产业园，仔细听取汇报，就有关问题同地方负责同志交谈。听完工作人员介绍，总书记说道，我强调长江经济带建设要共抓大保护、不搞大开发，不是说不要大的发展，而是首先立个规矩，把长江生态修复放在首位，保护好中华民族的母亲河，不能搞破坏性开发。

长江生态修复不仅要靠政府，而且要充分调动市场主体的力量。习近平总书记在宜昌实地察看污染整治和沿岸复绿情况时强调，企业是长江生态环境保护建设的主体和重要力量，要强化企业责任，加快技术改造，淘汰落后产能，发展清洁生产，提升企业生态环境保护建设能力。要下决心把长江沿岸有污染的企业都搬出去，企业搬迁要做到人清、设备清、垃圾清、土地清，彻底根除长江污染隐患。

离开宜昌，习近平总书记一行驱车前往荆州港码头。总书记登船上甲板，凭栏眺望长江，指着江面上过往的货船问道："每天都是这样忙碌吗？晚上也通航吧？航道里危险的暗礁清除了没有？船上的生活用水还是直排吗？"

听取有关同志汇报后，习近平总书记语重心长地说："长江经济带发展共抓大保护、不搞大开发，首先是要下个禁令，作为前提立在那里。否则，一说大开发，便一哄而上，抢码头、采砂石、开工厂、排污水，又陷入了破坏生态再去治理的恶性循环。所以，要设立生态这个禁区，我们搞的开发建设必须是绿色的、可持续的。"

船行4个小时，抵达石首港。习近平总书记一行驱车一个多小时来到湖南岳阳君山华龙码头。这个码头过去曾是污水横流的非法砂石码头，经过复绿整治，如今面貌焕然一新，湿地里芦苇成荫，江水中江豚腾跃，一片勃勃生机。总书记到达后，不顾舟车劳顿，径直走进一处巡护监测点，在洞庭湖生态环境综合治理的展板前，对随行人员说道："修复长江生态环境，是新时代赋予我们的艰巨任务，也是人民群众的热切期盼。""绝不容许长江生态环境在我们这一代人手上继续恶化下去，一定要给子孙后代留下一条清洁美丽的万里长江！"

两年后，2020年11月12日，习近平总书记前往长江下游的江苏南通市，再次考察长江生态保护情况。南通位于长江入海口北翼，市区南部的滨江地区江面宽阔、烟波浩渺，沿江岸线14公里是长江南通段重要的生态腹地和城市发展的重要水源地。总书记一行步行于南通市五山地区滨江片区，沿途江水辽阔、岸绿山青、鸟语花香。总书记沿江边岸线缓缓步行，深情地回忆起1978年来五山地区时长江波澜壮阔的景象。

总书记说道，这次我来调研长江经济带和长三角一体化发展，专门来看看这里的环境整治情况，过去脏乱差的地方已经变成现在公园的绿化带，确实是沧桑巨变啊！这样的幸福生活是你们亲手建设出来的，是大家一起奋斗出来的。

习近平总书记十分关心长江"十年禁渔"工作，问道："现在管住了吗？""有多少渔民退出？""渔民上岸后怎么安置？"两个多月前，总书记在

2020 年 8 月 19 日安徽马鞍山调研途中就强调，实施长江十年禁渔计划，要把相关工作做到位，让广大渔民愿意上岸、上得了岸，上岸后能够稳得住、能致富。听到南通有关负责同志介绍全市 368 名长江渔民全部退捕再就业、江中鱼类品种逐渐增多时，总书记高兴地说道，"长江'十年禁渔'是一个战略性举措，主要还是为了恢复长江的生态。10 年后我们再看效果"。

推动长江经济带发展，习近平总书记首要关心的是长江的生态修复。探索一条生态优先、绿色发展新路子，是实现中华民族永续发展的必然要求，蕴含着人与自然和谐共生、生态环境保护和经济发展的辩证思想，闪耀着马克思主义的思想光辉。

（二）区域协作，联动发展

长江经济带横跨我国东中西部三大板块，涉及水、路、港、岸、产、城和生物、湿地、环境等多个方面。习近平总书记要求把长江经济带作为一个整体，全面把握、统筹谋划，实现上中下游协同发展、东中西部互动合作。

党的十八大召开后，习近平总书记将考察长江的第一站选在湖北武汉。2013 年 7 月 21 日，武汉市雨花阵阵，总书记到新港阳逻集装箱港区中心控制室，直奔主题问道："设备技术水平怎么样？"值班员回答："这套系统是目前国内内河航运最先进的。"

武汉新港由武汉、鄂州、黄冈、咸宁 4 市港口统一规划建设而成，开通了至宜昌、荆州、岳阳、泸州等地的支线，带动了长江中上游港口集装箱量大幅增长。长江中上游的许多货物，经由这里通江达海，发往世界各地。习近平总书记离开中控室，径直来到码头，向前来介绍情况的工作人员仔细询问港口运转情况，强调长江流域要加强合作，充分发挥内河航运作用，发展江海联运，把全流域打造成黄金水道。总书记强调，长江航运发展不能只盯着国际市场和长三角地区，一定要向内延伸到整个流域，调整航运组织形式也是赢得发展的一大途径，不能单靠增加投入，这和调整经济结构是一个概念。

2016 年 1 月 4 日，习近平总书记在重庆考察第三代现代化内河港口——果园港。果园港是国家级铁路公路水路多式联运综合交通枢纽。望着江面上热火朝天的繁忙景象，总书记仔细询问长江上游航运中心建设、现代化港口群布局、铁路公路水路联运、渝新欧国际铁路开行等情况。听完汇报，总书记高兴地称赞"这里大有希望"，叮嘱要把港口建设好、管理好、运营好，以一流的设施、一流的技术、一流的管理、一流的服务，为长江经济带发展服务好，为"一带一路"建设服务好，为深入推进西部大开发服务好。

推动长江经济带发展，习近平总书记高度重视发挥长江黄金水道带动区域协作的重要作用，对调整航运组织形式、平台开放和港口合作提出具体要求，为沿江省市联动发展指明了发展方向。

（三）扩大开放，深化合作

长江经济带具有集沿海、沿江、沿边、内陆开放于一体的综合开放优势，是共建"一带一路"在国内的主要交汇地带。中西部内陆省市依托中欧班列和西部陆海新通道，深度融入共建"一带一路"。长三角东部沿海省市发挥高水平开放优势，为全国推进规则、规制、管理、标准等制度型开放探索新路径。

2016年1月4日，习近平总书记在重庆询问渝新欧班列运营情况后，要求重庆完善各个开放平台，建设内陆国际物流枢纽和口岸高地，建设内陆开放高地。

2018年4月26日，习近平总书记在武汉主持召开深入推动长江经济带发展座谈会，要求统筹沿海、沿江、沿边和内陆开放，实现同"一带一路"建设有机融合，培育国际经济合作竞争新优势。

2020年11月14日，习近平总书记在南京主持召开全面推动长江经济带发展座谈会，要求加快培育更多内陆开放高地，提升沿边开放水平，实现高质量"引进来"和高水平"走出去"，推动贸易创新发展，更高质量利用外资。加快推进规则标准等制度型开放，完善自由贸易试验区布局，建设更高水平开放型经济新体制。

推动长江经济带发展，习近平总书记鼓励沿江省市在国内国际双循环相互促进的新发展格局中找准各自定位，主动向全球开放市场。同时，强调要把握好开放和安全的关系，织密织牢开放安全网，为推动长江经济带高水平对外开放提供了指引。

（四）加强创新，把握主动

长江经济带教育科技资源富集，是我国最具创新活力的区域之一。

2014年5月23~24日，习近平总书记深入上海企业、园区、科研基地，考察经济社会发展情况，在中国商用飞机有限责任公司设计研发中心调研时指出，我们的事业刚刚起步，前面的路还很长，但时间紧迫，容不得半点懈怠，要一以贯之、锲而不舍抓下去，力争早日让我们自主研制的大型客机在蓝天上自由翱翔。在上海联影医疗科技有限公司，总书记听介绍、看产品、进车间、问市场，重点了解了企业自主创新情况，称赞他们为国争了光，要求有关方面做好政策引导、组织协调、行业管理等工作，加快现代医疗设备国产化步伐，使我们自己的先进产品能推得开、用得上、有效益，让我们的民族品牌大放光彩。在上海汽车集团技术中心，总书记参观了汽车造型设计、样车试制和新能源联调试验，肯定他们追赶前沿的创新精神并强调，汽车行业是市场很大、技术含量和管理精细化程度很高的行业，发展新能源汽车是我国从汽车大国迈向汽车强国的必由之路，要加大研发力度，认真研究市场，用好用活政策，开发适应各种需求的产品，使之成为一个强劲的增长点。

习近平总书记在上海考察时指出，当今世界，科技创新已经成为提高综合国力的关键支撑，成为社会生产方式和生活方式变革进步的强大引领，谁牵住了科技创新这个"牛鼻子"，谁走好了科技创新这步"先手棋"，谁就能占领先机、赢得优势。要牢牢把握科技进步大方向，瞄准世界科技前沿领域和顶尖水平，力争在基础科技领域有大的创新，在关键核心技术领域取得大的突破。要牢牢把握产业革命大趋势，围绕产业链部署创新链，把科技创新真正落到产业发展上。要牢牢把握集聚人才大举措，加强科研院所和高等院校创新条件建设，完善知识产权运用和保护机制，让各类人才的创新智慧竞相迸发。

2016年1月4日，习近平总书记到重庆考察，在京东方光电科技有限公司观看柔性屏、超高清显示屏等产品演示，了解8.5代液晶面板生产工艺流程，用放大镜贴着玻璃面板观看里面的电路。总书记强调，五大发展理念，"创新"摆在第一位，一定要牢牢把创新抓在手里，把创新搞上去。

2018年4月26日，习近平总书记到湖北武汉东湖高新区考察企业创新发展情况。总书记走入烽火科技集团展厅，饶有兴趣地察看展厅里陈列的芯片、光纤等高科技产品，不时地向工作人员询问产品用途、性能、国产化率、在国际同行业中的地位等情况。当总书记了解到，烽火科技在"超大容量、超长距离、超高速率"光通信领域的研发和生产处于世界领先地位，一根光纤上可实现67.5亿对人同时通话，总书记微微点头，眼神中流露出欣慰。他语重心长地对企业负责人说，新发展理念，创新是第一位的。我国已经成为世界第二大经济体，过去那种主要依靠资源要素投入推动经济增长的方式行不通了，必须依靠创新。具有自主知识产权的核心技术，是企业的"命门"所在。企业必须在核心技术上不断实现突破，掌握更多具有自主知识产权的关键技术，掌控产业发展主导权。"国家需要你们在这方面加快步伐。"

在武汉新芯集成电路制造有限公司生产车间，习近平总书记仔细察看集成电路生产线，听取有关芯片全流程智能化制造和加快国产化进程情况介绍。总书记强调，装备制造业的芯片，相当于人的心脏。心脏不强，体量再大也不算强。要加快在芯片技术上实现重大突破，勇攀世界半导体存储科技高峰。中华民族伟大复兴，绝不是轻轻松松、敲锣打鼓就能实现的。机遇前所未有，挑战前所未有。每个人都要增强责任感、使命感，在各自岗位上为中华民族伟大复兴作出更大贡献。

推动长江经济带发展，习近平总书记把科技创新作为引领社会生产方式和生活方式变革进步的关键支撑，强调企业在科技创新中的主体地位，对沿江高科技企业突破核心技术寄予了厚望。

（五）人民至上，共享发展

习近平总书记沿江考察，最牵挂的是人民生活。

2018年2月11日，习近平总书记在四川考察期间，驱车近两个小时，从西昌市来到位于大凉山深处的昭觉县三岔河乡三河村，走进彝族贫困群众家中，看实情、问冷暖、听心声，并与村民代表、驻村扶贫工作队座谈交流，结合当地特点给村民们支招致富路。总书记强调，让人民过上幸福美好的生活是我们的奋斗目标，全面建成小康社会一个民族、一个家庭、一个人都不能少。

2018年4月24日，习近平总书记在湖北考察期间，专程到紧邻三峡大坝、坐落在半山腰的宜昌夷陵区太平溪镇许家冲村，这是一个三峡移民新村。总书记走在宽敞的村道上，不时驻足察看，了解农村生活污水处理情况，并和正在洗衣服的村民拉家常。总书记深情地说，为了三峡工程建设，不少人离开了祖祖辈辈居住的地方，来到新的家园，这也是对国家重大工程建设的贡献。村集体是一个大家庭，不管是本地人还是外地人，都是大家庭中的一员。要团结一心，相互关爱，相互帮助，齐心协力把新家园建设得更好。

2018年4月26日，习近平总书记乘车到武汉青山区工人村街道青和居社区调研。这个社区原来是华中地区最大的老工业区棚户区，经过改造，如今已成为高楼林立、环境优美、设施完善、生活便利的现代化住宅小区。总书记着重了解了棚户区项目建设和居民生活情况，听到当地负责同志介绍本地4万多名群众居住条件得到显著改善时，十分高兴地指出，棚户区改造事关千千万万群众安居乐业。我们的城市不能一边是高楼大厦，一边是脏乱差的棚户区。目前全国棚户区改造任务还很艰巨。只要是有利于老百姓的事，我们就要努力去办，而且要千方百计办好。

2022年6月8日，习近平总书记再次到四川考察，到岷江之畔的眉山市东坡区太和镇永丰村调研。总书记步入村庄，一边走一边察看村容村貌。眼前的荷塘内，蕴藏着美丽乡村建设的巧思。生活污水经净化处理后进入荷塘，既美化了村民生活环境，又通过莲藕种植增加了集体收入。"景色不错，还有净化功能，一举多得。"总书记点头赞许。走进村卫生站，总书记问起药价："这个糖尿病药多少钱？""这个高血压药吃一年，能享受多少补贴？"在得知价格后，总书记强调："衣食住行，还有医药，老百姓最关心的就是这些。要多搞一些新品种、创新药、国产药，把药价平抑下来，为百姓谋福利。"他叮嘱当地负责同志："老百姓的事，要实实在在干，干一件是一件，干一件成一件。"

推动长江经济带发展，习近平总书记心系人民，每到一处都要看人民是否真正得到了实惠，人民生活是否真正得到了改善，人民权益是否真正得到了保障，永远把人民对美好生活的向往作为奋斗目标。

（六）山水人城，和谐相融

一江碧水，千年文脉。习近平总书记高度重视长江沿线历史文化，注重挖掘中华五千年文明精华，弘扬优秀传统文化。早在浙江工作时，他就曾两次到良渚遗址调研，并一直很关心良渚古城遗址的保护情况，强调"良渚遗址是实证中华五千年文明史的圣地，是不可多得的宝贵财富，我们必须把它保护好"。

2019年11月2日，习近平总书记到上海杨浦区滨江公共空间考察时指出，"城市历史文化遗存是前人智慧的积淀，是城市内涵、品质、特色的重要标志"，并提出"人民城市人民建，人民城市为人民"的重要理念。

2020年11月12日，习近平总书记在江苏考察时，前往南通博物苑参观张謇生平展陈，了解张謇兴办实业救国、发展教育、从事社会公益事业情况。总书记指出，张謇在兴办实业的同时，积极兴办教育和社会公益事业，造福乡梓，帮助群众，影响深远，是中国民营企业家的先贤和楷模。张謇的事迹很有教育意义，要把这里作为爱国主义教育基地，让更多人特别是广大青少年受到教育，坚定"四个自信"。13日，总书记来到大运河中最古老的扬州段考察，强调"要把大运河文化遗产保护同生态环境保护提升、沿线名城名镇保护修复、文化旅游融合发展、运河航运转型提升统一起来，为大运河沿线区域经济社会发展、人民生活改善创造有利条件"。

2022年6月8日，习近平总书记到四川眉山市考察中心城区的三苏祠。三苏祠是北宋著名文学家苏洵、苏轼、苏辙的故居，后来为纪念"三苏"，改宅为祠。总书记强调，"一滴水可以见太阳，一个三苏祠可以看出我们中华文化的博大精深。我们说要坚定文化自信，中国有'三苏'，这就是一个重要例证"。

党的十八大以来,习近平总书记还到贵州遵义红军山烈士陵园、江西吉安井冈山革命烈士陵园、安徽金寨红军广场、合肥渡江战役纪念馆和江苏徐州淮海战役纪念馆等革命纪念地,凭吊缅怀革命先烈,强调要让红色精神放射出新的时代光芒。

推动长江经济带发展,习近平总书记要求延续历史文脉,突出地方特色,将长江的历史文化、山水文化与城乡发展相融合,为进一步保护好、传承好、弘扬好长江文化指明了方向,提供了遵循。

长江经济带发展战略实施以来,习近平总书记把考察长江生态环境放在优先位置,强调要在生态环境容量上过紧日子;要用改革创新的办法抓长江生态保护。同时指出,要探索协同推进生态优先和绿色发展的新路子;发挥协同联动的整体优势;在发展中保护,在保护中发展。新征程上,我们要奋力谱写生态优先绿色发展新篇章,打造区域协调发展新样板,构筑高水平对外开放新高地,塑造创新驱动发展新优势,绘就山水人城和谐相融新画卷,使长江经济带成为我国生态优先绿色发展的主战场、畅通国内国际双循环的主动脉、引领经济高质量发展的主力军。

四　推动长江经济带高质量发展重要论述的原创性贡献*

2023 年 10 月 12 日,习近平总书记在江西南昌市主持召开进一步推动长江经济带高质量发展座谈会上强调,要完整、准确、全面贯彻新发展理念,坚持共抓大保护、不搞大开发,坚持生态优先、绿色发展,以科技创新为引领,统筹推进生态环境保护和经济社会发展,加强政策协同和工作协同,谋长远之势、行长久之策、建久安之基,进一步推动长江经济带高质量发展,更好地支撑和服务中国式现代化。

党的十八大以来,以习近平同志为核心的党中央全面推动长江经济带走

---

* 成长春,南通大学江苏长江经济带研究院院长、江苏省习近平新时代中国特色社会主义思想研究中心特约研究员;何婷,江苏省习近平新时代中国特色社会主义思想研究中心河海大学基地特约研究员。本文原载于《中国社会科学报》2023 年 11 月 29 日。

以生态优先、绿色发展为导向的高质量发展新路，先后于 2016 年 1 月、2018 年 4 月、2020 年 11 月在长江上游的重庆、长江中游的武汉以及长江下游的南京亲自主持召开了三次长江经济带发展座谈会，这次在长江中游的南昌召开第四次长江经济带发展座谈会，实现了会议主题从"推动""深入推动""全面推动"到"进一步推动"的重大变化，跨越近 8 年的四次座谈会重要讲话，集中呈现了习近平总书记关于推动长江经济带发展的重要论述从初步构建到深化探索再到成熟稳定的过程，成为科学系统且不断发展的开放的理论体系和实践体系。习近平总书记重要论述的主线，就是以新发展理念为引领，实现长江经济带绿色发展、高质量发展，以全新的视野深化对流域发展自然规律、经济规律和社会规律的认识，创造性运用马克思主义关于人与自然关系思想阐明长江经济带绿色发展的理念和路径，创造性运用马克思主义流域经济思想阐明长江经济带高质量发展的理念和路径，创造性运用唯物辩证法阐明推动长江经济带发展的思维方法和工作方法，是以系统观念统筹谋划长江经济带生态环境高水平保护与经济社会高质量发展的马克思主义中国化最新理论成果，是新时代推动长江经济带高质量发展的根本遵循和行动指南。

（一）阐明长江经济带绿色发展的理念和路径

习近平总书记关于推动长江经济带发展重要论述，体现了对绿色永续发展的深邃思考，鲜明确立了生态环境保护的压倒性地位，打破了保护和开发相互对立的旧思维，大大深化了对马克思主义关于人与自然关系思想的认识。

一是创造性运用马克思主义关于"人类史和自然史互相制约"的生态历史观，作出了"把修复长江生态环境摆在压倒性位置"的科学判断。马克思主义关于人与自然关系思想揭示了"人类史和自然史互相制约"的生态历史观，认为人类文明形成和发展的基础和条件就是拥有良好的生态环境。"只要有人存在，自然史和人类史就彼此互相制约"，同时表明了生态环境制约性和人类主体能动性是高度统一的。习近平总书记以宏阔的大历史观、大生态观、大文明观、大发展观，明确强调"要毫不动摇坚持共抓大保护、不搞大开发，在高水平保护上下更大功夫"，才能给子孙后代留下一条清洁美丽的万里长江。

二是创造性运用马克思主义关于"合理调节人与自然之间的物质变换"的可持续发展观，作出了"坚持在发展中保护、在保护中发展"的科学判断。马克思主义认为，人类要在充分认识自然界的客观规律的基础之上发挥主观能动性，"靠消耗最小的力量，在最无愧于和最适合于他们的人类本性的条件下"合理调节与自然之间的物质变换。以牺牲环境为代价去换取一时的经济增长，是在"吃祖宗饭、砸子孙碗"。长江经济带建设要求协调好经济增长和生态资源优化的关系，坚定不移保护绿水青山这个"金饭碗"，让保护修复生态环境获得合理回报，"支持生态优势地区做好生态利用文章"，才能既增加当代人的财富又保障后代人的发展。

三是创造性运用马克思主义关于"自由人的联合体"的生态治理观，作出了"全社会共同推动长江经济带发展"的科学判断。马克思主义认为，"社会化的人，联合起来的生产者，将合理地调节他们和自然之间的物质变换，将它置于他们的共同控制之下，而不让它作为盲目的力量来统治自己"。推动长江经济带高质量发展是全社会的共同事业，要在思想认识上形成一条心，在实际行动中形成一盘棋，打造理想的"真实的共同体"，即"自由人的联合体"，而非出于互利目的的"虚假共同体"，"激发全流域参与生态保护的积极性"，为中华民族伟大复兴擘画生态优先绿色发展新画卷。

（二）创造性运用马克思主义流域经济思想阐明长江经济带高质量发展的理念和路径

"既见流域又见人"是马克思主义流域经济思想的根本发展目标。习近平总书记关于推动长江经济带发展的重要论述，从流域经济的自然维度、人的维度以及人与自然和谐共生的维度切入，将马克思主义流域经济思想的精髓融入长江经济带建设的方方面面，将要义贯穿全局，且不断发展完善。

一是基于自然维度创造性运用马克思主义关于自然资源和生产力相统一

的自然生产力理论，提出"统筹山水林田湖草等生态要素"，以整合自然资源为要领加强生态环境系统保护修复来推动长江流域经济发展。马克思主义认为，流域内肥沃的土壤、渔产丰富的水域等生活资料的自然富源，以及瀑布、河流、森林、金属、煤炭等劳动资料的自然富源，可以为流域经济的繁荣发展提供物质保障。把长江生态保护好、环境治理好、资源利用好，明确"保护生态环境就是保护生产力，改善生态环境就是发展生产力"，才能为经济发展增绿，确保一江清水绵延后世、惠泽人民。

二是基于人的维度创造性运用马克思主义关于人的自由全面发展思想以及社会主义生产目的和手段的理论，提出要发挥广大人民群众的积极性、主动性、创造性，共同守护好母亲河，以人民为中心推动长江流域经济发展。人民是长江经济带建设的目的。马克思主义认为，人的自由而全面发展是我们发展的终极目标。坚持人民至上促进长江经济带高质量发展成果利益共享，人民群众源自协同推进长江经济带生态高水平保护和经济高质量发展的获得感、幸福感、安全感会显著增强，人的全面发展也必将会取得更为明显的实质性进展。习近平总书记强调，只有始终相信人民，紧紧依靠人民，充分调动广大人民的积极性、主动性、创造性，才能凝聚起推动长江经济带高质量发展的磅礴之力。人民是长江经济带建设的主体。人可以认识利用改造流域，正如马克思表明的"社会地控制自然力，从而节约地利用自然力"。

三是基于人与自然和谐共生的维度创造性运用马克思主义关于人与自然互主体性思想，提出"人与自然是生命共同体"，以走人与自然和谐共生的现代化新路来推动长江流域经济发展。马克思主义深刻诠释了人与自然的互主体性关系，人本身是自然界的产物也是自然的一部分，人与自然之间存在密切的基于生产劳动实践的物质变换关系，自然界是人必须与其不断产生交互作用的"延伸的手臂"和"无机的身体"。

习近平总书记创造性运用马克思主义关于人与自然互主体性思想，进一步明确了坚持生态优先、绿色发展的战略定位，坚持共抓大保护、不搞大开发的战略导向，新时代长江经济带建设首要在生态保护，认识绿水青山转化为金山银山背后自然生态环境的重要价值和制约性；基础在绿色可持续发展，积极探索生态产品的价值实现路径；重点在有序发展，统筹水、路、港、岸、产、城和生物、湿地、环境等多个方面的开发治理；核心在高质量发展，推动长江流域经济发展质量变革、效率变革、动力变革，实现流域经济社会发展与人口、资源、环境相协调。

（三）创造性运用唯物辩证法阐明推动长江经济带发展的思维方法和工作方法

马克思主义唯物辩证法认为，事物是普遍联系的，事物之间以及事物内部的各要素是相互影响、相互制约和相互作用的。习近平总书记关于推动长江经济带发展重要论述始终闪耀着唯物辩证法的真理光芒。

一是创造性运用马克思主义的认识论和方法论，直面中国国情和长江流域现状，提出坚持稳中求进的工作总基调，以系统观念部署推进长江经济带高质量发展。党的十八大以来，沿江省市以超大力度和规模积极推进长江生态环境整治，使其成为促进经济社会发展全面绿色转型的重要动力。习近平总书记强调，"在这个过程中，系统观念是具有基础性的思想和工作方法"。以系统观念和系统方法指导长江经济带建设，体现在"系统性"的实践要求上，要求加强综合治理的系统性和整体性；体现在"系统思维"的战略谋划上，明确要增强系统思维，促进长江经济带实现上中下游地区互动协作、东中西部差异化协调发展；体现在"系统工程"的实践构想上，强调长江经济带是统筹水路港岸产城的流域经济体，涉及多个领域，要运用系统论的方法久久为功。

二是创造性运用唯物辩证法的三大规律，结合长江经济带发展实际，提出了许多新理念新论断。比如，针对"全面做好长江生态环境保护修复工作"，明确生态环境保护和经济发展两者绝非不可调和的对立关系，两者是辩证统一的；针对"协同推进生态优先和绿色发展新路子"，强调"这恰恰体现了有所为有所不为的哲学思想"；针对"坚定不移将一张蓝图干到底"，表明要以钉钉子精神"一茬接一茬"高质量推进长江经济带建设；针对"推动长江经济带建设现代化经济体系"，强调"旧的不去，新的不来"，坚决腾退化解旧动能，加快培育新动能；针对"努力将长江经济带打造成为有机融合的高效经济体"，提出要把自身发展放到协同发展的大局之中。唯物辩证法作为科学的认识论和方法论，为推动长江经济带高质量发展提供了科学的思维方法和工作方法。

五 勇挑大梁走在前列，让长江江苏段碧水绵延生机勃勃[*]

大江东流，奔腾不息。长江两岸，绿意盎然。江苏因江而兴、因江而盛，处于长江经济带发展的重要节点区域，在推动长江经济带发展中占有重要地位。作为拥有全国长江岸线最长的省份，保护好长江，是每一位江苏儿女的殷切期盼。新时代十年，江苏在践行长江大保护的过程中都做了哪些努力，取得了哪些亮眼成效？未来，在推动长江经济带高质量发展道路上，江苏还有哪些功课要做？

（一）新时代十年，江苏在推动长江经济带发展方面取得成效

推动长江经济带发展是习近平总书记亲自谋划、亲自部署、亲自推动的事关发展全局的重大战略。江苏是长江经济带发展基础最好、综合竞争力最强的省份之一。2020年11月，习近平总书记亲临江苏视察并在南京主持召开全面推动长江经济带发展座谈会，对新发展阶段推动长江经济带高质量发展提出了一系列新要求。自长江经济带建设上升为国家战略以来，江苏省委、省政府坚持以习近平总书记关于推动长江经济带发展的系列重要讲话和重要指示批示精神为思想指引和根本遵循，坚决贯彻"共抓大保护、不搞大开发"战略导向，坚定不移走生态优先、绿色发展之路，全省生态环境保护发生了转折性变化，经济社会发展取得历史性成就，充分展现了"走在前、挑大梁、多作贡献"的责任担当。

绿色发展成效显著。江苏全省上下牢记总书记谆谆嘱托，敢于"刮骨疗毒""壮士断腕"，扎实推进"4+1"工程，大力实施排污口排查整治、水源地整治、岸线清理整治、非法码头取缔、沿江造林绿化等专项行动，加

---

　　[*] 成长春，南通大学江苏长江经济带研究院院长兼首席专家，教授，博士生导师。本部分内容发表于学习强国—江苏学习平台，2023年3月10日，新江苏·中国江苏网记者武智慧撰文。

强减污降碳协同增效，着力打造最美"长江岸线"。高起点高标准建设沿江特色示范段，沿江两岸水清鱼跃、草长莺飞、江豚戏水和蓝天白云成为常态，2021年人民群众环境满意度提升至93.6%，绿色已成为江苏高质量发展的鲜明底色。"十年禁渔"取得阶段性胜利，江豚自然种群数量稳定增长，桃花水母重现太湖。同时，各地积极拓展生态产品价值实现渠道，为全流域可持续发展和绿色低碳转型提供了"江苏智慧""江苏方案"。

发展质量持续提升。统筹推进疫情防控和经济复苏，经济运行总体呈现稳健复苏、韧性增强的良好态势。2022年全省GDP达到12.29万亿元，连续三年跨越三个万亿元大关。江苏坚持把创新作为第一动力，加强创新链与产业链、供应链、资金链融合发展，全面提升产业基础高级化、产业链现代化水平。2022年全社会研发投入强度达3%左右，区域创新能力连续多年位居全国前列。物联网、新型电力装备、工程机械、生物医药等10个集群获批国家先进制造业集群，数量居全国第一。单项冠军企业、国家专精特新"小巨人"企业蓬勃发展。2022年数字经济规模超5万亿元，数字经济核心产业增加值占GDP比重达11%左右，两化融合发展水平连续8年居全国第一。

双循环格局加快构建。外贸外资量质齐升，2022年全省实现进出口总值5.45万亿元，占全国的12.9%，一批世界500强企业落户江苏，对"一带一路"沿线国家和地区进出口年均增长11.3%，中哈连云港物流合作基地、柬埔寨西港特区成为"一带一路"合作标志性项目。江苏自贸试验区获批设立，建设发展水平和制度创新成果数量均居全国同批前列。国家级跨境电商综合试验区实现设区市全覆盖。同时，消费市场稳步复苏，投资呈现趋稳向好态势。出台"促消费23条"等政策措施，举办"苏新消费""水韵江苏"文旅消费推广季等系列促消费活动。要素市场化配置改革和"放管服"改革深入推进，营商环境持续优化。2022年经营主体总数达1411.9万户，比2017年增长74.3%。综合交通枢纽能级提升，过江通道累计建成18座、在建9座，交通运输现代化指数排名全国第一。

区域发展更趋协调。江苏高度重视区域互补、跨江融合、南北联动，统筹推进国家重大区域发展战略，坚持苏南引领、苏中崛起、苏北赶超分类指导，积极推进"1+3"重点功能区建设，着力解决区域间不平衡不充分问题。与沪、浙、皖三省市联手优化区域协同联动机制，共同推进 G60 科创走廊、上海都市圈、南京都市圈、大运河生态带、宁杭生态走廊太湖流域等区域协同发展，打造有机融合的一体化高效经济体。在省内以跨江融合为重点推动扬子江城市群全面转型升级，宁镇扬一体化进程加快，苏锡常都市圈网络化发展格局正在形成。区域发展差距进一步缩小，2022 年苏北经济总量占全省之比提升至 23%，苏北五市全面迈入高铁时代。扎实推进共同富裕，城乡居民收入比降至 2.11：1，人民生活品质不断提升。

（二）对标习近平总书记赋予长江经济带的新历史使命，江苏更好展现作为、作出贡献

当前一段时期是江苏推进长江大保护和高质量发展的黄金"窗口期"、重大"机遇期"，要进一步增强思想自觉、政治自觉和行动自觉，坚持新发展理念，牢记"争当表率、争做示范、走在前列"的使命担当，把长江经济带高质量发展作为推动中国式现代化江苏新实践的重点任务和关键路径，在推动长江经济带高质量发展中展现江苏作为、作出江苏贡献，让长江江苏段碧水绵延、生机勃勃。

谱写生态优先绿色发展新篇章。提升生态安全保障能力，运用现代信息技术手段提升生态环境治理能力现代化水平，建设安澜长江。精心描绘"一江清水、两岸葱绿"蓝图，以特色示范段建设为抓手，全面开展岸线"添绿""留白"，推进生态空间价值提升。借"双碳"契机推进产业结构调整，大力发展绿色低碳产业，推进"绿岛"项目建设，推广碳排放权交易，推动企业不断提高清洁生产水平。

打造区域协调发展新样板。深度融入长三角一体化国家战略，加快省内全域一体化发展和苏锡常都市圈与上海同城化步伐。加快江海联动发展，打造江海一体枢纽，推进铁路、公路、城市交通合并过江，构建江海一体生态空间架构。强化城乡协调发展，推进乡村产业、人才、文化、生态、组织振兴，加快建设农业强、农村美、农民富的新时代鱼米之乡。构建橄榄型分配格局，扎实推进共同富裕。

构筑高水平对外开放新高地。注重政策规则等制度型开放，以高水平开放带动改革的全面深化。推进以中意、中韩、中德、中瑞等国家级中外合作园区为代表的开放平台建设。以制度创新助力江苏自贸试验区高质量发展，率先建成全球动力源和创新策源地。加快长江经济带上的"一带一路"强支点建设。完善对外开放新环境，全面提升企业"全生命周期"服务水平，打造全国最好的政务服务环境、最完善的知识产权保护和服务体系、最友好的创业宜居环境。

塑造创新驱动发展新优势。推动生物技术、新能源、新材料、高端装备等战略性新兴产业融合集群发展，打造现代化产业体系新支柱。扩大关键核心技术供给，率先在现有的 13 个先进制造业集群中攻克一批"短板""痛点"技术。推动产业与创新深度融合，把握第四次产业革命、科技革命所带来的新经济、新基建、新投资、新消费等重大历史机遇，瞄准物联网、人工智能、石墨烯新材料、量子技术、基因工程、可控核聚变等前沿领域，促进需求牵引和供给创造有机结合，尽快形成新的强劲增长极。

绘就山水人城和谐相融新画卷。推进文化强省建设，把长江文化建设既作为城市层面创新建设的重要抓手，又作为区域层面创新合作的重要联结，更作为国家层面坚定文化自信的具体落实，从丰厚的历史文化积淀中汲取力量，在保护传承中创新发扬。发扬好"绣花匠"精神，用"文化+"提升生态空间的文化美度和深度。实施文化数字化战略，建立健全现代文化产业和市场体系，建好"水韵江苏"文旅品牌，提高江苏在国际国内的知晓度、美誉度。

六　在进一步推动长江经济带高质量发展中走在前、做示范[*]

共抓大保护、不搞大开发。习近平总书记在进一步推动长江经济带高质量发展座谈会上强调，要加强政策协同和工作协同，谋长远之势、行长久之策、建久安之基，更好地支撑和服务中国式现代化。长江经济带发展战略实施以来，江苏深入贯彻落实习近平总书记关于长江经济带高质量发展的系列

---

[*] 冯俊，南通大学江苏长江经济带研究院副研究员；林珊珊，南通大学经济与管理学院副教授；成长春，江苏长江经济带研究院院长兼首席专家。本部分内容发表于《群众》2023 年第 20 期。

重要论述，统筹推进生态环境高水平保护和经济高质量发展，生态环境保护发生转折性变化，经济社会发展取得历史性成就。

（一）推动实施的重要举措

以高度的政治自觉谱写生态优先绿色发展新篇章。各级党委、政府深刻领会"共抓大保护、不搞大开发"战略导向的重要性，正确理解"江苏既是长江大保护的执行者、推动者，也是受益者"的角色定位，清醒认识到"长江江苏段生态保护修复依然处在爬坡过坎的关键期"这一现实挑战，始终把保护母亲河作为重要的政治任务抓好抓实。坚决贯彻落实党中央部署要求，保质保量完成反馈问题整改，主动排查治理"化工围江"等问题。江苏在依法治江方面先行先试，率先创建河长制和"9+1"环境资源审判体系，率先在长江干流、主要入江支流及流域断面建立"断面长制"。在落实"十年禁渔"的同时，实现退捕渔民100%安置，不少昔日捕鱼人变身为护渔骨干。此外，江苏不断完善责任追究机制，严格要求各级领导干部治理污染不讲条件、修复生态不打折扣。

以一盘棋思维打造区域协调发展新样板。江苏在推进长三角一体化方面主动作为，加快基础设施互联互通，助力轨道上的长三角和数字长三角建设；在长三角国家技术创新中心、长三角生态绿色一体化发展示范区、宁杭生态经济带建设等方面开展富有成效的合作；推进"南京都市圈发展规划"成为首个国家批复的都市圈规划。深入实施"1+3"重点功能区战略，打通"行政区—经济区—功能区"发展路径。促进苏北五市全面迈入高铁时代，打造苏北"物流金三角"；构建"四项转移""五方挂钩"等机制，高标准建设南北共建园区，着力增强苏北发展内生动力。推进城乡融合发展。出台高水平建设农业强省行动方案，支持宁锡常接合片区国家城乡融合发展试验区持续产出制度创新成果。

以重点领域改革构筑高水平对外开放新高地。着力稳住外贸基本盘。出台《关于推动外贸稳规模优结构的若干措施》，支持近1500家企业参加120多场境外重点展会。高质量落实RCEP协定。建立RCEP鼓励性义务探索清单、RCEP国别商品减税对比清单，以及江苏RCEP重点行业、重点企业风险预警清单。高质量共建"一带一路"。大力推进柬埔寨西港特区、中阿（联酋）产能合作示范园、中哈（连云港）物流合作基地、中韩（盐城）产业园等经贸合作区、国际合作物流基地等项目建设。实施"文化丝路"计划，广泛开展境内外文旅交流合作等。

（二）发展取得的突出成就

环境质量持续提升。江苏在推动经济运行率先整体好转的同时，确保环境质量得到持续改善，截至 2022 年，连续三年在国家污染防治攻坚战考核中获得优秀等次，全省 PM2.5 年均浓度实现"九连降"，连续两年达到国家空气质量二级标准，长江干流江苏段水质连续 5 年保持Ⅱ类，太湖连续 15 年实现"两个确保"，同时实现"两保两提"新目标。南通海门区在 2019 年 9 月被长江经济带生态环境警示片披露问题后，大力实施污染整治，在 8 个月时间里，拆违拆破 7.8 万平方米，196 家"六小行业"企业、17 家无序畜禽养殖场、14 个港口码头全部整改到位。泰兴经济开发区高标准建设静脉产业园，不断提升固废资源化、减量化和无害化处置能力，通过循环经济模式实现工业园区"零能耗"和废弃物"吃干榨净"。

区域发展更趋协调。在协同推进长三角一体化取得新突破的同时，江苏稳步推进"1+3"重点功能区战略。同时，以全面开展新一轮南北结对帮扶合作为抓手，谋划共同富裕新路径，2022 年苏南与苏北 GDP 比值缩小至1.93，成为全国区域差距最小的省份之一。在跨江融合方面，如皋围绕六大产业链，主动承接苏南、上海优质产业转移，协同长三角全产业链跨区域发展。在海洋经济方面，东台新街镇海洋工程特种装备产业园成功集聚 50 多家海工企业，发展成为全国海洋工程特种装备产业基地。在南北共建园区方面，苏宿工业园区将苏州·宿迁科创飞地打造成多功能跨区域创新合作平台；宁淮智能制造产业园加强产业链跨区域协同、推动创新链跨区域联动、统筹资金链跨区域配置、促进人才链跨区域衔接。

对外开放稳中提质。面对复杂多变的国际形势，江苏推动高水平对外开放，区域经贸合作提速升级。2022 年进出口总额达到 5.45 万亿元人民币，机电产品占出口总值的 66.2%，太阳能电池、锂离子蓄电池出口分别增长

52.8%和61.1%。对"一带一路"沿线国家进出口额连续7年保持增长。2018~2022年累计吸引外资1270亿美元，世界500强企业有392家落户江苏。从地方实践来看，苏州推动"成本优势"转变为中高端制造业的产业配套和庞大的市场规模优势。扬州鼓励企业在主要出口市场设立公共海外仓，2022年跨境电商规模增长10%以上。连云港积极推进"一带一路"强支点建设，自1992年新亚欧大陆桥贯通至今，连云港国际班列累计开行超15000列，中哈（连云港）物流基地累计完成集装箱进出场167.3万标箱，上合组织（连云港）国际物流园累计完成物流量超过2亿吨。

（三）进一步推动发展的经验启示

必须牢记总书记嘱托，切实增强"走在前、做示范"的思想自觉、政治自觉和行动自觉。深入贯彻落实习近平总书记关于推动长江经济带发展的系列重要论述和对江苏工作的重要指示精神，从坚定拥护"两个确立"、坚决做到"两个维护"的政治高度，增强思想自觉、政治自觉和行动自觉。牢固树立争先意识和标杆意识，牢牢把握新目标新要求，以强烈的使命感和责任感统筹推进生态环境高水平保护和经济社会高质量发展，为全流域"共抓大保护、不搞大开发"贡献江苏智慧和力量。

必须坚持久久为功，以钉钉子精神统筹推进各地区各领域改革和发展。推动长江经济带发展是一项系统工程，涉及经济社会发展各个领域，不可能毕其功于一役。着眼长远发展，以"功成不必在我"的境界和"功成必定有我"的担当，做好顶层设计，注重统筹规划和整体联动。全面总结典型案例和成功经验，及时复制推广。坚定一张蓝图干到底的信念，针对难点堵点追根溯源、对症下药，脚踏实地抓成效，积小胜为大胜，确保经得起检验。

必须做好"共"字文章，构建"一体保护、协同治理、齐抓共管"新格局。理顺部门职责，整合各类资源，健全工作机制是形成长江大保护工作合力的关键。各级党委、政府领导全面落实"党政同责、一岗双责"和"管行业必须管环保"的要求，明确各相关部门的职责分工和工作任务，完善多元主体参与机制，真正形成"党委政府统领全局、生态环境部门统一

监管、相关部门各司其职、全社会齐抓共管"的新格局。从生态系统整体
性和流域系统性出发，推进长江上中下游、江河湖库、左右岸、干支流协同
治理，建立"共商、共管、共治、共建、共享、共赢"的体制机制。

七　深入推动长江经济带高质量发展*

推动长江经济带发展是习近平总书记亲自谋划、亲自部署、亲自推动的
关系国家发展全局的重大战略。习近平总书记强调，要全面把握新发展阶段
的新任务新要求，坚定不移贯彻新发展理念、构建新发展格局，把保护生态
环境摆在更加突出的位置，推动长江经济带经济社会高质量发展、可持续发
展。进入新发展阶段，长江经济带应在践行新发展理念、构建新发展格局、
推动高质量发展中发挥着重要作用，成为我国生态优先绿色发展的主战场、
畅通国内国际双循环的主动脉、引领经济高质量发展的主力军。

（一）科学把握新形势新任务

习近平总书记指出，长江是中华民族的母亲河，也是中华民族发展的重
要支撑；推动长江经济带发展必须从中华民族长远利益考虑，把修复长江生
态环境摆在压倒性位置，共抓大保护、不搞大开发，努力把长江经济带建设
成为生态更优美、交通更顺畅、经济更协调、市场更统一、机制更科学的黄
金经济带，探索出一条生态优先、绿色发展新路子。党的十八大以来，以
习近平同志为核心的党中央高度重视长江经济带发展，长江经济带生态环境
保护发生了转折性变化，经济社会发展取得了历史性成就。

我国经济已由高速增长阶段转向高质量发展阶段。新形势下，科学研判
长江经济带高质量发展所面临的新任务，是坚定不移贯彻新发展理念、构建
新发展格局的现实依据。长江经济带覆盖沿江 11 省市，横跨我国东中西三
大板块，人口规模和经济总量约占全国近半壁江山，生态地位突出，发展潜
力巨大。推动长江经济带高质量发展必须从中华民族长远利益考虑，把修复

---

* 成长春，江苏省习近平新时代中国特色社会主义思想研究中心南通大学基地特约研究员，南
通大学江苏长江经济带研究院院长兼首席专家、教授、博士生导师；杨凤华，南通大学江苏
长江经济带研究院常务副院长、教授。本部分内容发表于《经济日报》2023 年 3 月 5 日。

长江生态环境摆在压倒性位置，共抓大保护、不搞大开发，谱写生态优先绿色发展新篇章，打造区域协调发展新样板，构筑高水平对外开放新高地，塑造创新驱动发展新优势，绘就山水人城和谐相融新画卷。

（二）坚定不移贯彻新发展理念

发展理念是发展行动的先导。新发展理念是我国经济发展的指导原则，是新发展阶段切实解决好长江流域各省市发展不平衡不协调问题，使长江经济带成为引领我国经济高质量发展主力军的根本遵循。

以创新发展解决发展动力问题。发展动力决定发展速度、效能、可持续性。要着力实施创新驱动发展战略，把长江经济带得天独厚的科研优势、人才优势转化为发展优势。加快建设实体经济、科技创新、现代金融、人力资源协同发展的产业体系，把长江经济带打造成为引领全国转型发展的创新驱动带。

以协调发展解决发展不平衡不协调问题。深刻理解实施区域协调发展战略的要义，完整准确落实区域协调发展战略，促进跨区域基础设施互联互通、流域管理统筹协调，推动劳动力、资本、技术等要素跨区域自由流动和优化配置，把长江经济带打造成为东中西互动合作的协调发展带。

以绿色发展解决人与自然和谐共生问题。推动长江经济带探索生态优先、绿色发展的新路子，关键是要处理好"绿水青山"和"金山银山"的关系。要坚持在发展中保护、在保护中发展，使绿水青山产生巨大生态效益、经济效益、社会效益，把长江经济带打造成为生态文明建设的先行示范带。

以开放发展解决内外联动问题。用好海陆双向开放的区位资源，强化沿江重要节点城市的作用，加快与周边国家和地区基础设施互联互通，加快内陆开放型经济高地建设，坚持"引进来"和"走出去"并重，充分利用国内国际两个市场、两种资源，将长江经济带建设成为具有全球影响力的内河经济带。

以共享发展解决社会公平正义问题。长江经济带发展要坚持协同联动、共建共享。要提升人民生活品质，提高人民收入水平，加大就业、教育、社保、医疗投入力度，促进便利共享，使发展成果更多更公平地惠及全体人民，朝着共同富裕方向稳步前进。

（三）助力构建新发展格局

构建以国内大循环为主体、国内国际双循环相互促进的新发展格局，是以习近平同志为核心的党中央根据我国发展阶段、环境、条件变化，审时度势作出的重大决策。长江流域是连接丝绸之路经济带和21世纪海上丝绸之路的重要纽带，是我国推动形成全面开放新格局的重要区域。

为畅通国内经济循环，要推进上中下游协同联动发展，强化生态环境、基础设施、公共服务共建共享，引导下游地区资金、技术、劳动密集型产业向中上游地区有序转移，留住产业链关键环节。构建统一开放有序的运输市场，优化调整运输结构，创新运输组织模式。

为畅通国际经济循环，要统筹沿海沿江沿边和内陆开放，加快培育更多内陆开放高地，沿江省市要找准各自定位，主动向全球开放市场，实现高质量"引进来"和高水平"走出去"。推动长江经济带发展和共建"一带一路"相融合，扩大投资和贸易，促进人文交流和民心相通。

（四）谱写高质量发展新篇章

近年来，长江经济带发展总体平稳、结构优化，人民生活水平显著提高，实现了在发展中保护、在保护中发展。下一步，要继续坚定不移地贯彻新发展理念，推动长江经济带高质量发展。谱写生态优先绿色发展新篇章，必须牢固树立和践行"绿水青山就是金山银山"的理念，加强生态环境系统保护修复，完善生态产品价值实现机制，站在人与自然和谐共生的高度谋划发展，推动经济社会发展全面绿色转型；打造区域协调发展新样板，优化重大生产力布局，推进上中下游协同联动发展，发挥产业协同联动整体优势；构筑高水平对外开放新高地，充分发挥集沿海、沿江、沿边、内陆开放于一体的东西双向开放优势，加快构筑与长江经济带更高水平开放相匹配的监管和风险防控体系；塑造创新驱动发展新优势，提升长三角城市群创新策源能力和全球资源配置能力，打造具有国际竞争力的先进制造业集群，加强长江经济带上中下游区域协同，推动产业有序转移和创新资源开放共享；绘就山水人城和谐相融新画卷，要把长江文化保护好、传承好、弘扬好，延续历史文脉，坚定文化自信，推动优秀传统文化创造性转化、创新性发展，推进长江历史文化、山水文化与城乡发展相融合。

八　瞄准三个关键，推动长三角更高质量一体化发展[*]

推动长三角一体化发展是习近平总书记亲自谋划、亲自部署、亲自推动的重大国家战略。2023 年是长三角一体化发展上升为国家战略的 5 周年。6 月 5~6 日，2023 年度长三角地区主要领导座谈会在安徽省合肥市举行。站在新的历史起点上，推动长三角更高质量一体化发展，就必须瞄准三个关键——世界级、一体化和高质量。

（一）以世界级眼光打造长三角国际品牌

打造世界级城市群。长三角区域内城市密集、同城化基础良好，但发展很不平衡，包含着较大范围的农村。要坚持共建共享，推进城乡区域协调性均衡发展；坚持内外联动，构建国家重大区域战略协同格局；坚持协同创新，加速建设世界级城市群。发挥上海龙头带动的核心作用和区域中心城市的辐射带动作用，依托交通运输网络培育形成多级多类发展轴线，构建"一核五圈四带"的网络化空间格局，共同打造世界级的发展高地、创新高地和充满活力的重要经济增长极。打造世界级港口群。健全一体化发展机制，形成合理分工、相互协作的世界级港口群。以上海港为中心，浙江、江苏港口为两翼打造具有国际竞争力的上海国际航运中心，在联运体系、绿色发展、服务高端化上要取得新突破。发挥上海组合港管委会的协调作用，在海铁联运、江海联运等方面破题多式联运，打造安全高效、便捷韧性的集疏运体系。持续完善内河高等级航道网络，拓宽海河港协作范围，提升海河联运优势。推动港航资源整合，优化港口布局，建设智慧高效、服务完备、品质领先的国际集装箱海港枢纽。打造世界级机场群。优化长三角机场群的功能格局、空

---

[*] 成长春，南通大学江苏长江经济带研究院院长、江苏省习近平新时代中国特色社会主义思想研究中心特约研究员；孟越男，博士，南通大学江苏长江经济带研究院讲师。本部分内容发表于《新华日报》2023 年 7 月 18 日。

间布局，结合南通新机场建设，巩固上海国际航空枢纽地位；优化提升杭州、南京、合肥区域航空枢纽功能，增强宁波、温州等区域航空服务能力；支持苏南硕放机场建设区域性枢纽机场；加快合肥国际航空货运集散中心、淮安航空货运枢纽建设；规划建设嘉兴航空联运中心。加快民航协同发展，形成跨界融合、层次清晰、区域一体的民航高质量发展体系。打造世界级产业集群。要根据自身特点差异化发展，加快培育世界级领军企业、建设世界级知名品牌、打造战略性新兴产业领域"隐形冠军"，提升领军企业在产业链布局、核心技术路线选择、行业规则制定上的话语权，提升长三角产业集群在全球产业链和价值链中的地位。加强横向产业布局协同、强化纵向产业链之间的协作。尤其是进入"国家队"的18个先进制造业集群要构筑产业链上下游企业共同体，将全产业链工厂打造成为具有全球竞争力的先进制造业集群。

（二）以一体化机制推动长三角区域融合

提速"硬联通"、推动"大流通"、优化"大环境"，强化制度改革创新集成，加速建设一体化发展示范区。推进行政执法一体化。强化三省一市牵头单位顶层沟通、统筹协调、同步发展，构建省、市、县、街道（乡镇）"四级协作架构"，深化平级单位之间协作，更加注重党建引领、执法保障、案件查处、联合执法、执法服务等六大重点领域的协作，畅通信息共享、协作互动、专家智库等六个协作机制，形成一体化推进可落地、可操作、可实践、可持续的整体发展效应。推进消费维权一体化。联动开展消费引导，拓宽高效维权渠道，强化监督形成声势。积极顺应消费升级趋势，提升传统消费，培育新型消费。同时要抓住维权痛点，依托地域相连、经济相融、文化相通的整体优势，创新工作方式和内容，充分利用好联盟平台，打造全国消费维权区域合作标杆。推进质量基础一体化。促进长三角质量提升示范点建设，建立标准化合作机制。在农产品、环境等重点领域制定区域统一标准，主导制定关键性国际标准，新建或改造华东地区最高社会公用计量标准，制定"沪苏浙皖"计量技术规范。推进港口通关一体化。深化长三角国际贸易"单一窗口"合作共建，提高企业申报效率。开展数据归集和共享合作，推动公共数据服务开放，推进跨区申报；加快推动功能性平台对接，推进单一窗口与相关政务、行业、企业的系统对接，提高数据使用效率；探索试点特色功能融合，提升长三角跨境贸易便利化水平。

（三）以高品质协同提升长三角发展格局

服务构建新发展格局。携手提升全球高端资源配置能力，实现生产要素的优化配置和功能互补。打造重大开放平台，实现自贸试验区联动发展，开展经济开发区产业互动，探索区内企业与境外经贸合作区的协同路径。共建轨道上的长三角，推动水上长三角建设，加快建设数字长三角。实现科技自立自强。合力打造长三角科技创新共同体，推进上海张江、合肥综合性国家科学中心"两心同创"，促进长三角大科学装置集群共建共享。聚焦集成电路、生物医药、人工智能等领域，推进实施联合攻关计划项目。高水平建设长三角国家技术创新中心，探索国际科技开放创新生态改革试点。加快长三角G60科创走廊、沿沪宁产业创新带建设，建设长三角国家科技成果转移转化示范区联盟。践行绿色发展理念。共同增强区域能源互济能力，加大省际的区域互济置换力度，积极推动相关特高压工程，共建绿色能源保障体系。持续巩固长江十年禁渔成果，推进新一轮太湖流域水环境综合治理。完善区域大气、水等领域环境质量监测数据共享机制，落实区域固废危废联防联治工作联席会议制度。完善突发环境事件应急联动机制。协同建设自然生态和文化旅游廊道。增进民生福祉。实现长三角区域公共图书馆、国有博物馆、A级旅游景区支持社会保障卡一卡通用，完善长三角医保协同发展机制，共建国家区域医疗中心，在养老机构等级评定、长期护理保险异地结算等方面开展长三角区域一体化试点。推进基础教育互动交流，以更高水平区域协调发展推动实现共同富裕。

九　在推进中国式现代化中走在前、做示范[*]

2023年7月，习近平总书记在江苏考察时强调，要完整准确全面贯彻新发展理念，继续在改革创新、推动高质量发展上争当表率，在服务全国构

---

[*]　成长春，江苏省政府原参事，南通大学江苏长江经济带研究院院长兼首席专家，江苏省习近平新时代中国特色社会主义思想研究中心特约研究员。本部分内容发表于《新华日报》2024年3月5日。

建新发展格局上争做示范，在率先实现社会主义现代化上走在前列。近年来，江苏全省牢牢把握习近平总书记对江苏提出的"在推进中国式现代化中走在前、做示范"重大要求，在谱写"强富美高"新江苏现代化建设新篇章上展现了新担当新作为。

（一）把推进中国式现代化作为最大的政治

2023年中央经济工作会议提出，必须把推进中国式现代化作为最大的政治。这是以习近平同志为核心的党中央在综合研判国际国内形势发展的新变化、新趋势基础上作出的科学论断。

"最大的政治"重要论断基于对中国式现代化建设基本规律的深刻洞察。习近平总书记强调，一个国家走向现代化，既要遵循现代化一般规律，更要符合本国实际，具有本国特色。从一般规律看，成功推进现代化，必须建立符合人类进步方向、适应本国国情的社会制度；必须以科技进步为主要推动力，大力发展社会生产力；必须随着经济结构和社会结构的变化，加强和创新社会治理。从共同特征看，现代化所具有的共同性特征就是工业化、城市化以及人的现代化。中国式现代化在经济、政治、文化、社会和生态文明等各个方面都打下了"中国烙印"。

"最大的政治"重要论断基于中国共产党百余年历史实践成就的全面总结。中国共产党成立以来，坚守为中国人民谋幸福、为中华民族谋复兴的初心使命，孜孜以求，带领人民对中国现代化建设进行了艰辛探索。新中国成立特别是改革开放以来，我国用几十年的时间走完西方发达国家几百年走过的工业化历程，创造了经济快速发展和社会长期稳定的奇迹。中国特色社会主义进入新时代，从明确"五位一体"总体布局和"四个全面"战略布局到确定分"两步走"全面建成社会主义现代化强国，实践证明，中国式现代化走得通、行得稳，是强国建设、民族复兴的唯一正确道路。

"最大的政治"重要论断基于对中国发展实际和长远利益的科学研判。党的二十大报告作出"我国发展面临新的战略机遇"的重大判断，同时强调"我国发展进入战略机遇和风险挑战并存、不确定难预料因素增多的时期"。"最大的政治"在不同的历史阶段呈现不同的理论意蕴和实践指向，体现了党和国家工作重心和中心路线。我国正处在转变发展方式、优化经济结构、转换增长动力的攻关期，必须基于自身建设现代化的历史进程与实践基础，审慎思考各领域现代化的战略选择，始终掌握党和国家事业发展的历史主动，引领中国式现代化巨轮乘风破浪、行稳致远。

（二）牢牢把握高质量发展这个首要任务

党的二十大报告将"实现高质量发展"作为中国式现代化的本质要求之一，明确提出"高质量发展是全面建设社会主义现代化国家的首要任务"。

高质量发展是推进中国式现代化的内在要求。习近平总书记强调，高质量发展不只是一个经济要求，而是对经济社会发展方方面面的总要求。只有以高质量发展为主题，推动质量变革、效率变革、动力变革，才能持续壮大经济实力、科技实力和综合国力。可以说，高质量发展是推进"人口规模巨大的现代化"的必要条件，是推进"全体人民共同富裕的现代化"的根本动力，是推进"物质文明和精神文明相协调的现代化"的重要基础，是推进"人与自然和谐共生的现代化"的应有之义，也是推进"走和平发展道路的现代化"的客观要求。

高质量发展是全面贯彻新发展理念的重要体现。习近平总书记强调，高质量发展就是体现新发展理念的发展。新发展理念科学回答了发展的目的、动力、方式、路径等一系列理论和实践问题，彰显了习近平经济思想在理论上的原创性贡献。高质量发展是满足人民日益增长的美好生活需要的发展，创新是其第一动力、协调是其内生特点、绿色是其普遍形态、开放是其必由之路、共享是其根本目的。

高质量发展是更好满足人民日益增长的美好生活需要的必由之路。新时代以来，以习近平同志为核心的党中央立足新发展阶段的基本国情，提出"江山就是人民，人民就是江山"，强调"必须坚持以人民为中心的发展思想，把增进人民福祉、促进人的全面发展作为发展的出发点和落脚点"。这一科学论断对当前我国经济社会工作提出了明确要求。在新发展阶段，人民群众对物质文化生活的需求更加个性化、多样化、高层次，这就要求我们通过推动高质量发展，提升人民生活品质，促进物的全面丰富和人的全面发展。

（三）江苏推动高质量发展的生动实践

江苏省委十四届五次全会明确提出，以江苏的实践成效充分展示中国式现代化的光明前景。这既是对未来的展望，也是对推进中国式现代化江苏新实践从"路线图"变为"施工图""实景图"的生动总结。

推进创新发展，建设科技强省。江苏牢记"国之大者"，统筹做好科技创新和产业创新两篇大文章，在服务国家高水平科技自立自强上积极作为。2023 年全社会研发投入强度 3.2%左右，万人发明专利拥有量达 62.1 件、连续 8 年保持全国省区第一。科技型中小企业和新获评国家级专精特新"小巨人"企业数量均居全国第一。同时，现代化产业体系建设迈出新步伐。

推进协调发展，激发内生动力。促进区域协调发展是推动高质量发展的现实要求。江苏深入推进长三角一体化发展取得新的重大突破，截至 2023 年末，江苏牵头实施 8 个长三角科技创新共同体联合攻关项目，生态绿色一体化发展示范区新增 24 项制度创新成果。持续强化"1+3"重点功能区建设，深化南北结对帮扶合作，推进基础设施互联互通，区域发展更趋协调。

推进绿色发展，建设美丽江苏。省委、省政府把美丽江苏建设作为推进中国式现代化江苏新实践的突出任务，协同推进降碳、减污、扩绿、增长。抓好长江大保护，持续深化污染治理"4+1"工程，深入实施重大生态修复工程，在国家污染防治攻坚战成效考核中连续 4 年获评优秀等级。扎实推动太湖流域控源减污、减磷控氮，2023 年湖体总磷和总氮浓度分别下降14.5%和 14.3%。出台碳达峰专项实施方案，可再生能源装机占比达 36.4%。

推进开放发展，增强经济韧性。江苏积极应对世界百年未有之大变局，推动全省开放型经济持续走在全国前列。2023 年，对共建"一带一路"国家进出口 2.25 万亿元，占比提升至 42.9%，规模和占比均为倡议提出以来的最高水平；外贸结构调整实现新突破，民营企业首超外资企业成为第一大出口主体，东盟首超欧美成为第一大贸易伙伴，首超韩国成为第一大进口来源地。实施制度型开放引领行动成效显著。

推进共享发展，促进共同富裕。江苏坚持以人民为中心，让人民共享发展成果，在高质量发展中促进共同富裕。全省强化"一老一幼"服务保障，加快完善社会保障体系，推进失业保险基金省级统收统支、工伤保险省级统筹。推动优质医疗资源扩容下沉，扩大优质教育资源供给。制定实施加快推进社会主义文化强省建设行动方案，着力健全城乡社区治理体系，平安江苏、法治江苏建设再上新台阶。

第二节　区域协调发展研究

一　区域协调发展是实现共同富裕的必然要求*

习近平总书记强调指出，全体人民共同富裕是中国式现代化的本质特征，区域协调发展是实现共同富裕的必然要求。这一明确要求，充分体现了党中央推进中国式现代化建设的坚定意志，为推动实现共同富裕指明了前进方向。实现全体人民共同富裕体现了我国社会主义制度的优越性，而区域协调发展对于促进人的全面发展、在推进高质量发展中推动共同富裕取得更为明显的实质性进展具有重要意义。

党的十八大以来，以习近平同志为核心的党中央着眼全国"一盘棋"，以深化区域协调发展推动高质量发展，我国区域协调发展战略取得了显著成效，区域发展的协调性显著增强。地区比较优势发挥更加充分，区域发展相对差距持续缩小；动力源地区引擎作用不断增强，发挥出全国经济压舱石、高质量发展动力源、改革试验田的重要作用；特殊类型地区实现振兴发展，绝对贫困问题得到历史性解决；区域协调发展目标达成度提升较为显著，在基本公共服务均等化、基础设施通达程度、人民基本生活保障等方面取得了新的进展。

<hr>

* 成长春，江苏省习近平新时代中国特色社会主义思想研究中心河海大学基地特聘研究员，南通大学江苏长江经济带研究院院长兼首席专家、教授、博士生导师。本部分内容发表于《光明日报》2023年5月16日。

实现共同富裕是一项长远目标，目前仍存在诸多需要解决的问题。区域间经济社会发展差距过大问题仍然存在，区域协调发展机制还不够完善，利益分配机制不健全严重制约发展成果共享，这些都会影响共同富裕目标的实现。

迈向新征程，实现共同富裕目标对区域协调发展提出了新要求。区域协调发展是共同富裕的经济基础，也是实现全体人民共享发展成果的必由之路。要让现代化建设成果更多更公平地惠及全体人民，关键是提高发展的平衡性、协调性、包容性，以更高水平区域协调发展推动共同富裕。

首先，以优化重大生产力布局引领共同富裕。要实现共同富裕，就必须发挥区域重大战略的引领作用。这要求我们聚焦党的二十大确立的促进区域协调发展目标，推动区域重大战略取得新的突破性进展，促进京津冀协同发展、长江经济带发展、粤港澳大湾区建设、长三角一体化发展、黄河流域生态保护和高质量发展，为共同富裕提供示范。各地区应按照主体功能定位发展，相互分工协作，以城市群、都市圈为依托构建大中小城市协调发展格局，推进以县城为重要载体的城镇化；加快构建现代乡村产业体系，发展新型农村集体经济，深入实施乡村建设行动，促进共同富裕。

其次，以区域优势互补推动高质量发展、助推共同富裕。一方面，应扩大消费市场。以高质量供给创造和引领需求，使生产、分配、流通、消费各环节更加畅通，巩固和扩展市场资源优势，使建设超大规模的国内市场成为可持续的历史过程。落实支持出口产品转内销的意见，扩大"同线同标同质"产品适用范围。另一方面，应畅通经济循环。提升畅通国内国际"双循环"的门户枢纽功能，进一步扩大东西双向开放，用"经济距离"刷新地理距离。完善贸易促进计划，让市场主体更好地融入"双循环"，为更好地实现共同富裕目标作出积极贡献。

最后，以区域体制机制创新保障共同富裕。实现共同富裕要求破除城乡二元结构，建立健全城乡融合发展体制机制。这要求我们进一步加强要素市场化配置体制机制建设，增强城乡要素有序流动活力，促进要素在城乡间持续顺畅流动。建立健全现代农业技术服务市场化运行机制，切实提高农业从业人员科技素质和技能。以城乡融合发展需求为导向，扩大乡村数据资源供给，更好地满足城乡数字消费需求。建立健全各级各类跨区域合作协调机制，着力形成区域间合作共赢发展新局面。完善三次分配机制。正确处理好发展与分配、效率和公平、先富与后富的关系，扩大中等收入群体，增加低收入群体收入。在高质量发展中促进人的全面发展，使全体人民共同富裕目标取得更为明显的实质性进展。

二 锚定"百姓富"目标，实现人民共同富裕[*]

百姓富，体现在物质生活富足、精神生活富有、全体人民共同富裕。近年来，江苏经济与社会发展步伐进一步加快，区域间发展差距进一步缩小，为实现"百姓富"目标作出了卓越贡献。

（一）城乡居民收入稳步提升

收入绝对值快速增加。2023 年，江苏全体居民人均可支配收入 52674 元，比上年增长 5.6%。其中，工资性收入 30054 元，同比增长 6.9%；经营净收入 6645 元，同比增长 3.5%；财产净收入 5417 元，同比增长 1.2%；转移净收入 10557 元，同比增长 5.9%。按常住地分，城镇居民人均可支配收入 63211 元，同比增长 5.0%；农村居民人均可支配收入 30488 元，同比增长 7.0%。城乡收入差距显著缩小。十多年来，江苏居民人均可支配收入翻了一番，城镇居民、农村居民收入均居全国前列，"百姓富"的成果更加丰硕，高品质生活成为新的追求。2023 年，全省农村居民收入达到 3 万元，增速连续多年快于城镇居民，城乡收入比缩小到 2.07∶1，是全国城乡收入差距最小的省份之一。截至 2022 年底，全省村组集体资产近 4500 亿元，村级集体经营性收入总量超 374 亿元，村均集体经营性收入超 220 万元。居民消费能力持续增强。全省居民人均消费支

---

* 孟越男，博士，南通大学江苏长江经济带研究院讲师。本部分内容发表于《新华日报》2024 年 3 月 5 日。

出由 2012 年的 16500 元增加至 2023 年的 35491 元。其中，城镇居民人均生活消费支出由 20573 元增加至 40461 元，农村居民人均生活消费支出由 9921 元增加至 25029 元。2023 年，全省城镇新增就业 138.3 万人，同比增长 5.1%。此外，2021 年全省社会消费品零售总额首次突破 4 万亿元大关，至 2023 年底已达到 45547.5 亿元，总量位居全国第二。

（二）民生福祉获得显著改善

创新落实基层功能配置标准。在全国首创基层基本公共服务功能配置标准（试行），明确乡镇、街道、建制村、城市社区、自然村、居住小区等 6 类空间单元的配置标准，把重点放在老百姓家门口看得见、摸得着、用得上的公共服务项目上，增强城乡居民的获得感和满意度。根据监测评估情况，全省基层功能配置标准总体实现度在 90% 以上，苏南、苏中、苏北地区分别达 91%、93% 和 88%。2023 年初，省发改委、省财政厅联合印发《江苏省基本公共服务实施标准（2023 年版）》，修订后的江苏标准明确了各级政府兜底保障的基本公共服务范围与标准。城乡、区域、群体间基本公共服务均等化水平持续提升。90% 以上的义务教育学校总体达到省定办学标准，义务教育巩固率 100%；基本做到每个建制乡镇 1 所公办卫生院、每个行政村 1 个村卫生室；城乡居民基本养老保险基础养老金省定最低标准由每人每月 173 元提高到 187 元；城乡居民医保财政补助最低标准提高到每人每年 670 元；全面实现以设区市为单位的城乡低保标准一体化。富民强村帮促行动深入开展。2021 年，江苏出台《关于开展富民强村帮促行动接续推进乡村全面振兴的实施意见》，聚焦重点帮促县、重点片区、省定乡村振兴重点帮促村和农村低收入人口，落实"四个不摘"要求，明确"十四五"帮促工作的战略定位、目标任务、政策举措和工作机制。协调推动各部门出台衔接政策，形成"1+29"帮促政策体系。通过强化用地政策支持、强化资金项目倾斜、强化兜底保障扶持等手段，持续加大对新型农村集体经济发展的支持力度。

（三）县城辐射带动功能增强

县域经济基础厚实。县域经济是江苏宏观经济中的重要活力肌体，也是江苏城乡协调发展的有力支撑。工信部赛迪顾问县域经济研究中心发布的《2023 中国县域经济百强研究》显示，全国百强县江苏占 23 席，前十强中江苏占 6 席，昆山、江阴、张家港、常熟包揽前四，太仓与宜兴分列第 6 位与第 9 位。2022 年长三角各个设区市经济数据显示，江苏 21 个县（市、区）跻身"千亿俱乐部"。2022 年，昆山完成地区生产总值 5006.7 亿元，成为全国首个 GDP 突破 5000 亿元的县级市。昆山开发区从 1984 年"自费开发"，到 1992 年升格为国家级，再到如今稳居全国经开区综合实力前五，成就了一个改革开放、创新发展的传奇。昆山，这个被誉为"地表最强"的县，已雄踞中国百强县榜首 19 年，为全国县域经济发展树立了标杆。县域高质量发展不断推进。十多年来，县域在高质量发展进程中不断实践和突破，涌现出一批高质量发展的典型代表，对推进区域协同融合发展、实现共同富裕起到了先导作用。比如盐城的"东台现象"表现为在县域经济发展中确立高质量发展的"一个核心思想"；邳州市对标省"六个高质量"要求，荣获"全省推进高质量发展先进县（市、区）"称号。县城辐射带动乡村能力逐步提高。江苏积极推进县城基础设施和公共服务向乡村延伸覆盖、优质资源不断下沉，逐步缩小县城与中心城市在基本公共服务设施上的差距，促进城乡融合发展。2020 年东海、海门、溧阳等 10 个县（市、区）入选国家发改委县城新型城镇化示范建设名单，率先展开县城城镇化补短板强弱项探索。

三 全面融入国家发展战略，积极促进区域协调发展[*]

促进区域协调发展是实现中国式现代化的关键支撑，是加快构建新发展格局、着力推动高质量发展的重要内容。2023 年 3 月 5 日，习近平总书记参加十四届全国人大二次会议江苏代表团审议时强调，江苏要全面融入和服务长江经济带发展和长三角一体化发展战略，加强同其他区域发展战略和区

---

[*] 成长春，南通大学江苏长江经济带研究院院长，江苏省习近平新时代中国特色社会主义思想研究中心特约研究员。本部分内容发表于《新华日报》2024 年 3 月 12 日。

域重大战略的对接，在更大范围内联动构建创新链、产业链、供应链，更好地发挥经济大省对区域乃至全国发展的辐射带动力。发展新质生产力必须与地区情况相适配，要知己也要知全局，牢牢把握自身在国家发展大局中的战略定位，将习近平总书记的最新指示精神细化落实到"区域互补、跨江融合、南北联动"的实践中去，促进区域协调发展向更高水平和更高质量迈进。

全面融入和服务长江经济带发展和长三角一体化发展战略。更高水平推进长江大保护。多措并举推进长江江苏段全域治理制度化常态化。加强统筹谋划，把 13 个设区市一体纳入、明确共抓长江大保护责任。坚持目标导向、问题导向相结合，深入实施重大生态修复工程。统筹推进长江流域和大运河流域生态环境保护修复，推动多项制度创新成果落地，在生态产品价值实现方面走在前列。推动流域治理跨省协作、污染物联防联控，统筹水工程统一联合调度和跨地区能源合作，促进"美丽风景"变为"美丽经济"。

协同推进长江经济带高质量发展。进一步推动长江经济带高质量发展的政策措施落地，着力打造产业转型创新、绿色现代航运等先行段示范段。深入推进产业结构调整，推动创新链产业链双向融合，促进先进制造业集群、现代服务业集聚、沿江产业加快迈向中高端。对标高质量、激活新动能，着力打造协调联动的"绿色高效经济体"，奋力谱写与江共生、拥江发展新篇章。

高质量推进长三角一体化发展。更高水平建设长三角生态绿色一体化发展示范区。建好用好先进技术成果长三角转化中心，推进沿沪宁产业创新带、宁杭生态经济带、G60 科创走廊、长三角一体化产业发展基地建设，推动沿海港口与上海国际航运中心枢纽融合发展。支持异地专业化服务机构加入科技资源统筹服务共同体，实现技术资源互通共享发展。

全力推动长江口产业创新协同区建设。促进高水平跨江融合，加快高质量向海发展，以产业创新协同为重点，推动苏南等地的优质高端要素集聚并沿江向西、沿海向北流动传导，促进区域协调发展。着力推动长江口产业创新协同区北岸先行区建设尽快取得突破性进展和标志性成果，积极策应上海"五个中心"建设，参与上海"四大功能"分工协作，贡献长板、融合发展。

更加主动地对接其他区域发展战略和区域重大战略。高质量共建"一带一路"走深走实。立足新起点，以承东启西、江海联动的交汇优势，加快推进陆海新通道建设，打造新亚欧陆海联运通道标杆示范。构筑高能级开放平台，打造双向开放新支点。优化升级"重资产投资运营""轻资产管理输出"模式，提升园区建设水平，共建全面开放新高地。坚持从"大进大出"到"优进优出"，优化丝路贸易结构。主动整合国内国际"两种资源"，促进进口与出口、引进外资与对外投资协调发展，积极拓展共建"一带一路"国家市场，开拓全球经贸合作新空间。

推进新型城镇化战略和乡村振兴战略。推进完整社区建设、城镇老旧小区改造和城市生命线安全等工程，加快城市更新步伐。推动城市数字化转型，打造宜居、韧性、智慧城市。推动农业转移人口市民化，以农业农村特色优势资源为依托，坚持"以工促农"路径，发展特色富民产业，推广宁锡常接合片区国家城乡融合发展试验区改革经验，带动乡村全面振兴。

着力推动区域协调发展战略。进一步提升发展整体性、协调性，深化"1+3"重点功能区建设。以跨江融合为重点推动扬子江城市群全面转型升级，以提升城市能级为重点建设淮海经济区中心城市，以港产城融合为重点推动沿海地区高质量发展，以永续发展的"绿心"为重点建设江淮生态经济区。加强南北结对帮扶和产业链合作，高质量建设南北共建园区。

放大对口支援协作合作成效。深入贯彻国家东西部协作部署要求，尽江苏所能，满足对口地区所需，通过集中优势资源支持重点区域、加强园区共建聚力产业协作、线上线下齐发力深化消费协作、深挖合作潜力助力劳务协作等手段，全力做好支援协作合作工作，努力打造一批群众满意的优质工程，打造一支留得住、能战斗、带不走的干部人才队伍，探索"政府引导、市场主导、社会参与"的可持续帮扶模式，为全国巩固拓展脱贫攻坚成果、推进乡村全面振兴贡献江苏力量。

更加主动联动其他省市构建创新链、产业链、供应链。共建高水平重大创新基地平台。高水平共推长三角国家技术创新中心及若干分中心建设，优化新型科研机构治理体系，组织一批关键技术攻关项目，构建技术创新与成果转化的合作网络，打通重大基础研究、成果产业化的关键环节，构建风险共担、收益共享、多元主体协同的创新共同体。

共促产业链深度融合。以江苏国家级先进制造业集群为重点，开展跨省域产业链协同培育试点，进一步完善产业、创新、财政、金融、区域和公共服务等集群政策支持体系，深化集群间研发攻关、市场开拓、技术标准和人才培养的合作。协同更新长三角产业链图谱，并基于此继续实施长三角补链固链强链计划，带动产业链配套企业落地长三角，着力形成自主可控、安全高效并为全国服务的产业链。

共筑安全稳定供应链体系。完善长三角供应链体系是锻造优势产业核心竞争力的关键所在，充分发挥链主企业在招商引资中的关键作用，绘制供应链招商图谱，分析重点产品上下游协作关系，精准招引关键环节、核心部件、重点材料项目，进一步加强全球互联互通，让要素循环更加畅通便捷、有效配置。着力提升产业链供应链安全稳定水平，形成自主可控、稳定畅通、安全可靠的产业链供应链。

江苏拥有产业基础坚实、科教资源丰富、营商环境优良、市场规模巨大等优势，有能力也有责任在推进中国式现代化中走在前、做示范。在全国"一盘棋"格局中，以一域之光为全局添彩，以一省之力为全国高质量发展探路，是江苏肩负的重大责任、光荣使命。要"牢牢把握高质量发展这个首要任务，因地制宜发展新质生产力"，更好地发挥经济大省对区域乃至全国发展的辐射带动力，共同书写中国式现代化建设新篇章。

四　推进乡村全面振兴不断取得新成效*

2024年中央一号文件首次明确了推进乡村全面振兴在"三农"工作中的地位和作用，标志着我国"三农"工作进入了推进乡村全面振兴新阶段。2023年的省委一号文件锚定"在推进农业现代化上走在前、高水平建设农

＊　张秀萍，江苏省习近平新时代中国特色社会主义思想研究中心南通大学基地副教授；成长春，南通大学江苏长江经济带研究院院长，江苏乡村振兴智库研究院首任院长。本部分内容发表于《新华日报》2024年4月9日。

业强省"目标，对乡村全面振兴作出部署。近年来，全省坚持以习近平新时代中国特色社会主义思想为指导，深入贯彻落实党的二十大精神以及中央农村工作会议要求，在全面实施乡村振兴战略上取得显著成效。

2024年是实施"十四五"规划的关键之年，要深入贯彻习近平总书记对"三农"工作的重要指示精神，坚决落实"在推进农业现代化上走在前"重大任务，锚定高水平建设农业强省目标，学习运用"千万工程"经验，严守耕地红线确保粮食安全，加强农业一二三产业融合发展，打造高质量生产经营队伍，提升乡村治理水平，实施乡村文明建设，努力在推进乡村全面振兴新征程中"走在前、做示范"。

提质增效，筑牢粮食安全"耕基"。保障粮食安全，最根本的就是要严守耕地红线和粮食底线。一方面，要加强顶层设计，切实写好耕地保数量的文章。严防耕地"非农化""非粮化"，坚决实行最严格的耕地保护制度，完善耕地保护责任长效机制。拓展增量空间，加大对盐碱地的综合开发利用力度，深化与农业科研院所和高等院校的合作，培育耐盐作物新品种。严格禁止耕地抛荒，加强新增耕地的后期管护。健全种粮农民收益保障机制，加大补贴力度。另一方面，加大科技对农业的支撑力度，切实做好耕地保质量的文章。发展精准农业，如利用遥感技术监测土壤及植物病虫害等情况，强化耕地保护科技支撑。继续支持改造提升高标准农田，用更现代化的方式实现高效耕作。推进实施耕地轮作休耕制度，推进农业废弃物可循环利用，促进农业可持续发展。

产业融合，拓宽农民增收渠道。发展农业新质生产力，不断探索农业新模式。一方面，巩固和完善农村基本经营制度，积极探索农村集体经济发展和农民增收的新路径、新模式。引导集体经济与国有资本、民营资本开展多种合作，形成"公司+农户""公司+农民合作社+农户"等多种类型的农业现代化经营模式。多渠道增加农民财产性收入，深化农村土地"三权分置"改革，盘活用好农村资源要素，完善征地补偿机制，提高非农就业能力和收入。完善富民创业担保贷款贴息、创业补贴以及用地和税收优惠政策，支持农民工等人员返乡创业。另一方面，培育新产业新业态新模式，推动农村一二三产业融合发展。引导各类农业经营主体与乡村产业深度融合。进一步优化农产品结构，扩大有效供给，争取打造"镇镇有特色、村村有品牌"优质农产品项目。树立"全产业链"理念，积极推动农产品新业态、新模式生产及销售一条龙服务，重点发展"互联网+"现代农业，运用现代电商营销模式拓宽农产品销售渠道，增加农民收入渠道。

健全机制，提高农民专业素质。全面推进乡村振兴战略关键依靠人才。一方面，多管齐下，加快新型农业人才培训。加强对农村劳动力的系统性培训，比如销售服务、现代信息以及数字技术应用等，培养农村青壮年劳动力成为科技兴农的主力军。加大对农村劳动力的技能培训力度，比如农业种植、林果、畜牧、水产养殖及其加工等领域的专业技能，探索开展职业农民职称评定，按等级给予补贴。另一方面，加强保障，健全乡村人才培育机制。有序引导大学生及城市各类专业技术人才下乡服务，完善对创富典型、种养能手、大专及以上学历人员特别是高层次人才和急需紧缺专业人才的补贴政策。实施定向委培，联合一些涉农院校共同开展集学历化、专业化、职业化于一体的"订单式"校地联合培养，着力提升基层农业农村人才数量和质量。

强化载体，丰富农村文化内涵。瞄准"农村基本具备现代生活条件"目标，一方面，要加大硬件设施投入力度，完善乡村文化基础设施，满足村民基本文化需求。通过村集体投入、引入社会资本等多种形式，提升公共文化数字化水平。促进城市与乡村建设对接，让农民享有更多、更丰富的文化资源。另一方面，坚持物质文明和精神文明一起抓，挖掘乡村的价值认同和文化优势。修缮和保护古民居、寺庙、祠堂等建筑，修建村史馆，收集、保存和展示乡村的古代文物、农具、传统手工艺品等传统文化遗产，增强村民对乡村历史和传统的认同感。开展农事教育、耕作体验等活动，让市民和青少年亲身感受民俗风情，推动城乡交流。增强农民文化建设的主体意识，传承和保护乡村优秀农耕文化，特别是对民风民俗、戏曲典故等非物质文化的传承和保护。加强乡村文化队伍建设，创新开展富有农耕农趣农味的农村文化活动，举办农民文化艺术节，提升农民参与乡村振兴的积极性，激活乡村振兴的内生动力。

创新理念，健全基层党组织。要办好农村的事，必须强化农村基层党组织建设，充分发挥基层党组织战斗堡垒作用。一方面，以增强基层党组织组织力为着力点推进党建引领基层治理。对于基层党组织基础薄弱的农村，通过跨村组建联合党组织等形式，深入推进抓党建促乡村振兴。坚持以人民为中心，着力解决好人民群众最关心最直接最现实的利益问题，稳步提升乡村治理水平。另一方面，完善农村基层干部选拔任用制度，着力提拔政治素质过硬、专业知识扎实、致富能力突出的党员担当"领头羊"。积极培养致力于乡村振兴事业的年轻人才，培养造就一支懂农业、爱农村、爱农民的农村基层干部队伍。

五　长江经济带建设应重视城市群[*]

长江经济带上的共建"一带一路"支点，应具备"贸易与投资合作""国际交通和物流通道""人文交流互鉴服务""制度型开放引领""绿色发展示范"五大主要功能。

长江是中华民族的母亲河，长江经济带发展事关全国发展大局。

依托长江黄金水道，加快长江经济带上的共建"一带一路"支点建设，不仅是构建"双循环"新发展格局的客观需要，也是发挥长江经济带发展战略、共建"一带一路"倡议和长三角区域一体化发展战略叠加优势的现实需要。

同时，在外部环境不确定性增加的背景下，需要更明晰的思路、更有力的抓手、更有效的措施，以城市群作为战略支点空间单元，在更好发挥长江经济带主动脉优势中，探索流域经济高质量发展的新样板、新机制。

当下，长江经济带上共建"一带一路"的支点建设还面临一些制约因素，如对"支点"的认识不统一。调研发现，政界、学界对长江经济带上

---

[*] 成长春，南通大学江苏长江经济带研究院院长兼首席专家、教授、博士生导师。本部分内容发表于新华社客户端，2024年4月15日。

共建"一带一路"的支点理解存在一些差异,从城市、自贸区、港口到境内外经贸合作园区、产业集聚区等,都存在被视为战略支点的情形。但共建"一带一路"对资金、技术、人才和产业支撑等需求巨大,远不是一个城市所能撬动和支撑的。

区域产业分工与合作可以进一步深化。长江经济带三大城市群内部产业分工和合作相对紧密,但长江经济带由东向西产业梯度分工、有序转移仍处在起步阶段,且依然存在部分转移的产业项目不符合内陆地区环境特征和承载能力的现象,一些高污染高能耗的东部地区项目西移。需要结合区位条件、要素禀赋、发展阶段、创新水平、通道能力等因素,在共建"一带一路"中推动长江经济带构建起多层次的产业分工和对外开放格局。

综合立体交通运输快捷通道建设有待进一步加快。沿江高铁、沿江班轮运输、连接内陆与沿江沿海港口的陆水通道和物流节点亟待加快建设;水(含江河湖海)陆空多种方式联运机制仍待完善。

面对新形势新任务,沿江 11 省市需要在跨区域"协同""联动"上下功夫,要在发挥各自特色和优势的同时,通过建立常态化协调管理机制、推进全方位紧密合作和整体联动、协同加强与"一带一路"沿线国家合作交流等,共同推动长江经济带上的共建"一带一路"的支点建设,全方位系统推进长江经济带发展和共建"一带一路"的融合。

一是共建"一带一路"的支点分层次、体系化建设。长江经济带上的共建"一带一路"的支点,应是长江经济带在推动共建"一带一路"中能发挥杠杆和重要支撑作用的空间单元,应具备"贸易与投资合作""国际交通和物流通道""人文交流互鉴服务""制度型开放引领""绿色发展示范"五大主要功能。

据此,将城市群作为战略支点空间单元更为合理,有利于消除行政区经济的壁垒,有利于推进长三角区域高质量一体化和长江经济带三大城市群协同发展。因此,长江经济带上共建"一带一路"支点的选择,应依托三大城市群,强化跨域联动,共同建设形成以"一主、两副、多节点"为特征的多层次、多功能共建"一带一路"支点(节点)网络体系。"一主"是指以上海为龙头的长三角城市群，"两副"是指成渝城市群和长江中游城市群，"一主、两副"三大城市群重点打造成长江经济带上的共建"一带一路"综合型支点；"多节点"则是按照突出特色、协作分工、靶向突破的原则，联动发挥长江经济带上若干中心城市的节点优势，分类打造长江经济带上的共建"一带一路"专门型节点。

例如，以上海港、宁波舟山港、通州湾新出海口及连云港港为组合的长三角世界级港口群，协同打造成陆水联运通道枢纽型功能支点；围绕中国义乌国际商贸城、苏州工业园区、杭州电商之都、贵阳国家级大数据综合试验区、株洲装备制造业基地，以及自由贸易试验区等，协同打造成贸易与投资合作型功能支点；围绕南京、扬州、太仓、祁门、景德镇等丝路文化源地，以及黄山、庐山、青城山—都江堰等世界文化遗产，协同打造成文化交流互鉴型功能支点。

二是持续强化国内国际大通道建设。加快推进沿江沿海港口、铁路港、航空港，以及黄金水道、战略通道和管道网络建设，打通水陆空多式联运的堵点，持续推进运输结构调整和沿江省市通关一体化改革，建立更加便捷高效的综合交通运输体系。例如，加快长三角以上海为中心的世界级港口群、机场群、铁路枢纽群及联动机制建设，深入推进长三角交通运输一体化。

在上游地区，推动成都、重庆、昆明空港规划衔接、分工协作，聚力打造西部国际航空枢纽；依托自贸区优势，提升宜宾港、重庆港、水富港等的发展能级。在中游地区，加快建设三峡枢纽第二通道，加快推进长江中游"645"航道整治工程，加快建设鄂州货运机场枢纽，提升武汉港、岳阳港、九江港等的发展能级。在下游地区，加快补齐上海港、宁波舟山港集装箱集疏运短板，加快提升通州湾集装箱运输、LNG（液化天然气）接泊能力，系统优化长三角港口群功能分工；加快南通新机场建设，形成上海—南通客货机场有机组合体，提升上海国际性航空枢纽的发展能级。

三是积极推进"一带一路"沿线境外经贸合作园区建设。支持引导长江经济带以城市群为单元，成立若干共建"一带一路"优势产业联盟，如

"一带一路"职业教育联盟、各类优势制造业集群产业联盟、农业科技型企业联盟、跨境电商企业联盟、生产性服务业联盟等，鼓励产业联盟企业、产业链上下游企业抱团"走出去"。充分发挥长江经济带各省市在产业园区建设、运营管理等方面的优势，共建高标准境外经贸合作园区，合力打造成"一带一路"贸易和投资合作的核心载体。

四是加快建设长江经济带上"一带一路"云端大数据服务平台。运用可选择的多种国际语言一站式系统展示沿江 11 省市、三大城市群的共建"一带一路"政策信息，以及子服务平台、共建项目和企业信息，以期更好地吸引全球资源参与共建"一带一路"，全力放大长江经济带联动共建"一带一路"品牌效应。

五是加快推动制度型开放走深走实。对标国际高标准经贸规则，依托沿线自贸试验区，在服务贸易、电子商务、知识产权等领域加强改革探索，积极开展先行先试。

六　学习借鉴"千万工程"经验，推动长江经济带地区建设宜居宜业和美乡村*

2024 年两会政府工作报告指出，学习借鉴"千村示范、万村整治"工程经验，因地制宜、分类施策，循序渐进、久久为功，推动乡村全面振兴不断取得实质性进展、阶段性成果。"千村示范、万村整治"是习近平总书记在浙江工作期间，亲自谋划、亲自部署、亲自推动的一项重大决策。"千万工程"在乡村建设和乡村产业、乡村治理、乡村经营等方面的系统经验，值得长江经济带的广大乡村地区借鉴和学习。

（一）在长江经济带推广"千万工程"经验正当其时

长江经济带地区拥有广阔的腹地，既有古村落，又有现代乡村，其借鉴推广"千万工程"经验具备以下良好的条件。一是经济基础扎实。长江经

＊ 刘峻源，博士，南通大学江苏长江经济带研究院副研究员；杨凤华，南通大学江苏长江经济带研究院常务副院长、教授。

济带是我国重要的经济区域，拥有丰富的资源，发展潜力巨大。"千万工程"经验推广可以在这个地区的村庄建设、产业发展等方面发挥积极的作用，促进经济增长和扩大就业。二是地理条件相似。长江经济带沿江地区的地理环境和自然条件在一定程度上相似，如沿江地区在地形、气候等方面具有较高的一致性。这种相似性可以降低"千万工程"经验推广的成本，使得已有的成功经验更易于在该地区推广。三是强有力的政策支持。我国政府一直致力于推动长江经济带发展，并制定了一系列政策来支持该地区的乡村建设和产业发展。在政策层面上，政府可以提供相应的资金支持、法规保障和政策引导，进一步促进"千万工程"经验在该地区的推广应用。四是区域协同发展。长江经济带包括 11 个省份，"千万工程"经验推广可以促进区域间的协同发展。通过分享成功的"千万工程"经验，各地尤其是中上游地区可以相互学习、互通有无，形成全流域的协同效应，实现资源优化配置和产业链的互补发展，推动整个区域的共融。

由此来看，长江经济带乡村地区围绕产业融合发展、人居环境、农村基础设施、公共服务、土地资产、就业创业等方面建设宜居宜业和美乡村，将成为长江经济带践行"千万工程"经验、实现全面乡村振兴的重要举措。

（二）长江经济带借鉴"千万工程"经验的关键举措

1. 关于"千万工程"对产业兴旺带动效应的问题

产业振兴是乡村振兴的重中之重。"千万工程"的实施，为乡村产业发展提供了更多的机遇。"千万工程"促使乡村的人居环境和公共服务不断改善，为乡村资源生态优势和人文生态优势转化为经济发展优势创造了重要条件，带动了乡村产业的发展和兴旺。浙江许多乡村拥有优良的自然生态和丰富的人文生态，在实施"千万工程"过程中，通过科学规划村庄发展，盘活集体资源资产，引入社会资本和市场机制，通盘考虑村庄建设与产业经营，将生态资源与市场需求相结合，大力发展新型农村集体经济，推动产业融合、产村融合、城乡融合，既因地制宜地加快推动了乡村产业高质量发展，又增强了村集体经济的发展能力。安吉出台露营营地项目暂行管理办法，编制产业发展规划，全县露营营地增至 47 家。天台县后岸村的石料堆放场变体育馆，农房变民宿，农文旅体产业每年吸引游客超百万人次。丽水市青田县方山乡一块田，"长出"生态稻、清水鱼，"融出"种养游新产业。通过"千万工程"的引领，浙江省建成 82 条产值超 10 亿元的农业全产业链，年总产值 2575 亿元，辐射带动 478 万名农民就业创业。

以产业兴旺为驱动，发掘乡村发展新潜力。一是因地制宜培育乡村特色优势产业，不断助力生态优势转化为发展优势、美丽资源转化为美丽经济、公共产品转化为民生福利，走生态立村、美丽生财、村民共富的可持续发展道路。围绕产业生态化和生态产业化，不断让乡间"沉睡"资源变为城乡"流动"资产，努力让农业农村现代化建设成果惠及全体村民。二是加快传统农业的提档升级，提高农业生产效率。推动传统工业转型升级，发展以"低能耗、低污染、低排放"为基础的绿色工业和清洁工业等。借鉴下游相对发达地区的创新型业态发展模式，制定推动"农业+"发展方案，推进农业与加工流通、休闲旅游、文化体育、科技教育、健康养生和电子商务等深度融合，培育智慧农业、创意农业、农业众筹等新业态，构建田园综合体，创建一批国家级农村产业融合发展示范区。

2. 关于"千万工程"对生态宜居引领效应的问题

生态宜居是乡村振兴的内在要求。"千万工程"为浙江乡村带来的最直接、最明显的变化是人居设施环境改善。目前，道路与通信网络覆盖全省村庄，"污水横流"现象不复存在，垃圾分类集中处理知识基本普及，厕所革命补齐影响群众生活品质的短板，全省村容村貌大多实现绿化美化净化。浙江规划保留村生活污水治理覆盖率 100%，农村卫生厕所全覆盖，农村生活垃圾基本"零增长""零填埋"。"千万工程"的实施，还从乡村公共服务方面提高了生态宜居水平。一户一处景、一村一幅画、一线一风光、一县一品牌，浙江成为首个通过国家生态省验收的省份。台州市仙居县"化工一条江"变"最美母亲河"，生态绿道串起山水田园。2019 年起，丽水开展生态产品价值实现机制试点。发布全国首部省级 GEP 核算技术规范；取消衢州、丽水和山区 26 县 GDP 考核；设立全国首个省级"生态日"。"千万工程"对乡村生态宜居的引领效应，不仅体现在自然生态环境上，而且也体现在人居设施环境和公共服务体系的有效配套上。浙江不少村庄的公共服务由过去的服务面窄、效率低转变为服务面拓宽、效率提高。目前，数字技术赋能乡村公共服务取得了显著成效。通过乡村数字化互联网平台的打造和相关制度的构建，不少乡村建立了共享公共服务的医共体、教共体、文体中心、养老中心等，大大提高了乡村公共服务设施的利用效率、共享水平和服务能力。

以生态宜居为突破，塑造乡村建设新面貌。一是顺应人民对美好生活的期待，始终坚持以人民为中心的发展思想，想村民之所想，急村民之所急，直面农业农村发展最迫切、农民反映最强烈的农村环境问题。塑造生态宜居生活环境，以乡村人居环境整治为小切口，深入推进"垃圾革命""污水革命""厕所革命"，下大力气逐步清除农村黑臭水体，千方百计解决"室内现代化、室外脏乱差"等发展不协调问题，加大农房抗震改造力度，持续改善农村人居环境，建设宜居宜业和美乡村。二是借鉴"千万工程"经验，特别要从投入少、见效快、利民生的农村垃圾集中处理入手，先易后难、循序渐进，率先着手改水改厕、道路硬化、洁化净化、绿化亮化，再逐步拓展到农房改造、农业面源污染整治、历史文化村落保护和村庄公共服务完善等。通过"乡村公共服务节点"的合理布局和设施配置，大力改善农村水电路气信等基础设施，实现乡村地区的基本公共服务均等化。加强充电桩、冷链物流、寄递配送设施建设，促进城镇基础设施向农村延伸，实现互联互通、共建共享。

3. 关于"千万工程"对治理有效提升效应的问题

治理有效是乡村振兴的重要保障。"千万工程"的实施与深化，促进了乡村各类公共事务的发展和城乡要素的流动，也对提高乡村治理水平和能力提出了新要求。在实践中，许多乡村有效运用多类型的治理手段，对村集体、村社区进行有效治理，成功探索与实践了许多具有创新性的乡村治理方式。"千万工程"始终是"一把手"工程。党政"一把手"亲自抓、分管领导直接抓，一级抓一级，层层抓落实。绍兴市新昌县的梅渚村、梅屏村、棠村村、雅庄村、镜岭集镇，围绕一江两岸，创新"梅棠雅集"党建品牌，整合优化旅游资源，春赏花、夏避暑、秋逛绿道、冬享民俗。浙江集中打造1万家"共富工坊"，实现山区26县乡镇全覆盖、乡村振兴重点帮促村全覆盖。已累计吸纳34万多人就业。2022年7月，浙江组织"新农匠"遴选，种养、手工艺、社会化服务，一批新型人才扎根乡村、共创共富。截至2022年底，浙江实施的乡村绿领人才培育计划，累计培训高素质农民和农村实用人才130多万人；开展农创客培育工程，孵化农创客5万多名。

以治理有效为关键，激发乡村建设新动能。一是积极响应人民群众多层次、差异化、个性化的需求，始终坚持共建共治共享的现代治理理念。要求突出人民群众主体地位，从各类主体实际需求出发强化多元主体协同共治，充分发挥社会各类人才、新乡贤等群体在乡村治理中的作用，实现政府治理和社会调节、居民自治良性互动，积极推广新时代"枫桥经验""余村经验""后陈经验"，推动乡村组织振兴，打造充满活力、和谐有序的善治乡村。二是深化农村土地制度改革，启动第二轮土地承包到期后再延长30年整省试点。加快推进房地一体的农村集体建设用地和宅基地使用权确权登记工作。按照"落实集体所有权、稳定农户承包权、放活土地经营权"的总体要求，逐步完善农村承包地"三权分置"办法。推进土地制度三项改革试点，加快形成具有长江经济带流域特色的农村土地制度改革成果。加快出台设施农用地管理办法，开展全域土地综合整治试点，鼓励农业生产和村庄建设等用地复合利用。三是深入实施"千万农民素质提升工程"，培育一大批新农人、新农匠、新农商和新头雁，促使科技进乡村、资金进乡村、青年回农村、乡贤回农村，着力留住原乡人、唤回归乡人、吸引新乡人，着力培养一支懂农业、爱农村、爱农民的"三农"人才队伍。发展新型农业经营主体和开展社会化服务，培养用好乡村人才。

4. 关于"千万工程"对生活富裕推进效应的问题

乡村振兴，生活富裕是根本。"千万工程"推动了乡村产业和村集体经济的发展，不仅明显提高了村集体经济收入水平，而且还为农村居民提供了多种类型就地就近就业与增收的机会。全省农村居民人均可支配收入由

2003 年的 5400 多元提高至 2022 年的 37500 多元，连续多年居全国第一位。村级集体经济年经营性收入 50 万元以上的行政村占比过半，城乡居民收入比从 2.43∶1 缩小至 1.90∶1，是全国倍差最小的省份。靠吃"改革饭"发展起来的金华东阳市花园村，走上了以工富农、以工强村的城镇化之路，成为年营收超过 600 亿元的"村域小城市"。同时，富裕不仅体现在收入上，而且也体现在教育、医疗、文化、人居环境、基础设施等方面。通过实施"千万工程"改善了乡村公共服务体系和人居环境，对于每个村集体及其村民而言均具有共建性、普惠性和共享性的特点，这恰恰是推动共同富裕所追求的目标。

以生活富裕为根本，助力乡村居民新生活。一是顺应人民对共同富裕的向往，发展和壮大新型农村集体经济，努力探索富民实现路径。长江经济带乡村地区要进一步深化集体产权、集体林权、农垦、供销社等改革，促进新型农村集体经济发展。盘活农村集体资产，引导新型经营主体通过股份合作、产业化经营、社会化服务等多种形式，如引入产业化经营的公司+农户、公司+合作社+农户、家庭农场等经营模式和"互联网+农业"、大数据农业等新机制。大力培育专业大户、家庭农场、农民专业合作社、农业龙头企业等新型农业经营主体。二是探索土地规模化经营，稳步提高农户收入。支持农村集体经济组织通过入股、租赁等方式基于农村集体建设用地发展乡村产业。通过经营权流转、股份合作、联耕联种、农田托管等多种形式，引导土地向农业适度规模经营集中。推动集体经营性资产以股份或份额的形式量化到人、固化到户。以农民利益为出发点，让他们合理分享依托土地资产功能所产生的增值收益，如给予农民补贴、项目支持，通过土地置换获得利益等。

七　协同推进长三角制度型开放*

2022 年长三角地区出口、进口以及利用外资分别占全国的 38.0%、33.0%和

---

* 成长春，省政府原参事、江苏长江经济带研究院院长兼首席专家；黄建锋，南通大学经济与管理学院副教授。本部分内容发表于《国是咨询》2023 年第 9 期。

40.1%。2019年12月发布的《长江三角洲区域一体化发展规划纲要》明确提出要推进更高水平协同开放。长三角在制度型开放及其联动创新方面取得了显著成绩：上海自贸试验区临港新片区对标国际高标准经贸规则，改革形成了以"五自由一便利"为核心的开放制度体系；江苏成功打造了生物医药全产业链开放创新制度成果；长三角一体化示范区在跨区域企业迁移、跨区域协同招商等方面初步形成了财税分享方案；长三角政务服务"一网通办"已成功上线等。然而，协同推进制度型开放，还需要进一步厘清并回答：当前面临的主要问题和困难在哪里、协同推进的重点领域和内容有哪些以及如何实现协同。

（一）协同推进制度型开放存在的主要问题和障碍

一是长三角制度型开放总体水平与高标准国际经贸规则相比仍存在明显差距。二是制度型开放的协同推进仍处于起步阶段。三是来自长三角一体化的管理运行体制障碍。四是重点领域共建共享的利益分配机制亟待建立。

（二）深化协同推进长三角制度型开放的对策建议

1. 以自贸区为核心加强长三角开放平台的联动发展

以自贸区联动发展加快提升制度型开放水平，一是建议支持各自贸区的制度创新经验在长三角自贸区联盟内复制推广，包括各地区的其他开放平台如综保区、省级及以上开发区，部分成功经验逐步向全域开放，更大范围发挥制度创新成果效能，放大开放平台的开放溢出效应。二是对标CPTPP和《数字经济伙伴关系协定》（DEPA）等国际高标准经贸规则，依据各省份自贸区比较优势，加强合作研究，形成重点领域制度改革创新的分工与协同。例如，上海和江苏可以在打造世界级生物医药产业集群及其开放式创新方面合作联动；上海、浙江在数字产业和数字贸易、知识产权保护、"大宗商品交易及期现一体化"等方面联合探索。三是按照"上海高端服务+苏浙皖现代制造"总体思路，开展产业集群、产业链跨区域合作机制创新，共同打造长三角金融服务、科创服务、国际人才服务、高端商务服务等现代服务业和现代制造业高度聚合、开放发展新优势。例如，江苏的新一代信息技术、生物医药、高端纺织、高端装备制造等，可以借力上海自贸试验区在供应链金融、研发创新人才、跨境电商平台、会展等领域已形成的服务优势，实现江苏制造业产业链、供应链、创新链、人才链"四链"在长三角区域内的融合发展，加速向全球价值链高端攀升。四是在长三角范围内依托"自贸区+产业集群（带）"模式，共同推进高出口依存度的产业集群（链）数字化智能化，从根本上破解传统产业因成本上升外移和发达国家产业链供应链区域化、友岸化、多元化而形成的双重挤压问题。

2. 优化协同推进制度型开放的一体化发展体制机制

坚决破除制约一体化发展的行政壁垒和体制机制障碍。一是优化长三角一体化的组织管理运行体制。建议将"长三角区域合作办公室"更名升级为"长三角一体化办公室"，转设为"国家推进长三角一体化发展领导小组办公室"在长三角的专属派出机构，其行为职责属于中央行为，而非地方行为，只对推进长三角一体化发展领导小组负责，体现其职能的国家战略意志和权威性，有助于更好地统筹推进和解决一体化中的各类问题。或者次之，在"长三角区域合作办公室"基础上增加"年度工作推进轮值主席省"机制，并将轮值省（市）当年一体化工作推进绩效纳入政府考核清单。二是加强对长三角一体化相关规划、行动计划（方案）、任务清单落地执行情况的动态评估、进度考核与全过程监督。三是提高三省一市政策协同频度。对于共同建设的重大项目重大平台，三省一市应依据进度时间节点加强协调和会商会审，及时解决项目推进中存在的困难和问题。四是探索建立与重点领域一体化推进中跨区域产业转移、产业链群合作、重大基础设施共同建设运营、园区合作开发等相匹配的地区间成本共担、利益共享机制，增强各地区推进一体化的内生动力。

3. 构建紧密高效的长三角"一带一路"合作共建机制

发挥长三角城市群作为长江经济带上"一带一路"核心支点的功能优势，在推动高质量共建"一带一路"上构建系统、高效、全面的合作机制。一是合作成立长三角共建"一带一路"联盟集群，包括制造业联盟（可细分）、现代服务业联盟（可细分）、基础设施建设企业联盟、高等教育联盟、职业教育联盟等，统筹整合长三角优势资源，推动长三角先进制造业集群的产能、技术、资本等要素整装"走出去"，放大共建"一带一路"效能。在"一带一路"沿线境外经贸合作园区共建、基础设施建设、能源开发利用、跨境电商平台和海外仓建设、海外办展参展、招商引资等方面紧密合作，实现政策协同、组织协同，形成强大合力，在优势和特色产业集群领域协同打造以长三角为龙头的"一带一路"沿线区域价值链。二是强化国际化投资运营风险管理、争端解决方面的合作共建。借鉴江苏自贸试验区南京片区宁港国际商事调解中心设立运营经验，发挥上海高端商务国际化人才集聚优势，以国际商事仲裁平台建设为重点，积极培育和引入各类国际性、区域性的常设仲裁机构，共同打造国际商事争端问题保障平台服务体系。三是共同构建长三角区域内以中欧班列、面向"一带一路"沿线的港口远洋航线为重点的仓储物流、贸易运输网络，提升物流效率，降低贸易成本。如江苏可以依托连云港新亚欧陆海联运大通道，以连云港为关键节点，整合和优化省内中欧班列南京、苏州、南通等始发城市和其他接续城市的运输节点和网络，以扩大和提高省内中欧班列的开出和回程货源辐射范围和运营效率，同时注重与上海、浙江重要班列的对接融合。

4. 合力打造国际一流营商环境

第一，协同推进贸易与投资自由化便利化。一是在通关一体化基础上，推动长三角国际贸易"单一窗口"服务功能由口岸通关向口岸物流、贸易金融服务、法律服务等全链条拓展。深化货物转运、查验、保税监管等领域的一体化改革，推进铁路、公路、水路、航空等环节的信息联通共享，锚定多式联运"一单制"改革，提升贸易运输便利化水平。二是以长三角自由贸易试验区、综合保税区、开发区等开放平台为依托，发挥三省一市的比较优势，协同建立推动长三角贸易新业态新模式发展的支持政策体系，重点支持跨境电商、转口贸易、保税贸易、保税维修、离岸贸易、市场采购贸易等，打造长三角贸易新业态新模式集群发展新高地。例如，江苏可以支持连云港港、通州湾长江集装箱运输新出海口加快发展大宗商品转口贸易，以及工程机械、船舶、装备制造设备等保税维修业务；上海则重点支持离岸贸易、高价值小体积高端设备的保税维修等新业态发展。三是依托以虹桥国际开放枢纽为核心的世界级机场群、上海港为核心的世界级港口群，协同打造长三角开放高效、内外通达的现代化交通运输体系。四是提升投资自由化水平。充分利用上海经济、贸易、金融中心的禀赋和政策优势，重点在跨境投资、国际商务专业人才出入境、"服务业市场准入、国民待遇以及破除隐形壁垒"等方面最大限度地提高自由化水平，将长三角共同打造成为外商直接投资的引力场、现代服务业与服务贸易发展的排头兵。第二，最大程度降低制度性营商成本。一是协同构建创业友善型、清新和谐的营商生态，包括：规范和完善长三角涉企收费制度，建立统一的涉企收费正面清单；建立实施长三角居民个人创业经营破产法律制度；探索建立企业休眠制度、简易注销制度；等等。二是公共服务监管协同层面，加强在交通、环保、食品安全等重点领域的审批、监管与执法联动，构建统一的监管执法体系，做到标准统一、信息互换，监管互认、执法互助，实现异地协同监管，加快推进长三角市场监管一体化、海关边防港航公安等联动执法。三是借力数字长三角建设，以企业统一社会信用代码为依托，建立长三角统一的企业信用管理体系，加快构建以信用管理为核心、事中事后监管为主的市场监管机制。

第三节　绿色发展研究

一　全球机场的零碳"先锋"*

一直以来，机场都是全球碳减排领域的"深水区"。为加强全球机场碳排放管理，2009 年国际机场协会开始实施机场碳认证计划。机场碳认证计划由低到高分为 1 级至 4 级，其中达到 4 级的机场还可以通过采取碳消纳的措施进阶至最高等级 4+级，即成为全球机场中的"零碳标杆"。然而发展至今，七大洲中仅有四个大洲拥有零碳机场，这些机场在碳减排的道路上各显神通，其先进做法值得关注。

（一）欧洲：丹麦哥本哈根国际机场

哥本哈根国际机场位于丹麦首都哥本哈根市中心，是欧洲四大机场之

---

* 胡晓添，南通大学经济与管理学院副教授，江苏长江经济带研究院产业创新发展研究所兼职研究员；苏晶晶，中丹低碳发展研究院。本部分内容发表于《群众》2023 年第 16 期。

一，更是斯堪的纳维亚半岛和北欧地区最大的航空枢纽。哥本哈根国际机场启用于1925年，在零碳发展的道路上付出了很大的努力。

哥本哈根机场提出"构建一个零碳、资源循环、对环境低影响的机场"的发展愿景，2022年实施了三项碳减排措施。一是充电桩扩充计划。机场与综合公共事业集团签订协议，计划在未来数年内安装1350个充电桩，相应充电设施对乘客、员工以及机场合作伙伴开放。二是出租车管理。机场作为丹麦最大的出租车驻地，环保且零排放的交通工具是碳减排的关键，为此机场出租车管理部门专门为环保出租车提供排队优先权，取得了不错的效果。三是向净零排放转型。机场向净零排放的转型取决于两个关键问题：其一是飞机的燃料要尽可能地替代为再生能源；其二是机场要按照未来航空的要求改善基础设施。为此，哥本哈根机场率先实施"丹麦绿色燃料计划"，同时，正在推进中的可持续解决方案Alight项目已经获得欧盟专项资助。

特别要说明的是，哥本哈根机场发动全体员工共同探索碳减排的具体方法，例如，根据实际情况暂时关闭A31至A34通道，合理调控航空站、商场、办公室区域的温度，在机场停运的时候关停通风系统，在毛勒比地区关闭一半的路灯系统，以及为还没有照明系统的街道安装LED路灯。

（二）亚洲：印度班加罗尔国际机场

亚洲地区零碳机场"标杆"是班加罗尔国际机场，该机场位于印度南部卡纳塔克邦首府班加罗尔市，是一座集客运和货运于一体的国际机场，于2008年正式运营。班加罗尔国际机场将可持续性作为机场发展的重点，通过与合作伙伴以及利益相关者联动，共建一个倡导公平和环境友好的生态系统，同时为了在最大程度上减少对环境的影响，确定了"人类、地球、效益"三重底线原则。

为严格执行三重底线的要求，班加罗尔国际机场采取了多种措施来减少碳足迹，保护生态环境。一是机场设施每年产生超过1000万单位的电量，充分利用公用建筑屋顶、办公室屋顶、停车场和飞机场地面的太阳能设施；二是每年从外部购买7500万单位的可再生电力，其中太阳能电力4000万单位、风能电力2000万单位、水利电力1500万单位；三是通过采用LED照

明，节约 50 万单位的能源，班加罗尔国际机场是印度第一个全域使用 LED
照明系统的机场，不仅对飞行区的照明系统进行了更新，连周边区域的照明
均转为使用 LED 灯。此外，班加罗尔国际机场还构建了一套经过认证的环
境管理系统，包括环境管理系统标准、质量管理系统标准和能源管理系统标
准，从而实现可持续的环境管理。

（三）北美洲：美国圣地亚哥国际机场

美国圣地亚哥国际机场坐落于加利福尼亚州，是一座始建于 1928 年的
民用机场。圣地亚哥县区域机场管理局制订了专门的碳中和计划，力争成为
碳减排领域的先锋者，包括制定飞机的碳减排策略、交通工具的碳减排方
案、提升能源效率计划，以及实施包括污水、垃圾在内的废弃物处理方案。
机场管理局深刻认识到，需要与航空公司、承包商、供应商、租客、乘客一
起，共同实施碳中和计划。

圣地亚哥县区域机场管理局采取多种措施来有效减少机场运营过程中的
温室气体排放量，但他们逐渐意识到，难以通过行政强制手段来解决温室气
体问题，于是便采取了针对机场和旅客两级碳消纳方法。对于机场，机场管
理局主要利用机场碳认证计划来指导碳减排工作，主动发挥好作为行政部门
对碳排放的直接控制作用，同时大力支持第三方的碳减排工作。对于旅客，
机场管理局创新性地制订了"环境友好旅客"计划，即旅客自愿用积分抵
消的方式为航空飞行时所产生的二氧化碳排放量进行补偿，最重要的是，机
场管理局与当地零售商和景区开展合作，在圣地亚哥以及周边为"环境友
好旅客"提供折扣优惠。为保障"环境友好旅客"计划的实施，机场管理
局选择由全球知名的落基山研究所负责落实，目前落基山研究所计划将这一
成功经验拓展至全美。

（四）大洋洲：新西兰霍克斯湾机场

新西兰霍克斯湾机场是位于新西兰北岛霍克斯湾纳皮尔市郊西海岸的一
座民用机场，也是大洋洲唯一的零碳机场，正式启用于 1964 年。新西兰霍
克斯湾机场对标联合国可持续发展目标，把"可持续性"放在机场发展的
核心位置，同时持续关注可再生能源利用、废弃物减少、碳中和实现等。

霍克斯湾机场认为面对气候变化风险，政府、企业与个人均要行动起来，机场有责任发挥相应的领导力，并以此采取了一系列的改进措施。将车辆换为电动或混合动力汽车，支持航站楼和租户使用碳中和电力，使用智能电表和照明，并确保新的航站楼不使用化石燃料，同时为飞机登机口支持设备的充电设施增加地面电源。

鉴于新西兰将近20%的碳排放来自建筑物等基础设施，机场全力支持绿色建筑委员会的零碳路线，在建筑物的设计阶段就明确其低碳标准，同时对新建建筑物的碳排放量进行监测，开展零碳认证。此外，机场计划联合能源合作伙伴在跑道西侧空地上设立大型太阳能发电场，此举不仅可以帮助机场实现碳中和的愿景，而且可以推动区域的碳减排，为区域内企业甚至4000户家庭提供再生能源，从而提高整个区域的电力供应韧性。

二　厚植绿色底蕴，探索发展和保护协同共生新路径 *

2023年10月12日习近平总书记在江西南昌主持召开进一步推动长江经济带高质量发展座谈会时强调，支持生态优势地区做好生态利用文章，把生态财富转化为经济财富。生态财富是指满足人类生产和生活需要的自然对象和自然条件，是社会财富的重要组成部分。生态财富既包括可用于生产加工的自然资源，也包括由山水林田湖草沙等各类自然生态要素组成的生态体系。

习近平总书记多次强调和阐述"绿水青山就是金山银山"的理念，指明了实现发展和保护协同共生的新路径。"绿水青山"和"金山银山"正是生态财富和经济财富的形象化表达。生态系统及其提供的"绿水青山"蕴含着无穷的经济价值，能够源源不断地创造综合效益，实现经济社会可持续发展。一方面，"绿水青山"是人类赖以生存的根基，是人类经济活动的起点，是一切物质财富的源泉，也是最普惠的民生福祉。另一方面，"绿水青

* 冯俊，南通大学江苏长江经济带研究院生态与可持续发展研究所副所长；姚润林，南通大学经济与管理学院硕士研究生。本部分内容发表于《新华日报》2023年11月10日。

山"的显著稀缺性决定了其可以通过生态产业化、产业生态化和市场交易实现价值，并能够不断形成新的价值增量。

推动生态产品价值实现是促进生态财富转化为经济财富的关键。生态资源通过参与经济活动，在资源变资产、资产变资本的过程中最终转化为生态产品。生态产品根据属性不同，可分为三种类型。第一类是森林、湿地、河流、大气等具有公共产品属性的生态产品，由政府主导实施保护修复；第二类是具有私人产品属性的生态产品，包括生态农业产品、生态工业产品以及包括生态旅游在内的服务产品，可以由企业或个人通过市场交易实现价值；第三类是介于二者之间的准公共产品，需要通过多元治理实现利益最大公约数。

长江经济带具有探索生态产品价值实现路径的基础和优势。长江拥有独特的生态系统，是我国重要的生态宝库。长江流域森林资源丰富、水资源充裕、生物种类繁多。基于这些生态资源存量优势，长江经济带在推动生态产品价值实现方面的积极探索将更具规模效应和可持续性。同时，沿江各省市近年来也形成了不少具有复制推广价值的模式。江苏溧阳依托天目湖资源发展全域旅游，江西资溪依托林业资源发展有机农业和现代康养业，四川宝兴通过林业碳汇交易促进生态产品增值变现，等等。这些典型案例和成功经验都是"生态财富转化为经济财富"的生动实践。

当然，在推动生态产品价值实现的实践过程中依然普遍存在"难度量、难抵押、难交易、难变现"等共性问题。今后，沿江各省市要深入学习贯彻习近平总书记关于长江经济带高质量发展的系列重要讲话精神，积极践行"绿水青山就是金山银山"的理念，深刻认识和正确把握保护与发展的辩证关系，站在人与自然和谐共生的高度，努力探索把生态财富转化为经济财富的多元化路径。

增强优质生态产品供给能力。生态资源顺利转化为生态产品的前提是守好生态红线，提升环境质量。要贯彻落实习近平总书记的要求，毫不动摇坚持共抓大保护、不搞大开发，在高水平保护上下更大功夫。要把握流域特有的"整体性和关联性、区段性和差异性、层次性和网络性、开放性和耗散性"四个基本特征，严格落实长江保护法，优化多中心协同治理模式，统筹山水林田湖草沙系统治理，强化源头治理、综合治理，从生态优先中延伸区域绿色发展生命线，从绿色发展中增强人民群众的获得感、幸福感和安全感。

构建生态产品评价标准和认证体系。缺乏标准和认证是当前阻碍生态产品价值实现的瓶颈之一。生态产品界定模糊、目录不清、标准不明导致普通生态产品和优质生态产品在市场交易时差异不明显，影响其真实价值体现和消费者选择。为此，要在清晰界定生态产品概念内涵和外延的基础上，明确生态产品的覆盖范围，制定生态产品目录清单和评价标准，为认证溯源提供科学依据。同时，要健全生态产品交易流通全过程监管体系，推进区块链等新技术应用，实现生态产品信息可查询、质量可追溯。

拓展生态产品价值转化渠道。要建设优质农产品基地，发展生态农业和智慧农业，推进生态产品供需精准对接。要统筹长江文化的保护传承弘扬和生态文旅融合发展，以优质旅游线路串联更多长江文化、生态资源和旅游资源，在建设好长江国家文化公园的同时，形成一批具有自然山水特色和历史人文内涵的滨江城市、小城镇和美丽乡村，打造长江国际黄金旅游带。要探索耕地、湿地、林业等碳汇交易，让保护者真正受益。要发展绿色金融，鼓励打造"两山银行""湿地银行""森林银行"，更好地支持生态产品经营开发。

完善生态系统生产总值（GEP）核算办法和指标体系。开展 GEP 核算已成为沿江各地把生态财富转化为经济财富的重点工作之一。浙江在全国率先发布省级 GEP 核算标准，南京高淳建成全国首个区县级 GEP 核算标准体系等。目前，GEP 核算还存在参数缺乏数据支持、应用不成熟等问题。今后各地要进一步遵循科学性、系统性、实用性和开放性原则，为同类地区、同类生态系统建立统一和规范的核算科目提供标尺。同时，要创新 GEP 与 GDP 双核算机制，推动 GEP 进规划、进决策、进项目、进交易、进监测、进考核，让 GEP 真正成为引领高质量发展的指挥棒。

三 奋力绘就"美丽江苏"生动画卷[*]

江苏特有的"环境美"是"强富美高"新江苏现代化建设的重要内涵和鲜明标识，也是江苏更好扛起"走在前、做示范"使命担当的独特优势。近年来，江苏以习近平生态文明思想为指导，全面推进人与自然和谐共生的现代化建设，"绿水青山就是金山银山"理念成为全社会共识和行动指南，生态环境保护实现转折性变化，"美丽江苏"更加可触可感可享。

落实长江生态保护修复。习近平总书记强调，要把修复长江生态环境摆在压倒性位置，共抓大保护、不搞大开发。全省上下深刻领悟习近平总书记重要讲话精神，向"最痛处"亮剑，向"最难处"攻坚。沿江各地一体推进治污、添绿、留白，通过整治岸线、推进"4+1"工程、破解化工围江、治理船舶和尾矿库污染以及建好特色示范段、抓好禁捕退捕、提高自然湿地保护率、落实河湖长制等多重措施解决长江生态环境和生物多样性难题。2024年江苏省政府工作报告中提到，长江干流江苏段水质连续6年保持Ⅱ类，主要入江支流断面水质优Ⅲ比例达100%。被称为"微笑天使"的长江江豚"生活圈"不断扩大，出现频率显著增加，长江江苏段呈现"一江碧水两岸绿"喜人景象。

推动绿色低碳循环发展。习近平总书记强调，绿色循环低碳发展是当今时代科技革命和产业变革的方向，是最有前途的发展领域。作为制造业大省，江苏积极应对气候变化，以碳达峰专项实施方案为抓手，协同推进降碳、减污、扩绿、增长，着力提高经济增长的含金量和含绿量。江苏重视以科技创新赋能降碳减排，2023年聚焦能耗占比较高的钢铁、石化化工、建材等重点行业，推广先进节能低碳技术207项，合计节能306万吨标准煤。在国家2023年度绿色制造名单中，江苏共入选100家国家级绿色工厂、13家绿色园区、34家绿色供应链管理企业、10家国家工业产品绿色设计示范

---

[*] 冯俊，南通大学江苏长江经济带研究院生态与可持续发展研究所副所长、副研究员。本部分内容发表于《新华日报》2024年3月5日。

企业。全省大力推动能源结构优化调整，2023年可再生能源装机占比达36.4%。

建设宜居宜业美丽乡村。习近平总书记强调，要以实施乡村建设行动为抓手，改善农村人居环境，建设宜居宜业美丽乡村。江苏探索构建具有地方特色的乡村规划体系，全面推进农村人居环境整治提升。2023年江苏省重点推进农村人居环境整治提升，新改建"四好农村路"3064公里，完成农村改厕67.8万户，农村生活污水治理率达51%，建设省级特色田园乡村159个。南京统筹推进美丽乡村示范村、宜居村、特色田园乡村、田园综合体和民宿村"五村共建"；苏州推进"美丽庭院"建设，以庭院"小美"扮靓乡村"大美"；盐城实施"五全四美三治理"、制定"8+2+N"指导标准、开展"十个一"行动；宿迁聚焦"江苏生态大公园"建设，开展"房路水林田产景"一体化改善，精心绘就乡村"成长坐标"。

促进生态产品价值实现。习近平总书记强调，支持生态优势地区做好生态利用文章，把生态财富转化为经济财富。建立健全生态产品价值实现机制，是架起"绿水青山"与"金山银山"之间的桥梁，促进生态效益更好转化为经济效益、社会效益的成功密码。江苏各地尤其是各省级示范点充分考虑不同类型的生态系统功能属性，设计多样化、特色化的价值转化路径。南京高淳主导编制《生态系统生产总值（GEP）核算技术规范》，为绿水青山贴上价格标签；常州溧阳依托天目湖资源，创成国家生态旅游示范区；淮安金湖充分放大国家全域旅游示范区品牌效应，深入推进荷花荡、水上森林等重点景区价值提升；徐州贾汪把昔日采矿塌陷区修复建设成为国家湿地公园，这些生动实践都为拓宽"美丽风光"变"美丽经济"的渠道积累了宝贵经验。

江苏之美在于水，滨江临海和水网稠密的独特自然资源禀赋造就了江苏"水韵之美"。江苏之美在于深厚的文化底蕴，吴韵汉风绘成江苏"人文之美"。在"强富美高"新江苏现代化建设的总框架下，促进人与自然、人与人、人与社会的和谐融洽，应是今后一段时期推动"美丽江苏"建设的关键。为此，要站在人与自然和谐共生的高度谋划高质量发展，在现有生态保护修复"大写意"的基础上一笔一笔绘制"工笔画"，以大数据、云计算、人工智能等数字技术赋能生态环境精准治理。在此基础上，以系统思维统筹考量自然地理、人文历史、经济社会要素，探索生态文明建设与物质文明建设、精神文明建设三者相协调的新路径，促进自然禀赋和历史文化资源紧密结合。特别要将生态文明融入江苏大运河与长江国家文化公园建设中，形成生态环境之美孕育精神文明之美、精神文明之美反哺生态环境之美的良性互动格局。

四　促进经济社会发展全面绿色转型[*]

绿色是美好生活的底色，是永续发展的必要条件。习近平总书记强调，促进经济社会发展全面绿色转型是解决资源环境生态问题的基础之策，要坚持全面转型、协同转型、创新转型、安全转型，以"双碳"工作为引领，协同推进降碳、减污、扩绿、增长，把绿色发展理念贯穿于经济社会发展全过程各方面。高质量发展是全面建设社会主义现代化国家的首要任务，推动经济社会发展绿色化、低碳化是实现高质量发展的关键环节。

党的十八大以来，以习近平同志为核心的党中央把生态文明建设摆在全局工作的突出位置，美丽中国建设迈出重大步伐。同时也要看到，生态环境保护依然面临结构性、趋势性压力。新征程上促进经济社会发展全面绿色转型，必须坚持以习近平生态文明思想为指引，把实现减污降碳协同增效作为总抓手，加快推动产业结构、能源结构、交通运输结构、用地结构调整，坚持在发展中保护、在保护中发展，坚持全面转型、协同转型、创新转型、安全转型，推进生态优先、节约集约、绿色低碳发展，不断提高人民群众的获得感、幸福感、安全感。

（一）坚持全面转型，拓宽绿水青山转化为金山银山的路径

绿色发展是以资源节约、环境友好的方式促进经济增长。实现经济社会

---

[*] 成长春，江苏省习近平新时代中国特色社会主义思想研究中心特约研究员，南通大学江苏长江经济带研究院院长；何婷，河海大学马克思主义学院博士生。本部分内容发表于《光明日报》2024年4月3日。

健康可持续发展，就要寻求经济、文化、社会、生态等各方面的协调发展，真正将生态文明建设融入经济、文化和社会建设的各方面与全过程，将生态环境真正放到宏观经济治理综合决策和政策制定的重要位置上。为此，必须明确我国绿色转型发展的目标、重点领域与支持政策，推动形成经济、社会、人口与生态协调统筹发展的良好局面，推动生产方式和生活方式绿色低碳转型，推动规划、设计、投资、建设、生产、流通、消费、贸易、生活等各环节绿色化。全面建设绿色制造体系，推进产业绿色化和绿色产业化，建立健全以产业生态化和生态产业化为主体的生态经济体系，全方位全过程推行绿色规划、绿色设计、绿色投资、绿色建设、绿色生产、绿色流通、绿色生活、绿色消费。

（二）坚持协同转型，正确处理重点攻坚和协同治理的关系

习近平总书记强调，要坚持系统观念，抓住主要矛盾和矛盾的主要方面，对突出生态环境问题采取有力措施，同时强化目标协同、多污染物控制协同、部门协同、区域协同、政策协同，不断增强各项工作的系统性、整体性、协同性。生态环境治理是一项系统工程，环境要素的复杂性、生态系统的完整性、自然地理单元的连续性、经济社会发展的可持续性，决定了生态环境保护必须坚持系统观念，实现协同治理。为此，必须以持续改善生态环境质量为核心，坚持精准治污、科学治污、依法治污，持续深入打好污染防治攻坚战，推动污染防治在重点区域、重要领域、关键指标上实现新突破。以细颗粒物控制为主攻方向，强化多污染物协同控制和区域污染协同治理，统筹推进水资源、水环境、水生态治理，强化土壤污染风险管控，加强固体废物综合治理和新污染物治理。协同推进降碳、减污、扩绿、增长，努力实现生态环境效益、经济效益、社会效益共赢。

（三）坚持创新转型，推进绿色低碳科技自立自强

实现绿色低碳高质量发展，科技创新是关键。创新发展是一场深刻变革，必须打破对传统经济发展方式的路径依赖，强化科技创新，推动绿色技术研发应用。把应对气候变化、新污染物治理等作为国家基础研究和科

技创新重点领域，狠抓关键核心技术攻关，实施生态环境科技创新重大行动。瞄准世界能源科技前沿，聚焦能源关键领域和重大需求，加强关键核心技术联合攻关，把能源技术及其关联产业培育成带动我国产业升级的新增长点，促进新质生产力发展。持续壮大绿色创新主体，鼓励社会力量投资以及参与绿色技术的研发与推广，积极建设以企业为主体、以市场为导向、产学研融合的创新体系，努力形成多能互补、因地制宜、多元融合的绿色发展局面。着力推动绿色科技基础研究、共性技术研究与前沿技术研究，培养造就一批学科优势显著的高水平生态环境科技人才队伍，深化人工智能等数字技术应用，构建美丽中国数字化治理体系，建设绿色智慧的数字生态文明。

（四）坚持安全转型，守牢美丽中国建设安全底线

必须把防风险摆在突出位置，"图之于未萌，虑之于未有"，力争不出现重大风险或在出现重大风险时扛得住、过得去。中国这样一个巨大的经济体推动绿色低碳转型，将对世界经济产生重大外溢性影响。在日益复杂的国际环境下，既要有坚定实现"双碳"目标的战略定力，同时也要贯彻落实总体国家安全观，切实维护生态安全、新能源发展和国家能源安全、核与辐射安全等，保障我们赖以生存发展的自然环境和条件不受威胁和破坏，将安全有序实现绿色转型作为核心要求。实现"双碳"目标的重点是调整能源结构和产业结构，要立足我国能源基本国情处理好发展与减排、整体与局部、短期与中长期的关系，将长远目标和现实条件有机结合，把统筹发展和安全贯穿始终，避免"碳冲锋"和"一刀切"的做法。

绿色是高质量发展的底色，新质生产力本身就是绿色生产力。坚持走生态优先、绿色发展之路，是立足新发展阶段、贯彻新发展理念、构建新发展格局的必然要求。在新征程上，要以经济社会发展全面绿色转型为引领，以能源绿色低碳发展为关键，加快形成节约资源和保护环境的产业结构、生产方式、生活方式、空间格局，把绿色发展理念贯穿于经济社会发展全过程，共同建设人与自然和谐共生的现代化。

第四节　产业发展研究

一　合力打造长三角先进制造业集群*

党的二十大报告指出，"坚持把发展经济的着力点放在实体经济上"，"推动战略性新兴产业融合集群发展"。发展先进制造业集群，是推动产业迈向中高端、提升产业链供应链韧性和安全水平的重要抓手，有利于形成协同创新、人才集聚、降本增效等规模效应和竞争优势。

"十四五"规划和 2035 年远景目标纲要提出，鼓励东部地区加快推进现代化，加快培育世界级先进制造业集群。作为我国经济最具活力的区域之一，长三角地区人才富集、科技水平高、制造业发达、产业链供应链相对完备，现代化产业体系建设的基础条件扎实。打造世界级先进制造业集群，是长三角地区高质量发展的重中之重。

长三角一体化发展上升为国家战略以来，长三角地区产业体系建设成效显著，区域发展潜力稳步提升，特别是先进制造业集群加快发展，装备制造、新一代信息技术等战略性新兴产业呈现集聚发展态势。

2022 年底，工业和信息化部正式公布的 45 个国家先进制造业集群名单中，长三角三省一市共有 18 个先进制造业集群上榜，占全国总数的 40%，涵盖了新一代信息技术、高端装备、新能源及智能网联汽车等领域，为实体经济提质增效和区域经济发展注入强劲动力。

新一轮科技革命和产业变革深入发展，长三角一体化高质量发展迎来了难得机遇。长三角要打造世界级先进制造业集群，把握好世界级、集群化、品牌化、协同性特征，围绕电子信息、生物医药、航空航天等领域，凝聚合力，实现集群化发展。

---

* 成长春，南通大学江苏长江经济带研究院院长、江苏省习近平新时代中国特色社会主义思想研究中心特约研究员。本内容发表于《经济日报》2023 年 7 月 19 日。

一是瞄准世界级。世界级先进制造业集群代表着先进制造业集群的高级形态，一般而言，是指在一定区域内，与特定先进技术相关的若干企业、行业组织和科研院所等机构，围绕共同目标形成能够引领全球技术创新和产业变革的产业网络，具有组织高度网络化、强大包容性和根植性等显著特征。世界级先进制造业集群既要在全球产业发展和技术创新的竞争格局中具有影响力，又要拥有核心技术等要素的若干骨干企业汇聚在较高发展能级的同一地域作为支撑。对此，要完善相关体制机制，形成有利于增强创新能力、集聚高层次人才的营商环境，打造高能级创新平台，更大程度地激发市场活力。

二是紧抓集群化。世界级先进制造业集群往往依托城市群之间的分工协作。当前，全球产业链供应链面临重构，长三角地区要抓住重要战略机遇，深入实施长三角一体化发展战略，做好顶层设计，优化和完善产业布局，形成一批各具特色、有序竞争、差异化的先进制造业集群。尤其是要注重加强创新链与产业链跨区域协同，加强科技创新前瞻布局和资源共享，构建区域创新共同体，加强产业分工协作，引导产业合理布局，持续提高区域经济集聚度、区域连接性和政策协同效率，更好地发挥集群作用。

三是突出品牌化。从经济发展实践来看，文化、品牌、标准等是产业链价值链向高端延伸的重要因素。我国作为世界制造大国，制造业规模连续13年居世界首位，但是产业大而不强、产品多而不优的问题依然存在，必须加快打造区域产业名片，提升制造业的国际影响力。长三角地区要立足于文化底蕴、产业基础、城市特色和区域联系，促进产业链、创新链、生态链深度融合。要用好企业核心优势提升品牌美誉度，塑造区域品牌文化，走出一条"地方集聚—区域协同—全球竞合"的集群发展之路。

四是注重协同性。长三角地区拥有较扎实的制造业基础、较完整的产业链和较先进的技术。为了避免重复建设，长三角沪苏浙皖三省一市要根据自身特点进行差异化发展。一方面，要加强横向产业协同布局。完善相关体制机制，着力优化区域产业布局，引导跨区域产业协同，提升先进制造业集群竞争力。另一方面，要强化纵向产业链间的协作。充分发挥长三角地区科技资源多、创新能力强的优势，将各地区的企业整合到产业链上，集各地之所长，分工互补，促进产业链高效运行。此外，发挥长三角生态绿色一体化发展示范区的引领带动作用，重视毗邻区域的协同治理，加快构建省级—国家级—世界级集群梯次培育发展体系，完善产业、创新、财政、金融、区域和公共服务等集群政策支持体系，形成政策合力，促进集群交流与合作，合力打造世界级先进制造业集群。

二　坚持创新引领发展，塑造长江经济带新动能新优势[*]

2023 年 10 月 12 日，习近平总书记在江西省南昌市主持召开进一步推动长江经济带高质量发展座谈会上指出，要坚持创新引领发展，把长江经济带的科研优势、人才优势转化为发展优势，积极开辟发展新领域新赛道，塑造发展新动能新优势。

长江经济带是我国重要的创新资源集散地，科创资源优势十分明显。五大国家级科创中心有 3 个落子长江经济带（上海、武汉、成渝）。长江经济带还拥有 10 个国家自主创新示范区、88 个国家级高新区，普通高等院校数量占全国的 40% 以上，拥有全国近一半两院院士和科技人员，规模以上工业企业 R&D 人员全时当量、经费投入、新产品开发项目数占全国比重均超过 50%。下游的长三角 G60 科创走廊闯出了一条科创引领产业转型发展的新路，中游的光谷科创大走廊目前已布局脉冲强磁场、精密重力测量等 3 个大科学设施，致力于打造离岸科创集聚地，上游的成渝科创走廊以"一城多园"模式共同建设西部科学城。将科研优势、人才优势转化为高质量发展的现实优势，是新发展格局下长江经济带实现高质量发展和现代化的必然路径和责任担当。

加强科教资源的优化组合和产业科技创新协同配合，前瞻布局新领域新赛道的引领性技术。尽管长江经济带科教资源丰富，但当前长江经济带科技

---

[*] 陈长江，南通大学江苏长江经济带研究院副研究员。本部分内容发表于《新华日报》2023 年 11 月 10 日。

创新尚存在科技合作区域行政壁垒严重、产业链与创新链脱离、产业科技创新合作主体不均衡、创新要素分布及能力不协调等问题。推动科研力量优化配置和资源共享共用，建立统筹长江全流域的产业科技创新组织，推动上海、武汉、成渝三大国家级科创中心联动。组建跨区域创新联合体，上游和中游发挥自身在重大装备等基础产业领域的创新优势，下游发挥自身在集成电路、生物医药等前沿产业领域的创新优势，建立跨区域产业联盟、研发中心等合作平台，共同推进产业技术攻关。建设统筹全流域的绿色技术创新平台，为企业绿色技术改造升级提供共享的研发设施、技术支持和人才资源，促进绿色技术的合作和创新，提升科技成果的产业化和市场化效率。

聚力吸引集聚高层次科技创新人才，提升科技前沿领域的原始创新能力。原始创新能力不足、基础创新水平较低是长江经济带科技创新面临的重要瓶颈。沿江各省市要进一步协同加大对战略科学家、科技领军人才和创新团队、卓越工程师及青年人才的吸引力度，将招引工作前置，在科研条件、实验设施、科研经费等方面提供更优越、更开放的条件。构建开放、包容、创新的科研文化氛围，定期举办科研交流和合作活动，着力完善生产性服务业和生活性服务业综合配套功能，针对青年学子实习和青年科学家交流合作实行补贴政策。探索全流域的产学研合作机制创新，鼓励科研人员企业持股，提升科研成果的应用价值和社会效益。设立更为普惠的科技创新人才奖励制度，加大科研成果转化的扶持力度。

协同推动产业链供应链现代化，提升制造业的国际竞争力。长江经济带是我国制造业的重要集聚区和发展排头兵，协同推进产业链升级、构建现代化产业体系是长江经济带高质量发展的重要目标。进一步加强上中下游产业链协同合作，建立产业联盟和产业合作机制，加强供应链、价值链和创新链的对接，推动资源共享、技术交流和市场合作，提高整个产业链的效率和竞争力。鼓励区域联合建立"创业苗圃—孵化器—加速器—产业园区"的阶梯式创新转化链条，提供政策、资金和技术支持，提供领先技术研发转化、创新场景开发应用、新兴产业发展方面的全流程配套服务。加强数字经济和制造业融合的跨区域交流合作，建立跨区域数字经济合作机制，成立专门工作组或联盟，定期进行交流和协商，分享经验和最佳实践，共同推进数字经济和制造业的融合。利用下游地区在大数据、人工智能、云计算等新一代信息技术方面的优势，服务带动中上游地区企业优化生产流程、提高数据分析能力。加强数字经济和制造业融合的人才培养。联合制定长江经济带数字经济和制造业融合的技术标准和规范，建立高端装备、家电、电子信息等重点行业的统一数字化标准，在数据交流、数据共享、生产流程数字化等方面达成共识。

加强产业链协同合作，推动优势产业延链、新兴产业建链。根据各省市的资源禀赋和产业基础，协同建立新兴产业和未来产业发展的生态系统，推进人工智能、大数据、生物科技、新能源等产业快速建链延链。建立跨区域的产业协同机制，成立产业链协同合作的工作组或联盟，定期进行交流和协商，强化资源互补和优势互补，协同推进产业链优化升级，共同推进产业补链、升链、建链、延链。建立长江经济带跨区域供需对接的平台和机制，提高物流效率和供应链的灵活性，促进供应商和生产商之间的紧密合作，优化产业链各环节的分工合作。建立跨区域的行业联盟和产业协会，共同开展研发合作、市场拓展、品牌推广等合作项目，形成多区域产业集群生态系统。联合建立产业链财政和金融支持体系，设立专项基金、创业投资基金等，协同推动产业链关键环节的高级化和现代化。

三 提质增效，做强新型工业化发展主引擎*

推进中国式现代化江苏新实践，新型工业化是关键任务；未来经济发展"强信心、稳预期"，新型工业化是压舱石。进入 2024 年，面对发展新形势，需以新型工业化为抓手进一步推动经济高质量发展。

推进产业集群建设。坚持以先进制造业为骨干，以传统优势产业和战略性新兴产业、未来产业为重点，发展新质生产力。

---

* 成长春，南通大学江苏长江经济带研究院院长兼首席专家。本部分内容发表于《新华日报》2024 年 1 月 23 日。

瞄准世界级。世界级先进制造业集群既要在全球产业发展和技术创新的竞争格局中具有影响力，又要拥有核心技术等要素的若干骨干企业汇聚在较高发展能级的同一地域作为支撑。突出品牌化。要用好企业核心优势提升品牌美誉度，塑造区域品牌文化，走出一条"地方集聚—区域协同—全球竞合"的集群发展之路。紧抓集群化。注重加强创新链与产业链跨区域协同、科技创新前瞻布局和资源共享，持续提高区域经济集聚度、区域连接性和政策协同效率。注重协同性。既要加强横向产业协同布局，又要强化纵向产业链间的协作，提升先进制造业集群竞争力。

推进优质企业梯度培育。要梯度培育链主企业、专精特新企业、中小微企业"三类主体"，创建梯度培育体系，形成良好的大中小企业融通发展生态，帮助中小企业"雁阵"腾飞。

首先要做强领航企业。以制造业企业、制造业和信息化相融合的企业为主，培育一批引领产业创新发展、企业品牌卓著、具有生态主导力和国际竞争力的制造业领航企业。其次要壮大专精特新企业。通过实施省专精特新企业培育三年行动计划，引导专精特新企业实施智能化改造、数字化转型示范带动，为江苏制造业高质量发展注入新的活力。最后要激活中小微企业。鼓励大型企业将优质中小微企业纳入产业链、供应链体系，完善产业集群图谱，打通进阶式成长"快车道"。

推动数字化、智能化、绿色化深度融合。数字化、智能化、绿色化是新型工业化的鲜明特征、制造业转型升级的重要方向。需要数字化、智能化、绿色化"三化"协同，引领支撑制造业向更高水平发展。

加快制造业数字化转型，大力推进新一代信息技术与制造业深度融合，开展中小企业数字化赋能专项行动，提高制造业的生产效率。深入实施智能制造工程，推动研发设计、生产制造、中试检测等制造业全流程智能化，发展智能产品和装备、智能工厂、智慧供应链。提升集成电路、关键软件等发展水平，加快推动云计算、大数据、虚拟现实等融合创新。深入实施绿色制造工程，打造一批绿色工厂、绿色工业园区、绿色供应链。加快推动绿色低碳产业发展，促进新能源汽车、绿色家电、高效节能环保装备等绿色消费。

推进高水平人才队伍建设。要更加注重弘扬工匠精神，深化产业工人队伍建设改革，加快建设一支知识型、技能型、创新型产业工人大军。

引导高端紧缺人才向优质企业和平台集聚。营造干事创业的社会氛围和富有活力的人才培养环境，遴选和支持一批创新企业家、先进制造技术人才和先进基础工艺人才。支持人才向"科研高峰"攀登，激发人才创新活力。更大力度培育集聚战略科学家、科技领军人才和创新团队、卓越工程师及青年人才，深入开展基础研究和应用研究，加快科技成果转化。面向工业重点领域，开展大规模职业技能培训。充分发挥职业院校和企业的培训主体作用，鼓励企业和培训机构与高等院校加强合作，共同开展培训和开发新课程。

四　推动江苏新质生产力加快发展走在前列*

习近平总书记强调，发展新质生产力是推动高质量发展的内在要求和重要着力点，必须继续做好创新这篇大文章，推动新质生产力加快发展。新质生产力不是既有生产力修补式调整完善，而是生产力向上的突破和质的跃迁，是代表新一轮科技革命和产业变革浪潮方向的先进生产力质态。江苏是全国发展新质生产力条件最好的地区之一。对江苏而言，要在高质量发展上继续走在前列，在中国式现代化中走在前、做示范，就必须推进新质生产力走在前列。

（一）聚力提升"大科创"能力

新质生产力要求科技创新从原来主要依靠应用研究与集成创新，转向主要依靠基础研究与原始创新，尤其是颠覆性技术创新，因此新质生产力具有"大科创驱动"特征。近年来，江苏技术创新主要表现为跟随型、渐进型特征，颠覆性技术、新赛道技术、"0 到 1"技术则显著不足。加快推进新质生产力要求江苏构建基于基础研究与原始创新突破的新型科创体系。一是要加强重大基础研究与前沿技术攻关。推进国家科学中心或大科学装置建设，

---

* 陈长江，南通大学江苏长江经济带研究院沿海沿江发展战略研究所所长、研究员。本部分内容发表于《新华日报》2024 年 3 月 5 日。

推动紫金山实验室、姑苏实验室、太湖实验室争创国家实验室，培育若干能够体现世界一流水平、引领国内技术发展的重要战略科技力量。以实现重大科学突破为目标，超前布局重点领域的基础研究和应用研究。二是支持高校和科研机构开展原创性、探索性研究。研判全球战略产业必争的方向，如加大脑机接口、火箭回收、6G卫星通信等核心颠覆性技术研发投入力度，拓展工业、信息业、消费等多种场景应用。三是进一步探索构建"科学家+企业家"的协同创新体系，既沿着"基础理论创新—工程技术创新—产品开发设计—商品产业转化"路径推进科技创新，又根据江苏产业创新面临的技术瓶颈等现实问题，沿着"巨大市场需求—关键核心技术攻关—产品开发设计—商品产业转化"路径，由市场需求倒逼科学技术攻关。

（二）构建动态递进的新兴产业体系

技术密集度高、发展潜力大的未来产业是新质生产力的集中体现，这意味着发展新质生产力必须从更多依靠原有支柱产业转向培育壮大新兴产业。江苏作为我国制造业规模最大、先进制造业集群最多的省份，要抓住全球产业结构和布局调整过程中孕育的新机遇，开辟新领域、制胜新赛道。一是要系统构建"科技—产业—金融"良性循环，针对未来产业孵化培育长周期、高风险、战略性特征，建立健全政府科技研发资金、政府产业引导资金与市场化投资基金的联动机制。同时要鼓励金融机构设立适应未来产业特征的金融产品与服务，引导保险资金等长期资金加大对未来产业的投入。二是要进一步推动企业主导的产学研用联动融合。推动科技中介新业态发展、支持建设未来产业创新平台和孵化器，推动创新链、产业链和人才链深度融合。三是完善科技成果转移转化机制。强化企业在技术创新、成果转化、产业孵化等方面的主体地位，形成从基础研究、技术应用、产品研发到工程化、产业化的创新链，推进产学研用深度融合，促进科技创新成果向现实生产力转化。四是进一步落实推进重大技术装备应用与推广的首台套保险风险补偿政策，提高其在技术革新、质量提高、成本降低、品牌树立、市场开拓等方面的能力。

（三）加快形成高质量要素体系

新质生产力意味着技术、知识、数据等新型生产要素的大量密集投入，推进全要素生产率大幅提升进而促使社会生产函数发生质的跃迁。要构建适应新质生产力发展的创新人才体系：一是完善创新人才培养培育体系。将创新教育植入教育各个阶段，提升教育体系对创造型人才的培育能力，围绕"科学—技术—创新—产业链"各个环节对不同类型人才产生的"人才需求链"，形成人才供给与人才需求的适配性对接。营造尊重科学、鼓励创新、开放合作、敢于试错、宽容失败的社会文化环境。二是建立创新人才的国际化管理体系，对标国际通用规则，改善人才环境，优化人才工作、生活和科研环境。吸引海内外创新要素集聚，从制度层面给予科技人才出入境和停居留便利化、社会保障国际化待遇。建立国际化、多语言服务的教育和医疗机构，为国际科技人才学习、生活和科研提供便利。三是改革高端人才和团队的管理体制和评价机制。建立创新人才分类管理体系，培养和引进顶尖科技人才，推进全球科技合作网络交流。四是打造科技人员在科技创新与产业创新两系统之间的"旋转门"，构建灵活的科技人员考核机制，让优秀的科技人员既可以走上高校、科研院所的讲堂，也可以走进企业的研发生产一线。

五 进一步完善江苏省粮食主产区利益补偿机制的建议[*]

习近平总书记高度重视粮食安全问题，多次强调"中国人的饭碗任何时候都要牢牢端在自己手上"。江苏省作为中国粮食主产区之一，以占全国3.2%的耕地生产了全国5.5%的粮食，创造了人口密度最大省份粮食总量平衡、口粮自给、调出有余的不凡业绩，为我国粮食安全和经济社会持续稳定发展作出了重要贡献。江苏省粮食安全战略的有效实施，粮食主产区起着"压舱石"和"稳压器"作用。目前，江苏省粮食产量排名前五的盐城、淮安、宿迁、连云港和徐州的粮食产量占全省总产量的65%。可以说抓牢这五个主产区的粮食生产，就抓住了全省粮食安全工作的重心。为提升五个主产区重农抓粮积极性，有效推进粮食安全与可持续发展，江苏省亟待完善粮食

---

[*] 成长春，江苏省政府原参事、南通大学江苏长江经济带研究院院长兼首席专家；王利荣，南通大学经济与管理学院副教授；杨凤华，南通大学江苏长江经济带研究院常务副院长。本部分内容发表于《国是咨询》2023年第3期。

生产支持政策和主产区利益补偿机制，进一步健全粮食支持保护政策体系。

（一）粮食生产可持续发展存在的问题

一是主产区"粮财倒挂"影响地方政府重农抓粮积极性；二是主产区农田建设等项目地方配套资金压力大；三是主产区农业生态环境治理刻不容缓；四是农业继承人问题较为突出。

（二）完善粮食主产区利益补偿机制的建议

粮食是具有战略意义的准公共产品，单纯依靠市场调节难以实现供求均衡，往往需要政府支持以保障稳定供给。为了确保粮食安全，江苏省应该率先建立多元化的粮食主产区利益补偿机制，在中央和省级财政转移支付的基础上，让主销区也承担应有的粮食安全责任，以缓解主产区财政压力，提升地方政府重农抓粮积极性，共同保障粮食安全。

1. 加大对粮食主产区的转移支付力度

加大对主产区的利益补偿力度，加强粮食主产区基础设施建设，提高公共服务和可持续发展能力，弥补地方财政收支缺口，提高地方政府重农抓粮积极性。一是要将粮食安全作为省对市（县）一般性转移支付的重要考量因素，逐步加大权重。二是中央预算内投资、省级统筹的土地出让收益使用、耕地占补平衡指标交易等向主产区倾斜，缓解地方政府投入少、配套难问题。三是在国家出台的一些惠农政策的省级资金配套方面，增加对主产区的省级配套比例，减少或取消地方配套。此外，针对主产区和主销区要制定差异化的考核指标，明确产粮考核激励导向，坚持粮食安全党政同责、产销区共担，进一步压实地方党委、政府的责任，提供有力的组织保障。

2. 探索产销区横向利益补偿机制

遵循"谁受益谁补偿"原则，探索建立省内主产区和主销区之间的横向利益调整机制，让主销区承担应有的粮食安全责任，并作为中央和省级财政转移支付的补充。目前，在采取政府合作、财政补偿、市场运作方式加强粮食产销区合作方面比较有代表性的是宁淮和锡徐模式。比如，南京市与淮安市签订了60万亩优质粮食订单收购协议，每年补贴淮安市400万元。该模式是国家粮食储备局力推的模式。建议尽快推动常州与盐城、苏州与宿迁参照上述模式，开展产销区横向利益补偿，保障全省粮食安全。长期来看，建议建立省级产销区利益补偿基金，对于实际口粮产量不能自给地区，根据缺口部分按照一定比例标准提取资金，由省级平台统筹按主产区净调出比例进行转移支付。该基金主要用于加强主产区农田基础设施建设、种粮补贴、粮食储备设施完善等，从而提高主产区粮食生产供应能力，调动地方政府和农户种粮的积极性。对于能实现粮食进出平衡的产粮大市，要在市内加大对产粮净调出大市（县）的财政支持力度，共同保障粮食安全。

3. 建立健全高标准农田建设项目倾斜机制

首先，要落实最严格的耕地保护制度，坚决遏制耕地"非农化"，严格禁止耕地"非粮化"，牢牢守住保护耕地红线。其次，要以公共财政投入为主要资金来源，加大粮食主产区高标准农田建设项目的资金投入，减少或取消地方配套，并积极推动农业农村、自然资源、水利、交通和住建等部门涉及乡村振兴项目和资金的有效整合，规划相互衔接，避免政策碎片化，合力推进高标准农田建设。再次，要根据不同地区、不同资源特点制定和细化建设进度要求，提高建设标准。特别是对于以水稻为主的粮食产区，建议按照施工规律，适当放宽项目建设进度要求，当年任务于次年汛期前完成，并在工程运行使用一个周期后，开展项目验收和绩效评价，切实有效提升农田综合生产能力。最后，要从制度层面落实高标准农田建后管护和维护工作，杜绝高标准农田"重建设、轻管护"现象，对建成的良田要及时划入永久基本农田实行保护，确保良田长久发挥功效。

4. 构建农业生态环境保护与可持续发展机制

一是要大力支持选育和推广高产优质、抗逆抗病、肥药高效利用的新品种，充分挖掘粮食增长潜力，减少环境污染。二是鼓励探索和推广生态化灌溉系统、测土配方施肥、有机肥料应用等资源节约和环境友好型的生产技术和生产行为。三是通过"实名购买，定额使用"等方式引导农户科学施肥，减少化肥、农药的施用量，推广生态环保型农业生产行为。四是因地制宜推广粮经、粮油、粮肥等轮作休耕模式，鼓励保育耕地培肥土壤，为我国粮食生产构建优良的生态环境基础。五是建立粮食生产生态保护基金，用于支持地方政府和农业经营主体进行耕地保护，并通过政府生态补偿引导和推动农业生态补偿机制的市场化运作，保障农业生态环境的可持续发展，推动耕地数量、质量和生态"三位一体"保护。

5. 完善种粮农民收益保障机制

一是提高对主产区农民的粮食生产支持水平，并建立农资价格上涨与政策支持联动长效机制，以缓解粮食生产成本过快上涨对农民种粮收益的负面影响；同时，要建立对农资价格的预警及常态化调控机制，避免随机性调控影响农资经营企业为农服务能力。二是大力探索和推行多层次的政策性农业保险，在全面推行主粮成本全覆盖保险的基础上，尽快在粮食生产区推出水稻和小麦收入保险、目标价格保险，建立健全覆盖粮食生产的自然风险和市场风险的保险产品，消除种粮农民的后顾之忧。对于主产区农业政策性保险，应逐步减少或取消农户出资，提高财政保费补贴标准，并在财政保费的补贴上，降低或取消市（县）级政府的配套，以减轻地方政府的财政压力。三是要打造江苏特色种业，加大对种业科技创新与成果转化的支持力度，保障种子安全、价格稳定。四是探索建立主产区附属（配套）设施农用地集约化供给制度，高效节约利用一般农用地，推动粮食生产类家庭农场从"田头卖潮粮"向"短期储存后卖干粮"转变，提高种粮效益。五是要加大对农民的政策支持力度，鼓励爱农业、懂技术的年轻人投身农业发展，在土地获取、融资等方面给予重点支持，培育全省农业的主力军和生力军，大力发展现代农业。

第五节　交通文旅研究

一　推动长江经济带上的中欧班列高质量协同发展[*]

2023 年 10 月 12 日，习近平总书记在进一步推动长江经济带高质量发

---

[*] 陈为忠，南通大学江苏长江经济带研究院综合交通运输研究所所长、副教授。本部分内容发表于《新华日报》2023 年 11 月 10 日。

展座谈会上强调，增强区域交通互联性、政策统一性、规则一致性、执行协同性，稳步推进生态共同体和利益共同体建设，促进区域协调发展。这为沿江 11 省市整合中欧班列始发点和中欧班列品牌，推动中欧班列协同发展指明了方向。长江经济带上的首班中欧班列是 2011 年 3 月由重庆始发的"渝新欧"班列，历经十多年的"双向奔赴"后，已经在"丝绸之路经济带"沿线地区"枝繁叶茂"。但由于区域间差异，存在一些发展不平衡、不协调的难题。因此，破解行政壁垒，实现区域协同融通，是长江经济带上的中欧班列高质量发展的根本路径。

（一）长江经济带上的中欧班列发展现状

长江经济带是国内中欧班列始发点数量、开行量均最大的地区。综合各地数据，2022 年沿江 11 省市分布着近 50 个中欧班列始发点，开行自然列约 1.226 万列，完成集装箱吞吐量约 104 万标箱，占全国总吞吐量的 65%。按上述数据测算，长江经济带中欧班列平均编组水平为 43 车 85 标箱。同期国铁数据显示，全国开行中欧班列 1.6 万列，运送集装箱 160 万标箱，由此可测算四大口岸中欧班列平均编组水平为 50 车 100 标箱。总体而言，长江经济带上的中欧班列开行规模最大，但运行效益仍然有较大提升空间。

上中下游中欧班列发展参差不齐。上游中欧班列发展水平最高。2022 年，上游三省一市分布着 12 个中欧班列始发点、2 个中欧班列集结中心，开通 2 条全程时刻表中欧班列线路，全年开行中欧班列超 5300 列，吞吐集装箱超 47.6 万标箱，按此测算每列平均编组 45 车 90 标箱。中游湖北、湖南、江西中欧班列发展态势较好，分布着 23 个中欧班列始发点，开行中欧班列 1897 列，吞吐集装箱约 16.7 万标箱，按此测算每列平均编组 44 车 88 标箱。中游中欧班列始发点较多，同时又多在省会城市始发点集结通关，因此班列运行效益较好。下游长三角地区中欧班列发展水平不高，分布着中欧班列始发点 14 个，开行中欧班列 5063 列，吞吐集装箱 39.6 万标箱，按此测算每列平均编组 39 车 78 标箱，尚未达到每列编组 41 车的门槛值，这与各班列始发点缺乏横向协同不无关系。不过，该地区外贸货物进出口主要依靠海运。在当前海运价格走低的态势下，发展中欧班列业务既要注重运行时效，也要注重运行效益。

（二）推动长江经济带上的中欧班列协同发展的建议

从全国与长江经济带中欧班列总体编组差距看，推动沿江 11 省市中欧班列"协同发展、集拼集运"势在必行，尤其是在班列补贴逐步退坡背景下，要较好地平衡各地中欧班列开行的时效性与性价比，推动沿江地区中欧班列可持续发展，缓解中欧班列在国内四大口岸拥堵的情况。

加快推进省内外中欧班列始发点集拼集运。2016 年以来，国家在中欧班列统一运营基础上，不断推动跨区域箱源整合，已经基本解决了空箱问题，但班列平台公司运行效益仍有较大提升空间。未来，省内层面，应及时总结四川、湖北等省内中欧班列集拼集运经验，强力推动省内中欧班列品牌整合，尽快改变"一省多号"格局，同时根据开行路线建立省内班列集拼集运场站，强化省级层面对班列平台的统筹，不断推进中欧班列市场化运行。跨省层面，推广中欧班列（成渝号）跨省协同经验，积极推进中下游中欧班列品牌协同发展，积极推进中游、下游中欧班列集结中心建设，加快实现中游、下游地区"统一品牌、统一规则、统一运作"，形成"一带三号"格局。同时，推动各省份与国家铁路公司合作，依托中欧班列集结中心平台，加快推进长江经济带中欧班列公共信息平台建设，服务中欧班列品牌跨省就近集拼集运，协同打造长江经济带智慧中欧班列品牌。

推动中欧班列与其他外贸通道协同发展。推动沿江地区中欧班列与西部陆海新通道班列、中老铁路班列、中亚班列等协同发展，在上中下游建设几个类似重庆江津、湖南怀化的外贸班列交会点、集结地，推进不同类型外贸班列集拼集运，不断提升外贸铁路班列物流效率。推动中欧班列始发点与中国境内机场、港口，以及中国集装箱班轮公司对接联动，支持班列平台公司与班轮公司、航空货运公司、海外仓对接业务、错位发展，一方面加强物流业务合作，为企业提供端到端的全过程物流解决方案，另一方面依托班轮公司运回滞留欧洲的空箱，尤其是及时运回具有保温功能的特种箱，还可以依托临近上述口岸布局的自贸区、综合保税区等海关特殊监管区域，开展联合组织国外货源、境内保税物流商店等业务合作，实现中欧班列提质增效、多元化发展。

以跨区域联动通关提升中欧班列运行效率。通关环节是影响中欧班列时效性的重要因素。建议持续深化中欧班列领域"放管服"和通关一体化改革，推动地方政府、铁路公司与海关、国检等口岸部门建立联动机制，依托内陆广泛分布的综合保税区、自贸区、铁路国际港等口岸开放平台，加快形成跨口岸、跨关区的常态化协同监管机制，实现外贸班列集装箱货物"一次申报、一次查验、一次放行"。深入推进中欧班列平台间集装箱物流数据信息共享和单证标准化，提供集装箱"一次委托、一次付费、一单到底"全程管控服务，同时积极探索利用铁路提单物权凭证功能开展信用证结算和融资抵押等业务，解决进出口企业融资难问题；在中欧班列集结地实施启运港退税政策，助力出口企业提高资金周转效率。

二　以文旅深度融合，促进长江经济带区域协同融通*

习近平总书记在进一步推动长江经济带高质量发展座谈会上强调，积极推进文化和旅游深度融合发展，建设一批拥有自然山水特色和历史人文内涵的滨江城市、小城镇和美丽乡村，打造长江国际黄金旅游带。长江经济带不仅承载着我国重要的交通动脉、生态廊道和东中西部经济联结平台，还孕育了中华民族重要的文化纽带，造就了从巴山蜀水到江南水乡的千年文脉，对中华文化共同体的形成与巩固发挥了重要作用。通过省际共商促进长江经济带文旅产品高质量供给、文旅价值高效率转化和城乡文旅资源高水平统筹，积极推进长江经济带文旅深度融合发展，对系统性激活长江丰富的历史文化资源，整体性挖掘长江文化的时代价值，示范性推动长江经济带建成中国式现代化新征程中物质文明和精神文明相协调的典范具有重要意义。

（一）以人为本，全域共建推进长江经济带文旅产品高质量供给

"人民对美好生活的向往，就是我们的奋斗目标""满足人民日益增长的美好生活需要，文化是重要因素""以高质量文化供给增强人们的文化获

---

*　瞿锦秀，南通大学江苏长江经济带研究院副教授、长江文化研究院特约研究员。本部分内容发表于《新华日报》2023年11月10日。

得感、幸福感"，习近平总书记一系列重要论述，彰显了文旅产品高质量供给的重要性。推进长江经济带文旅深度融合发展，需要始终坚持以人为本，以需求为导向，加快长江经济带文旅产品供给侧结构性改革，努力提升长江经济带文旅产品品质。2023 年 5 月，文化和旅游部推出 10 条长江主题国家级旅游线路和《长江国际黄金旅游带精品线路路书》，聚焦具有突出意义、重要影响、重大主题的文化节点，以展示真实、立体、发展的长江文化，塑造长江国际黄金旅游带整体形象。这一举措为相关地区提升长江经济带文旅产品品质提供了重要指南。因此，要从整体性视角打造长江经济带文化旅游线路，突出长江的连贯性和流动性，通过长江经济带文化旅游线路的贯穿，展现万里长江的千年文脉，打造中华文明的标志性象征；要重视对长江经济带沿线旅游目的地特色文化的深入挖掘，塑造和提升目的地旅游形象，着力打造一批世界级长江文旅品牌；要不断完善长江经济带旅游服务体系，重视旅游者的旅游体验，加强旅游基础设施、配套服务设施建设，大力提升旅游服务软硬件水平，全力提升旅游者的幸福感；要不断完善长江经济带文旅产品管理体系，统一标识，统一规则，建立健全法律法规，提升长江文旅产品标准化和规范化水平，推进长江经济带文旅产品质量升级。

（二）创新思路，省际共商促进长江经济带文旅价值高效率转化

长江经济带文旅深度融合发展要以创新的视角从现有文旅资源中寻找可变现的文旅产品增量，推动文旅融合业态创新和产品创新。以"核心资源—核心产品"思路为引领，省际共商推进长江经济带文旅资源的产品化。努力做好长江文化核心资源的 IP 化工作，从现有长江文旅资源的价值入手，开发拥有深厚长江文化内涵的创意性文化旅游项目，让有形的文旅资源派生出无形的增量收益，实现存量文旅资源的高效率转化。发展新业态，延长长江经济带文旅产业链条。通过跨界融合，实现长江经济带文旅产业与各类产业的无缝链接，提升产业整体效益。将文化旅游的功能向产业上游的研发和下游的品牌销售渠道延伸，用文旅消费引导产品设计和功能优化，培育忠实的消费群体，建立高效的销售网络。以长江文旅创意产品为核心形成支撑产业群、配套产业群和衍生产业群，更好地推动区域经济加快发展。注重长江文旅品牌输出。加强长江沿线省市媒体合作，通过抖音、快手等媒介，推出一批网红景区、文创点、艺术基地等；加大与央视等国家级媒体合作宣传力度，提升长江经济带文旅品牌在中远程市场的知晓率和影响力。通过设立长江文旅品牌境外文化旅游推广机构、举办长江文旅境外推介会等方式，开辟新航线，突破海外市场。

（三）整体谋划，城乡共融实现长江经济带文旅资源高水平统筹

要深刻理解文旅融合在缩小长江经济带城乡差距、实现共同富裕等方面的重要作用，系统推进滨江城市、小城镇和美丽乡村文旅深度融合发展。对于滨江城市而言，要结合城市更新，塑造能领略城市历史、感触城市风光、体验城市人文的新型体验空间，发展新一代滨江城市旅游。要用文旅再现城市人文历史，结合社区改造、街区提升、景观亮化，打造城市微剧场、生活博物馆等一批承载城市历史发展脉络的人文场景。对小城镇而言，要尊重当地生态环境、文化生态、生活方式，通过实施文旅小镇战略，将小城镇建设成为人文气息浓郁、建筑密度低、产业富有特色、市场充满活力、文化独具韵味、生态充满魅力的特色文旅小镇。对乡村而言，要在保存乡村生活的原真性基础上，结合乡村振兴，使乡村产业与旅游现代化相结合，打造一批能够展现乡村生活原真风貌的非遗体验、农耕体验、观光体验项目和寄托心灵的乡村生态旅居场景，积极培育依托乡村生活的生态消费、文化消费和养生消费。

三　打造人文经济学江苏新样本 *

2023 年全国两会期间，习近平总书记在参加江苏代表团审议时指出要研究人文经济学。人文经济学吸纳并超越现代经济学理论，主张在经济发展中彰显"以人民为中心"的人文价值取向，实现"经济文化化和文化经济化"的经济高质量发展。在"强富美高"新江苏现代化建设中，

---

* 成长春，南通大学江苏长江经济带研究院院长兼首席专家；瞿锦秀，江苏长江经济带研究院副教授。本部分内容发表于《新华日报》2023 年 11 月 21 日。

要努力通过以文塑城、以文兴业、以文营商、以人为本，在人文与经济的良性互动中推动高质量发展转化为高品质生活，打造人文经济学江苏新样本。

（一）以文塑城，增强城市群的发展活力和韧性

城市群作为未来城市发展的主要形态，已经成为人类生活的重要空间和经济社会发展的核心载体。随着城市群空间格局的演化，迫切需要提高城市群和都市圈的创新驱动能力，增强城市发展的活力和韧性。

江苏打破简单的、基于地理空间和行政区划划分的"苏南、苏中、苏北"传统分界，重新整合的"1+3"重点功能区更是文化聚集区。其中"1"是指扬子江城市群，沿江8个设区市有着共同的长江文化之"根"和江南文化之"源"，地缘相近、业缘相融、人缘相亲、文缘相承，是中国经济发展基础最好、综合竞争力最强的地区之一，是全省经济发展的主要发动机。"3"分别是指沿海经济带、江淮生态经济区和淮海经济区徐州中心城市。南通江海文化、民族工商业文化，盐城红色文化、海盐文化，连云港西游文化、山海文化等，外加围垦文化、航海文化、海防文化、海洋民俗文化、海洋饮食文化等具有地域特色的海洋文化，增强了"港产城"三港联动的文化原动力，助推沿海城市打造江苏先进制造业和文化产业发展新增长极。淮河文化和里下河文化为江淮生态经济区展现全省发展的生态价值、生态优势和生态竞争力贡献了文化附加值。以汉文化发祥地著称的历史文化名城徐州，作为淮海经济区的中心城市发挥的作用日益凸显。因此，深入实施"1+3"重点功能区战略，大力推进区域互补、跨江融合、南北联动，重在"+"号上做文章。这里的"+"，是能够通过文化资源、生态水系、功能特色、基础设施、体制机制的链接，形成一个功能互补、协调联动、融合融通的江苏高质量发展共同体。

（二）以文兴业，用文化融合发展促进产业集群发展

以人文视角看江苏经济，要"见数""见物"更"见人"，守护文化的"根"和"魂"。产业是高质量发展的根基，集群发展是产业发展的主要方

向。高质量产业集群成为推动产业转型提质的"加速器"。江苏是制造业大省，在未来的发展中要用文化融合发展促进产业集群发展，既要瞄准世界级、紧抓集群化、注重协同性，更要突出品牌化。加快探索打造区域产业名片，塑造区域品牌和文化，提升制造业的国际影响力。

此外，以文兴业促进文化产业集群发展，还要以项目带动促进产业落地。江苏要在《推进长三角文化产业一体化发展江苏行动方案》《江苏省沿海特色文化产业集聚区建设实施方案》《世界级运河文化遗产旅游廊道建设实施方案》《推动扬子江城市群数字文化产业与创意经济跨越发展实施方案》等一系列政策引导下，着力构建"三轴一圈"文化产业布局；要以新业态培育发展新增长点，让文化"软实力"成为经济"硬支撑"。

（三）以文营商，打造高质量发展人文环境

高品质的人文环境，就是最好的营商环境。优化营商环境，不仅需要从改善公共文化设施等硬环境入手，还需要落脚在塑造文化形象、凝练城市精神、培育良好人文环境上。而塑造城市的文化形象，一方面要从城市的"视觉形象"入手，在城市建筑规划、城市景观艺术的设计上体现城市的历史文化特色；另一方面还要从塑造城市的"行为形象"入手。市民是城市文化形象塑造的主体，市民的素质、精神面貌和待人接物的方式等可以反映其所处城市的文明程度，直接影响城市的形象。因此，要培育城市精神气质，将城市建设成"留得住人"的精神高地。

作为江苏长江文化的代表，吴越文化源远流长，有着勇于进取、敢于开放、崇文重教、精于创新的精神特质。在吴越文化的影响下，打造别样精致、富有活力、充满善意与温暖的宜居之城与幸福之城，是江苏诸多城市的发展目标，也成为吸纳外来人口的重要因素。改革开放以来，"走遍千山万水、说尽千言万语、想尽千方百计、吃尽千辛万苦"的"四千四万"精神造就了"苏南五虎"（无锡、张家港、江阴、常熟、武进），成就了"星期天工程师"，为"苏南模式"的形成奠定了牢固的基础。

（四）以人为本，推动高质量发展转化为高品质生活

把发展成果不断转化为生活品质，要把握好"一域"和"全局"、

国内和国际的辩证关系，从优秀传统文化中汲取发展的理念和智慧、寻找人文经济的精气神。要推进文化名城建设，加强人民群众文化高品质生活载体建设，推动建设完备的文化基础设施和公共文化服务体系。要保障群众的文化基本权利，落实好人民群众文化高品质生活首要任务。一是深化城市文化产业的供给侧结构性改革。持续推进文化产业结构调整。二是重视互联网技术在文化产品供给和需求中的有效对接，如以大数据、现代传媒技术为支撑，科学设计城市文化品牌，讲好传统文化遗产故事。三是深度挖掘江苏城市文化的内涵，设计教育性、参与性和娱乐性较强的文旅产品。

四 彰显中华民族现代文明的江苏特色[*]

新时代新征程，江苏按照走在前、做示范的重大要求，不断丰富"强富美高"的内涵，创造新的实践成果，把"社会文明程度高"体现在中华民族现代文明建设高水平、社会治理高效能上。

（一）打造人文经济学江苏样本

一是深入学习贯彻习近平新时代中国特色社会主义思想。江苏始终把学习宣传贯彻习近平新时代中国特色社会主义思想作为首要政治任务，坚持党的文化领导权，深学细悟习近平文化思想，引导党员干部以实际行动坚定拥护"两个确立"，坚决做到"两个维护"。二是持续深化理论武装。每年组织400多万名基层党员开展冬训、组织理论宣讲骨干宣讲10余万场，精心打造"马克思主义·青年说"等活动品牌，建好用好"学习强国"江苏学习平台，《百炼成钢：中国共产党的100年》等融媒体产品网络点击量均超过30亿次。大型通俗理论节目《中国智慧中国行》在全国所有省级卫视和重点视听平台轮播，取得"现象级"传播效果。三是高水平建设社科强省。在全国率先出台哲学社会科学领域综合性地方性法规，国家社科基金年度项

---

[*] 瞿锦秀，南通大学江苏长江经济带研究院副教授。本部分内容发表于《新华日报》2024年3月5日。

目立项数持续位居各省区市前列。全省社科理论界牢固树立"答卷"意识，围绕学习贯彻习近平总书记提出的"研究人文经济学"重大命题，深入开展人文经济学的理论研究和宣传阐释，加强文化和经济各部门之间的协调配合，形成文化与经济融合发展的合力，以更多优秀成果打造人文经济学的理论研究高地和实践试验基地。

（二）凸显中华民族现代文明江苏标识

一是创新守护中华文化基因。江苏立足丰厚的文化资源，2016 年启动"江苏文脉整理研究与传播工程"，对江苏历史文献典籍进行全方位梳理，加强对江苏文献典籍资源的收集、保护和利用。2022 年启动江苏地域文明探源工程，深入揭示江苏地域文明在多元一体中华文明形成和发展过程中的历史贡献和独特地位，为建设中华民族现代文明贡献江苏力量。二是一体化推进长江大运河国家文化公园江苏段建设。江苏从地域特色和资源禀赋出发，统筹推进长江、大运河两大国家文化公园一体化建设。高质量编制《长江国家文化公园江苏段建设保护规划》，构建"一主八支四片"的长江国家文化公园江苏段建设总体布局。扎实推进大运河国家文化公园建设，推出全国首部促进大运河文化带建设的地方性法规，高水平建成开放扬州中国大运河博物馆，大运河文化带江苏段已成为全国示范样板。三是持续打响"水韵江苏"文旅品牌。2021 年，"文脉中国"课题组将北京、甘肃、河北、河南、江苏、上海、浙江等 9 省份作为代表性省份，测算其文脉共识指数得分。其中江苏文脉关键词即"水韵江苏"，其文脉共识指数达到1341.35，位列 9 省份第一。近年来，江苏通过建好用好"水韵江苏"全球传播中心、"3D 云游·水韵江苏"线上平台等，加强文化输出，提升品牌影响力。

（三）构筑文明风尚江苏高地

一是弘扬社会主义核心价值观。认真贯彻落实《新时代爱国主义教育实施纲要》《新时代公民道德建设实施纲要》，研究出台江苏省行动方案；全面推进爱国主义和社会公德、职业道德、家庭美德、个人品德教育，在全省新时代文明实践所（站）、城乡社区、文明行业建成 4 万多个道德讲堂；

健全先进典型发现培养选树机制，立体化传播先进典型事迹，常态化举办江苏省道德模范与身边好人现场交流活动，在全社会形成好人好报、德者有得的价值导向。二是深入推进精神文明建设。江苏扎实推进道德风尚高地建设，不断提升公民文明素质和社会文明程度。149 个典型入选全国学雷锋志愿服务"四个 100"，14 人获评全国岗位学雷锋标兵，15 个单位获评全国学雷锋活动示范点，创成 29 个全国文明城市、273 个全国文明村镇、396 个全国文明单位、35 所全国文明校园、37 户全国文明家庭，总数均居全国前列。崇德向善、美美与共的文明江苏底色更加鲜亮。三是提升公共文化服务质效。江苏坚持把 75% 以上的一般公共预算支出用于民生领域，持续保障和改善民生，努力在推动高质量发展中创造高品质生活，基本公共服务标准化实现度超过 90%。在全国率先建成"省有四馆、市有三馆、县有两馆、乡有一站、村有一室"五级公共文化设施网络体系，基本形成城市社区"15分钟文化圈"、乡村"十里文化圈"。全省国家一级图书馆、文化馆、博物馆的总数均居全国前列，全省文化产业连续多年居全国第二，人民群众的获得感、幸福感、安全感明显增强。

第六节　智库专家观点

一　智库专家看两会

（一）切实担负起"走在前、挑大梁、多作贡献"的重大责任 *

未来五年是全面推进中国式现代化江苏新实践开局起步的关键时期，江苏如何展现"走在前、挑大梁、多作贡献"的责任担当？

1. "走在前、挑大梁、多作贡献"，江苏的底气从何而来

底气来源于稳固的基本盘，制造业是江苏经济基本盘的底座；底气来源

---

* 成长春，江苏省习近平新时代中国特色社会主义思想研究中心南通大学基地特约研究员，南通大学江苏长江经济带研究院院长兼首席专家、教授、博士生导师。本内容发表于《新华日报》2023 年 3 月 6 日，新华日报记者韩宗峰撰文。

于高水平科技创新，苏南国家自主创新示范区建设取得新突破，江苏的国家重点实验室、国家创新型城市建设走在全国前列；底气来源于江苏人敢闯敢创的精神气质。2022年以来，江苏采取一揽子举措，出台"苏政40条""苏政办22条"和推动经济运行率先整体好转"42条"等，推动经济回稳向好，为稳住全国经济大盘发挥了重要的"压舱石"作用。

2. 经济大省江苏切实担负起"走在前、挑大梁、多作贡献"重大责任，关键要做好的工作

加快实现高水平科技自立自强方面，加快实施创新驱动发展战略，强化企业主体地位，深化科技体制改革。服务全国加快构建新发展格局方面，把实施扩大内需战略同深化供给侧结构性改革有机结合起来，加快建设现代化产业体系，坚持把发展经济的着力点放在实体经济上，深入推进重点领域改革，稳步扩大制度型开放。建设农业强国、推进农业现代化方面，严守耕地红线，把产业振兴作为乡村振兴的重中之重，优化镇村布局规划，强化科技和改革双轮驱动。基层治理和民生保障方面，健全基层党组织领导的基层群众自治机制，坚持和发展新时代"枫桥经验"，紧紧围绕人民群众急难愁盼问题，抓实抓细新阶段工作。坚持和加强党的全面领导，坚定不移全面从严治党。

3. 新征程上全面推进中国式现代化江苏新实践，让"强富美高"新江苏成为全省人民的幸福家园

全面推进中国式现代化江苏新实践，牢牢把握高质量发展这个首要任务。必须完整、准确、全面贯彻新发展理念，始终以创新、协调、绿色、开放、共享的内在统一来把握发展、衡量发展、推动发展；必须更好统筹质的有效提升和量的合理增长，始终坚持质量第一、效益优先，大力增强质量意识，视质量为生命，以高质量为追求；必须坚定不移深化改革开放、深入转变发展方式，以效率变革、动力变革促进质量变革，加快形成可持续的高质量发展体制机制；必须以满足人民日益增长的美好生活需要为出发点和落脚点，把发展成果不断转化为生活品质，不断增强人民群众的获得感、幸福感、安全感。

（二）科技创新赋能现代化产业体系建设*

2023年3月5日，习近平总书记在参加十四届全国人大一次会议江苏代表团审议时围绕"加快实现高水平科技自立自强"发表重要讲话，科技创新与产业发展的有效衔接和融合是科技成果向现实生产力转化的重要支撑，也是形成社会主义现代化强国的坚实物质和技术基础。

党的十八大以来，江苏深入学习贯彻习近平总书记关于科技创新的重要论述，坚持把创新作为引领发展的第一动力，着力打造具有全球影响力的产业科技创新中心，努力在服务国家高水平科技自立自强、建设科技强国中扛起重大责任、勇当开路先锋。

针对当前江苏科技创新与产业发展中部分存在的"有创新、无精尖""有主体、缺活力""有产业、少融合"等问题，仍需在以下几个方面努力和突破。

一是提升原始创新能力和扩大关键核心技术供给。要瞄准世界科技前沿和国家战略需求，以产业链技术评估为基础，全面梳理产业链短板（摸清家底），找准源头性技术创新领域，实现前瞻性基础研究、引领性原创成果重大突破。同时，应紧紧围绕产业链部署创新链，在相应的产业链环节上创新处于国际前沿的核心技术，提前布局重大关键核心技术，实施产业关键核心技术攻坚行动，充分运用"揭榜挂帅"等方式，逐步攻克一批"卡脖子"关键技术。在这过程中，应注重政策的差异化、精准化，从而避免创新资源浪费、低效等问题。

二是依托研发平台构建开放协同的创新网络。通过投融资、财税等政策鼓励社会力量创办多主体投资、多样化模式、企业化运作的新型研发机构。同时，鼓励企业加强与国内外研发机构的对接，创新"柔性引进、离岸孵化、机构引才"等海外人才引进方式，建立对接国际的技术引入平台，支持跨国公司、海外研发机构通过独资、合资、合作等形式来华设立研发机构

---

* 陈晓峰，南通大学经济与管理学院教授、江苏长江经济带研究院产业创新发展研究所所长。本内容发表于江苏长江经济带研究院微信公众号，2023年3月7日。

和科技中介机构，并切实解决项目本土化及其服务协同问题。在这过程中，应注重运营管理团队组建、国际化社区打造，以及项目落地后与本地高校、产业的互动协同，探索多种创新成果转化模式。

三是打造融通循环、高效适配的创新生态体系。整合"政产学研用"等各方面资源，构建企业出题、科研机构答题、各类创新主体相互协同的创新联合体，探索形成龙头企业、配套企业、高等院校、科研院所、金融机构等协同联动、相互赋能的发展格局。同时，应以智能制造和绿色制造为主攻方向，加快构建科技、产业、金融协同互促的产业链供应链生态体系，推动"科技—产业—金融"形成良性循环，加大对战略性新兴产业加快发展、传统产业"数改智转"、现代服务业提质增效、平台载体建设等的支持力度。

四是多管齐下推动产业链和创新链深度融合。围绕产业链部署创新链、围绕创新链布局产业链，一方面要以产业需求为导向进行创新并形成新的增长点，另一方面要以创新成果引导产业转型升级。要通过拆除阻碍产业化的"弹簧门""篱笆墙"（打通科技创新能力供给堵点），真正实现创新链和产业链互动、互促、互融，使创新迭代有动力、产业升级有支撑，促进创新成果更快、更好转化。同时，推动两链深度融合需有效市场和有为政府（"两只手"）协同发力，把握大势、抢占先机，建立具有中国特色的产业创新体系。

五是打造具有稳定预期和充分激励的创新环境。建议在条件允许的情况下，逐步降低科技型企业的各项税费和成本，尊重企业家的创新意愿，并尽可能地提供跟踪反馈服务，真正激发企业转型升级与协同发展的内生动力。同时，可充分利用大数据、互联网等手段推动人才资源互认共享、社保一体化等，建立基于"创新资源"合作的跨区域人才联合培养机制，有效调动各类主体的创新积极性。此外，在条件相对成熟地区打造科创共同体的基础上（长三角、粤港澳等城市群或都市圈），可逐步推行"科技创新券"等的通兑使用。

（三）创新基层治理，推进治理现代化*

2023 年 3 月 5 日，习近平总书记在参加十四届全国人大一次会议江苏代表团审议时指出，基层治理和民生保障事关人民群众切身利益，是促进共同富裕、打造高品质生活的基础性工程，这是非常有意义的科学判断。

在不断创新中，统筹推进乡（镇、街道）和城乡社区治理，是实现国家治理体系和治理能力现代化的基础工程。

为此，在探索基层治理实践中，应当因地制宜，结合工作实际，进行孜孜不倦地探索。在宣传教育、终端投入、管理机制上多方发力，深入推动基层法治政府建设。

积极建设基层治理的信息化运行机制，实现数据网上传、事件网上办，初步形成矛盾纠纷排查化解、网格员办理民生事务等工作闭环管理的信息化、数据化治理模式。

司法机关应推进诉源治理工作，积极争取地方党委、政府支持，主动融入基层社会治理大局，将非诉讼纠纷解决机制向重点领域和基层延伸，将法院诉讼服务和调解工作融入社会综合治理格局，以委派调解、委托调解为抓手，着力强化矛盾纠纷源头预防、前端化解、关口把控，使矛盾纠纷进入诉讼程序前就得到实质性化解。

坚持共建共治共享，让人民群众唱主角，推动基层治理和服务重心向基层下移，拓宽群众参与基层治理渠道，构建起党组织统一领导、各类组织积极协同、广大群众广泛参与的多元共治格局，着力解决群众的操心事、烦心事、揪心事，在高质量发展中不断增强群众的获得感、幸福感、安全感，更好满足人民群众日益增长的美好生活需要。

（四）以优质服务和精细管理打造好人民幸福安康的基础性工程**

人民幸福安康是推动高质量发展的最终目的。2023 年 3 月 5 日，

---

* 宋超，江苏长江经济带研究院特聘研究员、南通大学经济管理学院副院长、教授。本内容发表于江苏长江经济带研究院微信公众号，2023 年 3 月 8 日。
** 李燕霞，江苏长江经济带研究院特聘研究员、南通大学经济管理学院教授。本内容发表于江苏长江经济带研究院微信公众号，2023 年 3 月 8 日。

习近平总书记在参加十四届全国人大一次会议江苏代表团审议时强调，基层治理和民生保障事关人民群众切身利益，是促进共同富裕、打造高品质生活的基础性工程。

满足人民群众美好生活需要，基层社区治理和服务是"最后一公里"，其内涵是具体而丰富的，主要表现为人民群众急难愁盼的问题能获得高质量公共服务支持，身边的矛盾纠纷能得到及时和公正的化解，等等。

为此，需要完善网格化管理、精细化服务、信息化支撑的基层治理平台，提升社区公共服务能力，健全基本公共服务体系，以更多惠民生、暖民心举措，解决好人民群众最关心最直接最现实的利益问题，以家门口的优质服务和精细管理增强人民群众的获得感、幸福感、安全感。

（五）完善新型举国体制推进关键核心技术攻关[*]

2023 年政府工作报告指出，"完善新型举国体制，发挥好政府在关键核心技术攻关中的组织作用，突出企业科技创新主体地位""加快建设现代化产业体系，围绕制造业重点产业链，集中优质资源合力推进关键核心技术攻关"，充分体现了我国社会主义市场经济条件下集中力量办大事的体制优势，有助于我国加快突破制造业产业链的卡点、堵点，从而加快建设自主可控、安全可靠、竞争力强的现代化制造业体系。

集中优质资源合力推进关键核心技术攻关是我国新型举国体制的重要实践路径。我国在科学统筹、集中力量突破发展问题方面具有鲜明优势，这一优势已经在 1949 年以来交通、能源、农业、信息等方面取得的巨大成就中得以体现。我国改革开放以来的科技创新实践也表明，举国体制是中国科技自主创新、自立自强的法宝。近年来我国在载人航天、探月探火、深海深地探测、超级计算机、卫星导航、大飞机制造等领域取得关键核心技术的突破，充分验证了新型举国体制的巨大优势。

发展到今天，新型举国体制有了新的核心任务——关键核心技术攻关，

---

[*] 陈长江，江苏长江经济带研究院沿海沿江发展战略研究所所长，研究员。本内容发表于江苏长江经济带研究院微信公众号，2023 年 3 月 10 日。

有了新的目标定位——在若干重要领域形成竞争优势、赢得战略主动。这需要我国面对新形势和新目标开展新探索。要应对新形势下制造业"卡脖子"挑战，在未来激烈的国际科技竞争、经济竞争中抢占制高点、掌握主动权，突破关键核心技术，保证产业体系自主可控和安全可靠。必须进一步完善新型举国体制，通过政府和科技部门的有效组织、引导、协调多种资源、多条线路、多个团队，充分调动战略科技力量和全国乃至全球科技创新力量，使我国在重要科技领域成为全球领跑者，在前沿交叉领域成为开拓者。

加强组织保障和政策保障。要针对光刻机、芯片、操作系统等核心基础技术攻关建立相应的制度，组织由科技领军专家领衔的、有政策保障的技术团队，政府、企业、高校、科研机构等共同参与，聚焦推动核心技术攻关，整合、优化配置科技创新资源。

大力培育科技领军人才。改革人才培养机制，大力提倡创新型、贯通型人才教育，培养各个领域的科技领军人才，通过提高战略型科技创新人才质量，加强制造业的核心技术攻关，从而提升核心技术攻关的成功率。

建立制造业核心技术攻关投融资机制，优化资源配置。政府可以建立投融资机制，引导不同社会资本投资核心技术攻关项目，形成创新竞争机制，提高攻关效率。

建立制造业关键技术创新评估和奖励机制，更大力度推动技术突破。政府可以建立技术创新评估和奖励机制，激励企业和研发机构参与核心技术攻关，提高攻关的积极性和创新性。

（六）着力推动发展方式绿色转型*

国务院总理李克强 2023 年 3 月 5 日在政府工作报告中指出，推动发展方式绿色转型是今后我国经济社会发展的重点工作之一。

江苏在全国发展大局中具有重要地位，如何推进新时代发展方式绿色转型是谱写"强富美高"新江苏现代化建设新篇章的关键问题之一。

---

* 叶磊，南通大学地理科学学院院长助理、江苏长江经济带研究院空间数据分析与应用研究所副所长、副教授。本内容发表于江苏长江经济带研究院微信公众号，2023 年 3 月 10 日。

一是加强政策引导。有序出台相关政策文件，对绿色产业加大扶持和鼓励力度，同时对传统高耗能、高污染行业进行限制和淘汰，推动绿色经济可持续发展。二是促进技术创新。加大对绿色技术的研发和应用力度，鼓励企业加强技术创新和转型升级，实现节能减排和资源循环利用，提高产业绿色发展水平。三是建立绿色供应链。推动企业建立绿色供应链，从源头控制环境污染，避免资源浪费，提高企业生产效率和品牌形象。

（七）提高农产品质量安全，增强人民群众安全感[*]

2023年3月5日，习近平总书记在参加十四届全国人大一次会议江苏代表团审议时强调，高质量发展是全面建设社会主义现代化国家的首要任务。必须更好统筹质的有效提升和量的合理增长，始终坚持质量第一、效益优先，大力增强质量意识，视质量为生命，以高质量为追求；必须以满足人民日益增长的美好生活需要为出发点和落脚点，把发展成果不断转化为生活品质，不断增强人民群众的获得感、幸福感、安全感。

2022年农业农村部抽检蔬菜、水果、茶叶、畜禽产品、水产品等五大类产品106个品种130项参数14437个样品，总体合格率为97.6%，而20世纪90年代起欧盟的总体合格率就在99%以上。

因此，我国农产品质量安全治理仍面临不少挑战。首先，一些地区的农产品质量安全管理机制不够完善，存在监管不力的情况。其次，一些农业生产企业缺乏质量安全意识，存在不合理使用农药、化肥等现象，导致农产品质量不达标。

面对这些挑战，政府、生产者和消费者需要采取一系列措施，共同促进农产品质量提高，增强人民群众的幸福感。

首先，政府要加强农产品质量安全监管。政府应当加强对农产品生产、流通、销售等环节的监管，完善农产品质量安全标准和相关法律法规。同时，政府还应当提高农民的质量安全意识，加强对农民的相关知识培训，帮

---

[*] 童霞，江苏长江经济带研究院特聘研究员、南通大学经济管理学院教授。本内容发表于江苏长江经济带研究院微信公众号，2023年3月11日。

助农民掌握正确的农业生产技术和管理方法。

其次，生产者要增强农产品生产安全意识。农户和农业经营主体应当树立农产品生产质量安全意识，建立健全质量管理体系和质量检测体系，保证农产品的质量安全。

最后，消费者要增强农产品消费安全意识。消费者应当提高对农产品质量安全的认知水平，了解如何正确选择农产品。消费者还应当积极参与农产品质量安全监督，对于发现的农产品质量安全问题及时向有关部门举报，为保障农产品质量安全做出自己的贡献。

（八）全面深入推动农业全产业链转型升级[*]

2023年3月5日，习近平总书记参加十四届全国人大一次会议江苏代表团审议时强调，农业强国是社会主义现代化强国的根基，要把产业振兴作为乡村振兴的重中之重，积极延伸和拓展农业产业链，培育发展农村新产业新业态，不断拓宽农民增收致富渠道。

2023年，江苏依托农业农村特色资源，以农业全产业链建设为抓手，积极拓展乡村产业发展空间，促进一二三产业深度融合，持续推动乡村产业高质量发展走在前列。为此，在推动江苏农业全产业链高质量发展中，应当坚持统筹全局、畅通堵点和精准施策的理念，打通阻力点、挖掘新亮点、拓展新功能、催生新业态，全面深入推动农业全产业链升级。

培育壮大主体，打通农业产业链阻点。一方面，培育壮大新型农业经营主体，加强社会各界与新型农业经营主体的合作，实现小农户和现代农业的有机衔接。另一方面，着力培育全产业链"链主"企业，引领农业产业集聚，同时带动农业产前、产中、产后等各类主体融入全产业链，通过完善各主体利益联结机制，打通优质粮油、规模畜禽、特色水产、绿色果蔬等重点产业链堵点。

创新特色模式，挖掘农业产业链新亮点。重点围绕精品旅游农业、创新

---

[*] 王桂玲，江苏长江经济带研究院空间数据分析与应用研究所兼职研究员，南通大学地理科学学院讲师。本内容发表于江苏长江经济带研究院微信公众号，2023年3月11日。

电商营销手段、做强特色产业等，加快推动农业发展模式创新，培育农业发展新亮点。持续推介乡村休闲旅游农业特色项目，多途径、多元化开发非假日乡村夜经济、康养休养、科普教育等项目，积极探索"村企联建+农户参与+特色产业"融合发展模式。利用互联网赋能特色产业，探索具有地方特色的农产品互联网销售新模式。

贯通产加销服，拓展农业产业链新功能。聚焦县域特色产业，促进农业向加工、流通、品牌、体验、旅游、服务等领域纵向延伸，促进农业全产业链融合，形成农业产加销服一体化发展新格局；融合农文旅、农商旅、农康旅、农网旅等，不断拓展农业功能，挖掘乡村多元价值，实现乡村产业多元化开发、多层次利用、多环节增值。

推动数实融合，催生农业产业链新业态。促进数字技术与实体经济融合，运用产业振兴与人才振兴双轮驱动乡村振兴，为农业产业链催生新业态、提供新动能，实现农业"研产供销"全链路数字化发展。在特色基地建设智慧农场、牧场、渔场，拓展农机作业、农情监测等应用场景，支持农产品加工企业加大新工艺研发应用和加工设施设备改造升级力度，建设智能示范车间和仓储物流，同时，基于互联网创新发展，探索发展共享农场、"云"农场等经营新业态。

（九）加快建设现代化产业体系 *

"加快建设现代化产业体系"被首次写入政府工作报告（以下简称"报告"）。报告指出，要围绕制造业重点产业链，集中优质资源合力推进关键核心技术攻关。加强重要能源、矿产资源国内勘探开发和增储上产。加快传统产业和中小企业数字化转型，着力提升高端化、智能化、绿色化水平。加快前沿技术研发和应用推广。完善现代物流体系。大力发展数字经济，提升常态化监管水平，支持平台经济发展。

其中重点突出了数字化转型在构建现代化产业体系中的重要作用。江苏

---

* 周晶晶，江苏长江经济带研究院产业创新发展研究所兼职研究员，南通大学经济与管理学院讲师。本内容发表于江苏长江经济带研究院微信公众号，2023 年 3 月 11 日。

省要全面推进数字技术在全产业链中的应用和推广、加快数字平台建设、大力发展数字经济，加强数字技能人才培训，推动众多中小企业数字化转型发展，是有效推进江苏"勇挑大梁、走在前列"的重要手段。

江苏是全国的制造业大省，以实体经济见长，制造业大而不强的问题突出，如何深入推动传统产业与数字技术深度融合，实现全省产业提质增效转型发展，是今后未来产业布局谋划需要重点关注的问题。

为此，需要基于全省雄厚的制造业基础，为数字化与制造业融合发展提供创新"试验田"，以包容、开放、进取的心态看待数字化与现代化产业体系构建，让数字技术在传统行业中绽放出更加绚丽多彩的花朵，推动全省制造业产业链格局重塑。

（十）把握"首要任务"，提升"江苏制造"*

习近平总书记参加了十四届全国人大一次会议江苏代表团审议，集中系统地阐述了全面建设社会主义现代化国家的首要任务是"高质量发展"。

江苏作为高质量发展的"先遣兵"，应切实担负"走在前、挑大梁、多作贡献"的重大责任。江苏从制造业起步、以实体经济见长，近年来尤其是在先进制造业集群建设和产业科技创新方面成效显著，但由"制造大省"变为"制造强省"依然任重道远。

现阶段，江苏应在新发展理念的指导下，持续注重转变发展方式、优化产业结构，努力实现量的合理增长与质的有效提升，不断促进产业链、创新链深度融合；以智能制造、绿色制造为主攻方向，逐步推动制造业转型升级，并大力实施产业链、供应链提升行动。在加强科技创新和扩大内需方面加大投入，以确保经济持续稳定发展，更好地发挥经济高质量发展的示范引领作用。

（十一）全面推进乡村振兴，加快建设农业强省**

2023年政府工作报告指出，推进乡村振兴依然是工作的重点之一。

---

* 金飞，江苏长江经济带研究院产业创新发展研究所兼职研究员。本内容发表于江苏长江经济带研究院微信公众号，2023年3月11日。

** 刘波，江苏长江经济带研究院生态研究所所长，南通大学地理科学学院副院长、教授。本内容发表于江苏长江经济带研究院微信公众号，2023年3月12日。

江苏是鱼米之乡、农业大省，如何持续推进乡村振兴，在新征程上全面推进中国式现代化江苏新实践，为谱写"强富美高"新江苏现代化建设新篇章奠定坚实基础，是值得探讨的重要议题。

一是要提升生态环境水平。党的十八大以来，国家高度重视乡村生态文明建设，并将其作为乡村振兴战略的重中之重。要统筹乡村振兴、农村人居环境整治、农业农村污染防治等工作，以资源化利用为抓手，将农村污水垃圾治理、厕所革命、畜禽粪污处理、秸秆综合利用等工作有效衔接起来。发挥农村生态优势，推动乡村绿色生产方式转变，推进乡村产业链延伸和一二三产业融合发展。

二是要推进城乡融合发展。要把县域作为城乡融合发展的重点。强化制度供给，健全农业转移人口市民化机制，深化农村土地制度改革，强化财政投入保障，完善乡村金融服务体系，打通城乡要素自由流动的通道，促进人才、资金、技术等各类要素注入乡村振兴。以县为单位统一规划产业发展，引导二三产业向乡村布局，建设农业产业强镇，把就业岗位和产值增值收益更多地留在农村、留给农民。

三是要繁荣乡村文化建设。要加强文化建设助力乡村振兴，通过挖掘乡村文化、弘扬传统文化、加强文化产业发展来推进乡村振兴。以乡村集体记忆和文化符号为载体，保持乡村底色，注重优秀传统农耕文化的发掘和保护。加强对村民传统文化的宣传和教育，强调传统文化在文化产业发展中的引领作用。充分提升传统文化的渗透性，努力以传统文化影响农村居民的精神风貌，让每一个在乡村生活的人都能真切感受到乡风文明，体验到受传统文化熏陶带来的幸福感、自豪感及自信心。

（十二）以交通运输现代化赋能江苏高质量发展*

2023 年 3 月 5 日，习近平总书记在参加十四届全国人大一次会议江苏代表团审议时强调，高质量发展是全面建设社会主义现代化国家的首要任

---

* 陈为忠，江苏长江经济带研究院综合交通运输研究所所长、副教授。本内容发表于江苏长江经济带研究院微信公众号，2023 年 3 月 12 日。

务，加快构建新发展格局是推动高质量发展的战略基点。

作为国民经济的基础性、战略性、先导性产业，交通运输行业在构建新发展格局中发挥着先行作用。

党的十八大以来，江苏交通运输事业蓬勃发展，长江深水航道、跨江通道、"轨道上的江苏"、"水运江苏"等区域重大交通工程顺利推进，航运、班列、机场物流规模持续扩大，在保障国内外产业链供应链畅通安全方面发挥了重要作用；还拥有规模宏大的交通运输装备制造业，在高技术船舶、大飞机制造、高快速交通设备、交通信息化等领域成绩斐然。

未来，江苏要以省部共建交通运输现代化示范区为契机，积极对接国家战略需求，协同推进世界级港口群、机场群、中欧班列集结中心等物流枢纽建设，增强海陆空国际运输大通道的稳定性、安全性，更好地服务带动区域协调发展和国内国际联动发展；持续推进"四好农村路"建设，规范网络货运平台发展，高标准建设县、乡、村三级物流体系，引导服务城乡物流双向循环，更好地服务推动乡村振兴；坚持创新核心地位，打好交通运输领域关键核心技术攻坚战，大力发展先进交通装备，鼓励发展新能源车船、通用航空、邮轮游艇等产业，系统布局新型基础设施，加快拥有自主知识产权的技术和产品在交通运输行业的应用，形成新的投资热点和增长动能。

（十三）以高水平开放推动构建新发展格局，促进经济高质量发展[*]

习近平总书记 2023 年 3 月 5 日在参加十四届全国人大一次会议江苏代表团审议时指出，"加快构建新发展格局是推动高质量发展的战略基点"，并强调要按照构建高水平社会主义市场经济体制、推进高水平对外开放的要求，深入推进重点领域改革，统筹推进现代化基础设施体系和高标准市场体系建设，稳步扩大制度型开放。习近平总书记的重要讲话深刻阐述，以高水平对外开放加快构建双循环新发展格局是中国式现代化的必由之路和客观要求。

---

[*] 黄建锋，江苏长江经济带研究院开放经济研究所常务副所长，南通大学经济与管理学院副教授。本内容发表于江苏长江经济带研究院微信公众号，2023 年 3 月 12 日。

面对风高浪急的复杂国际环境，一是要持续深化国内体制机制改革，稳步扩大规则、规制、管理、标准等制度型开放，完善包括民营企业和外资企业在内的各类市场主体参与公平竞争的制度环境，创建一流的营商环境，为国际国内资本要素的高效配置筑起坚强的后盾。二是要推进《区域全面经济合作伙伴关系协定》（RCEP）深入实施，推动共建"一带一路"高质量发展，共享开放发展红利，加快形成与 RCEP 成员国、"一带一路"沿线国家（地区）间更为紧密的产业链供应链国际分工体系，主动融入以 CPTPP、DEPA 等为代表的高水平多边合作框架协定，积极参与全球经济治理改革。三是加快发展数字经济，全力推动产业数字化转型，优化贸易结构，培育数字贸易、服务贸易等新的贸易增长点，全面提升产业国际竞争力。

（十四）培育创新文化关键在教育*

习近平总书记在参加江苏代表团审议时强调，牢牢把握高质量发展这个首要任务；并指出加快实现高水平科技自立自强是推动高质量发展的必由之路，要大力培育创新文化。创新文化是一种"有利于催生创新灵感、激发创新潜能、保持创新活力的社会环境和文化氛围"，是推动创新实践的重要基础。

培育创新文化，教育要先行。习近平总书记在党的二十大报告中指出，全面建设社会主义现代化国家、全面推进中华民族伟大复兴，科技是关键，人才是根本，教育是基础。教育兴则国家兴，教育强则国家强。回顾历史，国家繁荣昌盛、经济持续发展、人民生活美好的背后，无一不体现出科技立国、教育立国的基本逻辑，无一不是把教育视为对未来的"先期投资"。放眼全球，面对世界新一轮科技革命和产业变革的迅猛发展，一国对创造力、创新力的培养和投资，已经成为保持领先的重要密码，而创造力和创新力依赖于人才，根本要依靠教育。

宏观上，要深化教育领域综合改革。以"标准答案"为特征的应试教

＊　瞿锦秀，南通大学江苏长江经济带研究院副教授。本内容发表于江苏长江经济带研究院微信公众号，2023 年 3 月 14 日。

育方式扼杀了学生的好奇心、求知欲和探索精神，束缚了创新思维；"唯分数"论扭曲了学生的科技价值观，劣化了创新型人才产生的土壤。尽管我们一直在作推动素质教育的努力，但本质上依然难以走出应试教育的怪圈，同时还面临教育公平等问题。新时代新征程，要坚持问题导向，勇于打破观念束缚和体制机制障碍，更加注重教育改革的系统性、整体性、协同性，充分发挥教育评价改革的"指挥棒"作用，将科学精神更深地植入青少年的主流文化，以教育评价改革为牵引，统筹推进育人方式、办学模式、管理体制、保障机制改革，完善学校管理和教育评价体系，建立促进学生身心健康、全面发展的长效机制。

微观上，要探索全过程创新教育模式。创新文化的形成非一日之功，要循序渐进、系统推进、久久为功。从生命成长维度看，要从娃娃抓起，从培养中小学生的创新意识、科学素养、创新能力入手，为培养造就拔尖创新人才奠定基础。从教育组织维度看，要改进教学方式，因材施教，不断提升学生主动思考和自主学习的能力；要优化教学过程，促进教师与学生之间的平等交往，鼓励学生独立思考，让学生充分发表个人见解、表达个人思想；要完善考评制度，采取灵活多样的考试形式和方法，更好地服务于学生创新素质提升与能力发展的需要；要创新教学管理模式，形成有利于培养高素质创新人才的良好环境。

（十五）加快以县城为重要载体的城镇化建设*

2023年政府工作报告及党的二十大报告均指出，完善县城功能，增强县城综合承载能力，推进以县城为重要载体的城镇化建设。县城是我国城镇体系的重要组成部分，亦是连接城乡承上启下的重要纽带。以县城为重要载体的城镇化建设是推动新型城镇化的内在要求，也是促进区域协调发展的重要手段。

持续推进以人为本的新型城镇化，一是规划先行，围绕产业升级、人口

---

* 孟越男，南通大学江苏长江经济带研究院讲师。本内容发表于江苏长江经济带研究院微信公众号，2023年3月14日。

集聚、交通顺畅、服务均等、生态联防等，准确把握当前县城发展的基本特征与趋势，加快编制以县城为主要载体的城镇化建设规划；二是健全机制，围绕政府、企业、民间组织等主体健全县域城镇化体制机制和政策体系；三是分区调控，结合县城人口集聚和农业人口市民化、各地县城发展不平衡不充分、各类资源要素配置不均衡等主要问题，进一步完善我国不同区域板块、不同自然禀赋地区之间的调控机制；四是示范引领，通过对我国重点地区城镇化的案例开展研究，总结行之有效、可复制、可推广的经验，为我国其他地区积极探索构建城乡区域协调发展新格局，推动以县城为重要载体的城镇化建设提供典型样本。

（十六）建设宜居宜业和美乡村，助力乡村振兴发展*

2023 年 3 月 5 日，习近平总书记参加十四届全国人大一次会议江苏代表团审议时提出，优化镇村布局规划，统筹乡村基础设施和公共服务体系建设，深入实施农村人居环境整治提升行动，加快建设宜居宜业和美乡村。推进以人为核心的新型城镇化，提升乡村人居环境品质，是实现乡村振兴战略的重要载体，也是建设美丽中国的重要支撑。

党的十八大以来，江苏围绕深入推进实施乡村振兴战略，出台了专项行动方案，注重人居环境提升，强化乡村组织机制保障，深化土地制度改革，打造优势特色产业，在城乡融合和特色田园乡村建设方面取得了可喜的成绩。目前，伴随着高速的城镇化进程，江苏发展不平衡不充分问题在乡村依然明显，农业农村发展相对滞后的状况尚未得到根本改变。农村环境和生态问题犹存，人居环境有待优化。部分乡村还存在资源人才外流、活力不足、公共服务设施短缺、人口老龄化和"空心化"、乡土特色缺失等问题。

一是推进城乡融合，协调三生空间。实施全省"1+3"重点功能区战略，统筹布局"紧凑型城镇"和"开敞型区域"两类空间。根据地区不同发展阶段和水平，梯次推进乡村振兴战略的实施步伐。在宁锡常接合片区开

---

　　* 刘峻源，南通大学江苏长江经济带研究院副研究员。本内容发表于江苏长江经济研究院微信公众号，2023 年 3 月 14 日。

展城乡融合试验区建设，强化先行先试、示范引领、观照全局。统筹利用生产空间，合理布局生活空间，严格保护生态空间，努力打造集约高效生产空间，营造宜居适度生活空间，保护山清水秀生态空间。

二是因地制宜、分类引导村庄。科学把握省内不同地区、不同村庄的差异和特点，明确村庄的分类或分级体系，指导乡村规划编制。按照集聚提升、融入城镇、特色保护、搬迁撤并的思路，在更大区域范围内予以统筹考虑，不宜采用"一刀切"的规划建设标准。高质量培育产城融合特色小镇，加强重点中心镇和特色小城镇建设。发挥小城镇连接城市和农村的纽带作用，强化其在城镇体系中的重要节点地位，增强其对周边乡村的辐射带动作用。

三是加强乡村生态宜居环境建设。良好的生态环境是农村最大的优势和宝贵的财富，要坚持尊重自然、顺应自然、保护自然，严格保护农村自然生态系统、山水林田湖草、重要水源涵养区、自然湿地和野生动植物资源，完善公益林、湿地、重要水源地等生态补偿机制，推动农业生态资源保护。坚守生态保护红线，实施生态河湖建设和农村人居环境整治提升等行动，出台村庄环境整治五年行动规划，分阶段有序实施。加强农村生活污水、生活垃圾处理、村容村貌整治，下大力气逐步清除农村黑臭水体，大力推进农村"厕所革命"，推动乡村生态振兴，建设人与自然和谐共生的美丽宜居乡村。

四是推进特色田园乡村建设，延续乡村传统文脉。注重原有村落的风格与特点，延续村庄传统肌理，塑造建筑和空间形态特色。充分依托村庄外围的山、水、林、田、湖等生态要素，形成富有传统意境的田园乡村景观格局。注重乡土气息，体现地方特色和地域特征，让乡村"回归"乡村，体现本土之美。传承发展农村优秀传统文化。实施农耕文化传承保护工程、非物质文化遗产传承发展工程，大力推动实施传统工艺振兴计划，传承乡土文脉，加强民间技艺、乡风民俗的挖掘、保护和传承。利用丰富的乡贤文化资源，提升村民的生活品质。打造平原地区、丘陵山区、沿海垦区、里下河圩区等各具特色的农村文化标识。加强农村文物古迹和古黄河、古运河等农业遗迹保护，着力保护历史文化名村、传统村落和传统建筑组群。建设立足乡土社会、富有地域特色、承载田园乡愁、体现现代文明的升级版乡村。

五是强化公服和基础设施建设，提高生产生活水平。统筹城乡公共文化设施布局，推动公共教育、医疗卫生、社会保障等资源向农村倾斜。通过"乡村公共服务节点"的合理布局和设施配置，建立公共服务设施体系，实现城乡基本公共服务均等化，逐步建立健全全民覆盖、普惠共享、城乡一体的基本公共服务体系。加强基层文化资源整合，推进公共数字文化建设，积极开展农村健康、普法等活动，推动全民阅读进农村、进家庭。高标准推进农村基础设施建设。促进城镇基础设施向农村延伸，实现互联互通、共建共享。健全新型农村综合信息服务体系，集聚各类信息服务资源，全面推进信息产品和服务进村入户。实施农村电网改造升级行动，提高城乡电力保障均等化水平。

二　第四次长江经济带发展座谈会精神学习体会

（一）推动长江经济带绿色发展的世界观和方法论[*]

推动长江经济带发展是以习近平同志为核心的党中央作出的引领经济发展新常态、科学谋划中国经济新棋局的重大决策部署。党的十八大以来，习近平总书记多次深入沿江省市调研，先后四次主持召开推动长江经济带发展座谈会并发表重要讲话，用马克思主义的世界观和方法论对长江经济带发展作出部署，充分体现了"必须坚持人民至上，必须坚持自信自立，必须坚持守正创新，必须坚持问题导向，必须坚持系统观念，必须坚持胸怀天下"的精神内核，是习近平新时代中国特色社会主义思想的重要组成部分，为长江经济带绿色发展指明了方向。

1. 坚持人民至上是推进长江经济带绿色发展的根本出发点

人民立场是中国共产党人奋斗的根本立场。"六个必须坚持"中，"坚持人民至上"置于首位。习近平总书记始终把人民放在心中最高位置，坚

---

[*] 成长春，南通大学江苏长江经济带研究院院长，江苏省习近平新时代中国特色社会主义思想研究中心特约研究员；陈辰，南通大学马克思主义学院硕士研究生。本内容发表于江苏长江经济带研究院微信公众号，2023 年 10 月 16 日。

持人民至上是贯穿其关于推动长江经济带发展的重要论述的一条红线，充分体现了习近平新时代中国特色社会主义思想鲜明的人民性价值立场。

不断满足人民对优美生态环境的需要。长江是中华民族的母亲河、生命河，保护好一江清水是沿江人民的共同期盼。2020年，习近平总书记来到南通市五山地区滨江片区考察调研，着重关注这里的水质状况、禁捕退捕工作进展和渔民的安置情况，并在与市民交谈时深情地指出，"'上下同欲者胜'。我们干事业，只要是为了老百姓的利益，就能得到老百姓的拥护，也就能够最终办成"。在全面推动长江经济带发展座谈会上，习近平总书记强调，"我们要坚持人民至上，只要是人民群众欢迎、咧嘴笑的事，再难也要干到底；只要是人民群众不高兴、撇嘴的事，就坚决不要干！"习近平总书记心系长江沿岸人民，多做让人民群众"咧嘴笑"的事为长江经济带绿色发展锚定了方向。

依靠人民推动长江经济带绿色发展。长江流域的治理需要协调各方力量，人民群众是推动长江经济带绿色发展的主力军。要充分调动人民群众的积极性、主动性，共同守护好母亲河。习近平总书记在马鞍山考察时作出"人民保护长江、长江造福人民"的科学论断。在制定长江流域"十年禁渔"政策的过程中，国家高度重视群众意见，鼓励建言献策，充分汲取民智；在《中华人民共和国长江保护法》的制定过程中，全国人大环资委多次组织召开座谈会，旨在汲取各方智慧以实现长江经济带发展国家战略目标的法治化，深刻破解了人与长江、发展与保护、当前利益与长远利益、历史传承与现代文明等深层次的关系和矛盾，为构筑长江文明新形态提供了价值遵循。

绿色发展成果由全体人民共享。"良好的生态环境是最公平的公共产品，是最普惠的民生福祉。"环境质量怎么样，老百姓的感受最直接、最强烈；污染治理成效怎么样，要由老百姓说了算。习近平总书记提出，要把修复长江生态环境摆在压倒性位置，构建综合治理新体系，统筹考虑水环境、水生态、水资源、水安全、水文化和岸线等多方面的有机联系，推进长江上中下游、江河湖库、左右岸、干支流协同治理，改善长江生态环境和水域生态功能，提升生态系统质量和稳定性。坚持绿色发展成果由全体人民共享，就是要坚持以解决人民最关心、最直接、最现实的生态环境保护和经济发展问题为重点，不断提高人民群众的获得感、幸福感、安全感。

2. 坚持自信自立是推进长江经济带绿色发展的基本立足点

党的二十大报告指出，中国的问题必须从基本国情出发，由中国人自己来解答。推动长江经济带绿色发展正是体现了把命运牢牢掌握在自己手中，把国家和民族发展放在自己力量的基点上。习近平总书记提出以"共抓大保护、不搞大开发"为战略导向发展长江经济带，既强调对自身发展的信心，又强调在与外界关系中要自立，体现了习近平新时代中国特色社会主义思想的认识论原则。

母亲河的地位赋予长江经济带绿色发展的文化自信。在推动长江经济带发展座谈会上，习近平总书记强调，长江是中华民族的母亲河，也是中华民族发展的重要支撑。赋予了长江"母亲河"的最高地位。长江哺育了一代代中华儿女，滋养着五千年中华文明。长江下游的良渚遗址、河姆渡遗址，长江中游的湖北京山屈家岭遗址、湖南安乡汤家岗遗址，长江上游的三星堆遗址等有力地证明了长江流域是中华民族远古文化的发祥地。从巴山蜀水到江南水乡的千年文脉，长江对中华文化共同体的形成与发展产生了重要作用，有力地增强了我们的文化自信，是坚持自信自立治理长江流域、推动长江经济带绿色发展的精神支柱。

推动长江经济带绿色发展有利于稳固其经济中心地位。习近平总书记指出，长江经济带是我国经济中心所在、活力所在。长江经济带面积为205.1万平方公里，占全国面积的21.39%，人口规模和经济总量均占全国的半壁江山，生态地位突出，发展潜力巨大。长江经济带从西向东横跨华夏大地，串起东、中、西三大板块，形如一条舞动的巨龙，撑起了我国经济的"脊梁"。因此，只有保护好长江，才能切实推动我国经济高质量发展，实现中华民族永续发展。

长江生态环境的转折性变化进一步增强了我国推动绿色发展的自信心。从习近平总书记在第一次座谈会上提出"共抓大保护、不搞大开发"以来，在党中央坚强领导下，沿江省市推进生态环境整治，促进经济社会发展全面绿色转型，力度之大、规模之广、影响之深，前所未有，长江经济带生态环境发生了转折性变化，经济社会发展取得历史性成就。从高空俯瞰，一条长江"绿带"愈加明显。生态环境保护取得的这些新成就进一步增强了我国推动长江经济带绿色发展的自信心。

3. 坚持守正创新是推进长江经济带绿色发展的主要着力点

党的二十大报告把坚持守正创新上升到世界观和方法论高度。习近平总书记关于推动长江经济带发展的重要论述是在固本培元的同时，开拓创新，体现了在守正中创新，在创新中守正，为长江经济带绿色发展提供了方法论指导。

坚持马克思主义经典作家生态思想。守正首先守的是对马克思主义的坚定信仰。习近平总书记强调，"学习马克思，就要学习和实践马克思主义关于人与自然关系的思想"。习近平总书记多次引用恩格斯在《自然辩证法》中的名言："我们不要过分陶醉于我们人类对自然界的胜利。对于每一次这样的胜利，自然界都对我们进行报复。"长江经济带发展战略从经济社会发展全局出发，将"生态优先、绿色发展"作为核心理念和战略定位，坚守"共抓大保护、不搞大开发"的实践基准，是对损害甚至破坏生态环境的发展模式的坚决摒弃，也是对马克思主义关于人与自然关系理论的坚守。

传承中华优秀传统文化中的生态智慧。守正创新还应守中华优秀传统文化之正。习近平总书记在全国生态环境保护大会上的讲话中指出，中华民族向来尊重自然、热爱自然，绵延 5000 多年的中华文明孕育着丰富的生态文化。习近平总书记在秉承"天人合一、顺应自然"的中华优秀传统文化理念的基础上，提出"绿水青山就是金山银山"理念，为长江经济带高质量发展培根铸魂；借鉴庄子哲学中"天地与我并生，而万物与我为一"的古老智慧，提出长江经济带要努力建设成为人与自然和谐共生的绿色发展示范带。总之，习近平总书记提出的长江经济带绿色发展理念，凝聚了中华优秀传统文化的精华，彰显了坚守中华优秀传统文化的自信和自觉。

运用创新思维推动长江经济带绿色发展。回看来时之路是为了更好地走好前行之路。"新"就是运用创新思维从中国具体实际出发说新话、办新事、求实效。习近平总书记关于推动长江经济带发展的重要论述是对中国共产党历届领导集体发展思想的发展，具体体现在，一方面拓展了绿色发展的话语空间，将绿色发展理念同具体区域的绿色发展实践紧密联系，另一方面深化了对绿色发展的理解，从一般到特殊，从抽象到具体，绿色发展的指向性更加明确，绿色发展的落脚点更加清晰。

4. 坚持问题导向是推进长江经济带绿色发展的现实着眼点

党的二十大报告指出，必须坚持问题导向。问题是时代的声音，回答并指导解决问题是理论的根本任务。习近平总书记关于推动长江经济带发展的重要论述坚持问题导向，是科学认识、准确把握长江流域过去发展所带来的资源、生态环境等方面问题的思想方法。

直面问题是前提。长江经济带依托长江黄金水道的区位优势，取得了巨大经济成就。但由于持续多年的无序利用和过度开发，一度不堪重负，生态环境恶化。习近平总书记对此作出"诊断"："'长江病了'，而且病得还不轻。"在第一次召开推动长江经济带发展座谈会时，习近平总书记就开门见山地指出，"这次讨论的不是发展问题，而是保护的问题"。习近平总书记直接点明了"长江病"是"生态病"，为实现长江经济带可持续发展和流域环境综合治理提供了重要突破口，为追长江"病源"、找长江"病因"、挖长江"病根"指明了方向。

找准问题是基础。只有在找准问题的基础上，才能为问题的解决提供准确的突破口和着力点。在长期调查研究的基础上，习近平总书记明确了长江的五大病根：一是对长江经济带发展战略仍存在一些片面认识。部分领导干部在抓生态环境保护上主动性不足、创造性不够，思想上的结还没有真正解开。二是生态环境形势依然严峻。流域生态功能退化依然严重，沿江产业发展惯性较大，污染物排放基数大，流域环境风险隐患突出。三是生态环境协同保护体制机制亟待建立健全。生态环境协同治理较弱，难以有效适应全流域完整性管理的要求。四是流域发展不平衡不协调问题突出。区域合作虚多实少，城市群缺乏协同，带动力不足。五是有关方面主观能动性有待提高。

干部队伍配备不足，宣传教育不到位，人才培养和交流力度也不足。

解决问题是关键。以实际问题为导向，既要见思想，更要见行动。如何治好"长江病"，关系子孙后代、民族未来。为此，习近平总书记走遍长江上中下游实地考察，为医治长江"望闻问切""把脉开方"，明确提出"共抓大保护、不搞大开发"的工作总基调，牢固树立流域"一盘棋"思想，在"共"字上做足文章，重点阐述推动长江经济带发展中需要把握好的"五个关系"，并赋予长江经济带"生态优先绿色发展主战场""国内国际双循环主动脉""经济高质量发展主力军"的新历史使命。

5. 坚持系统观念是推进长江经济带绿色发展的关键统筹点

党的二十大报告指出，必须坚持系统观念。万事万物是相互联系、相互依存的。只有用普遍联系的、全面系统的、发展变化的观点观察事物，才能把握事物发展规律。面对长江经济带高质量发展的时代课题，习近平总书记关于推动长江经济带发展的重要论述始终贯穿着系统观念，通过前瞻性思考、全局性谋划、整体性推进，使各项工作有序落实，体现了习近平新时代中国特色社会主义思想的方法论特质。

强化前瞻性思考。"明者见于无形，智者虑于未萌。"把前瞻性思考摆在突出位置，是坚持系统观念推动长江经济带绿色发展的首要要求。习近平总书记强调，推动长江经济带发展必须从中华民族长远利益考虑，把修复长江生态环境摆在压倒性位置。为长江经济带发展明确了"生态优先、绿色发展"的战略定位和"共抓大保护、不搞大开发"的路径导向，以及"以长江经济带发展推动经济高质量发展"的目标导向。前瞻性思考保护母亲河之于中华民族永续发展的重要性，长江经济带高质量发展之于我国全局发展的重要性，奠定了长江经济带绿色发展、高质量发展的理论和实践基础。

强化全局性谋划。"不谋全局者，不足以谋一域。"党的十八大以来，习近平总书记一直心系长江经济带发展，站在历史和全局的高度，从中华民族长远利益出发，为推动长江经济带高质量发展把脉定向、谋篇布局。习近平总书记强调，要努力把长江经济带建设成为生态更优美、交通更顺畅、经济更协调、市场更统一、机制更科学的黄金经济带。这"五个更"明确了长江经济带发展的目标和方向，其中，"生态更优美"摆在首要位置，凸显了绿色发展对于推动长江经济带高质量发展的重要引擎作用。习近平总书记还赋予长江经济带一系列新使命，即"新篇章、新样板、新高地、新优势、新画卷"和"主战场、主动脉、主力军"。

强化整体性推进。"和则一，一则多力，多力则强，强则胜物。"长江经济带发展是一个高度耦合、系统集成的统一整体，各个部分、各个环节紧密联系、相互作用。习近平总书记指出，在发展方法上必须正确把握整体推进和重点突破、生态环境保护和经济发展、总体谋划和久久为功、破除旧动能和培育新动能、自身发展和协同发展这五大关系。这为推动长江经济带发展提供了科学的方法论支撑。新形势下推动长江经济带绿色发展，尤其需要正确把握生态环境保护和经济发展的关系，坚持在发展中保护、在保护中发展，着力探索协同推进生态优先和绿色发展新路子。

6. 坚持胸怀天下是推进长江经济带绿色发展的重要站位点

党的二十大报告指出，必须坚持胸怀天下。中国共产党是为中国人民谋幸福、为中华民族谋复兴的党，也是为人类谋进步、为世界谋大同的党。习近平总书记关于推动长江经济带发展的重要论述，既为我国绿色发展提供指导，又倡导全人类合作，为全球大江大河治理做出重要贡献，充分彰显习近平新时代中国特色社会主义思想的价值情怀。

为"一带一路"沿线国家绿色发展贡献中国智慧。习近平总书记指出，要推动长江经济带发展和共建"一带一路"的融合，加快长江经济带上的"一带一路"支点建设，扩大投资和贸易，促进人文交流和民心相通。长江经济带与"一带一路"贯穿我国东中西部，有利于我国对内对外开放的联动发展，统筹我国沿海、沿边及内陆地区的协调发展。长江经济带战略与"一带一路"倡议的发展目标是契合的，绿色发展是二者的共同选择。习近平总书记关于推动长江经济带发展的重要论述在指导长江经济带发展的同时，其核心要义也必将辐射"一带一路"沿线国家和地区。

为世界大河流域绿色发展转型提供中国方案。大河治理和流域经济发展一直是困扰各国的普遍性难题。国外的大江大河治理有已成功完成绿色转型的，还有部分流域处于治理和发展都不充分的状态。长江经济带作为中国经济密度最大的流域经济带，其发展在吸收借鉴国外典型流域经济开发的经验和教训的同时，在以习近平同志为核心的党中央领导下创造出一条"生态优先，绿色发展"的独特道路，这为深陷生态危机的尼罗河、恒河等世界大江大河流域的环境治理和可持续发展贡献了关于绿色高质量发展的中国智慧和中国方案。

为全球可持续发展提供"中国样板"。以习近平总书记关于推动长江经济带发展的重要论述为指导，长江经济带建设走出了一条成效明显的中国特色之路，为中国响应可持续发展倡议提供了重要支撑。同时，习近平总书记多次站在推动人类永续发展的高度，向世界发出"构建人与自然生命共同体""共建地球生命共同体"的倡议。在实践中，中国不仅通过努力让本国绿色发展取得重大成就，还将发展经验同世界其他国家进行分享，积极推动绿色发展合作，使得"坚持走绿色、低碳、循环、可持续发展之路"日益成为全球共识。

实践没有止境，理论创新也没有止境。习近平总书记关于推动长江经济带发展的重要论述蕴含了丰富的马克思主义世界观和方法论。进入新时代，必须以习近平总书记关于推动长江经济带发展的重要论述为指引，认真学习贯彻"六个必须坚持"的世界观和方法论，在实践的道路上不断增强绿色发展的底色，推动长江经济带高质量发展。

（二）坚持问题导向，聚焦重点任务，推动长江经济带产业高质量发展*

习近平总书记于 2023 年 10 月 12 日在江西省南昌市主持召开进一步推动长江经济带高质量发展座谈会并发表重要讲话。在会上，习近平总书记就

---

* 叶磊，江苏长江经济带研究院空间数据分析与应用研究所副所长、南通大学地理科学学院院长助理，副教授；王英利，江苏长江经济带研究院空间数据分析与应用研究所所长、南通大学地理科学学院教授。本内容发表于江苏长江经济带研究院微信公众号，2023 年 10 月 17 日。

如何实现"创新引领发展"提出明确要求，包括：积极布局新领域新赛道的引领性技术攻关，接续实施增强制造业核心竞争力行动，加快发展战略性新兴产业和未来产业，推动优势产业延链、新兴产业建链等。这为我国及长江经济带当前和未来一段时期的产业发展和产业升级，指明了努力方向、提供了工作遵循。未来应加快长江经济带产业基础高级化、产业链现代化，扎实做好以下几个方面的工作。

一是全面提升产业链竞争力。围绕重点打造的世界级产业集群各个子产业进行深入梳理，完善产业链图谱，优化配置资源。同时，以产业链溯源及其技术评估为基础，初步形成重点领域的"卡脖子"技术攻关清单，预判攻关时间及其机会窗口。在有限资源投入的情况下，应坚持"最缺什么补什么"原则，以专业化为导向，以环节优化、区域协作为基础，形成"世界级—国家级—省级""三位一体"的先进制造业集群梯队，并以此为抓手攻克一批制约产业链自主可控、安全高效的核心技术，推动一批卓越产业链的竞争实力和创新能力达到国内一流、国际先进水平。

二是切实增强产业链供应链的韧性。实施产业链安全可靠工程，在产业链上下游关键节点形成一批国产化替代的原创成果，大幅提高产业技术自给率和安全性。推动产业链供应链多元化，构建必要的产业备份系统，并增强应急产品生产能力，力争重要产品和供应渠道至少有一个替代来源，提升产业链抗风险能力。发挥产业链优势企业和平台企业的作用，依托供应链协同、创新能力共享、数据资源对接等模式提升产业链运行效率和联结水平，并支持建立企业联盟产业联盟、产业技术创新战略联盟，鼓励采取共享制造等新型生产组织方式，带动专业配套企业协同发展。

三是大力推进服务化智能化升级。引导制造企业向两业融合的新型制造模式转变，并积极开展先进制造业与现代服务业深度融合发展试点示范。同时，进一步夯实产业数字化转型基础，制订工业互联网发展行动计划，加快发展优势制造行业的工业核心软件，建设全国顶尖的工业软件企业集聚高地，积极谋划创建工业互联网数据中心、新型互联网交换中心、"5G+工业互联网"融合应用先导区。以智能化为重点方向推动传统产业数字化转型，支持规模以上工业企业开展生产线装备智能化改造，面向重点行业制定数字化转型路线图，形成可推广方案。

（三）聚焦未来产业，塑造发展新动能 *

习近平总书记在江西南昌主持召开进一步推动长江经济带高质量发展座谈会时强调，坚持创新引领发展，把长江经济带的科研优势、人才优势转化为发展优势，积极开辟发展新领域新赛道，塑造发展新动能新优势。可以看出，长江经济带各省市经过 10 年左右的发展，在创新驱动发展战略引领下，经济社会发展已取得巨大的成就，已初步形成一定的科研优势与人才优势。

根据《中国城市科技创新发展报告 2022》，长三角城市群、长江中游城市群和成渝城市群的科技创新发展指数都位于前列，其中长三角城市群紧随珠三角城市群排名第二；成渝地区在营商环境、生活环境等创新环境方面优势明显，科技潜力较大。根据《2022 中国城市人才生态指数报告》，长三角的上海、杭州、南京、宁波已进入人才强市第一梯队，中部地区的长沙、合肥、武汉、南昌和西部地区的成都、重庆都处于人才强市的第二梯度，这为长江经济带率先发展新领域与开辟新赛道奠定了扎实的基础。

随着新一轮科技革命和产业变革突飞猛进，以云计算、人工智能、大数据、5G、数字化、机器人、生物医药、先进制造业、量子信息科学、神经元系统等为代表的新科技、新业态已经成为大国竞争的新领域新赛道。基于工业互联网的"灯塔工厂"、机器人智能装备、车联网、新材料、显示面板、软件和信息服务业等未来产业的应用场景，成为区域产业发展的重点。

要发展未来产业，就必须提升科技前沿领域的原始创新能力，加快突破一批关键核心技术和"卡脖子"技术，以工业互联网为例，必须在边缘计算、标识语义、网络架构等方面发展一批具有自主知识产权的核心技术。

对于长江经济带而言，要争夺未来产业发展的话语权，就必须坚决贯彻

---

* 胡俊峰，南通大学经济与管理学院教授，江苏长江经济带研究院产业创新研究所副所长。本内容发表于江苏长江经济带研究院微信公众号，2023 年 10 月 18 日。

围绕产业链部署创新链理念。将汽车、先进装备制造、光电信息、生物医药、新能源等产业贯穿起来，注重传统产业数字化转型；促进高水平大学、一流科研机构、国家实验室等优质科教创新资源集聚；强化"园区支撑"，整合长江经济带的产业园、科技园、高新区等载体，促进产业、教育、科技、人才资源协同融合，以人才引领创新驱动、赋能产业振兴。

一是立足高科技产业，聚焦重点领域攻坚突破。聚焦长江经济带高科技产业，集中力量打造关键核心技术"国之重器"，在重点方向靶向发力；发布"揭榜挂帅"项目，引导流域高校、科研院所、企业协同攻关；成立跨区域的科技成果转化战略委员会，塑造发展新动能新优势。

二是加强基础研究，夯实科技自立自强根基。首先要形成基础研究前瞻性、战略性、系统性布局，使科技发展趋势和国家战略需求相协调；强化战略科技力量，有组织推进战略导向的体系化基础研究、前沿导向的探索性基础研究、市场导向的应用性基础研究，积极推动学科交叉融合和跨学科研究。

三是紧盯世界科技前沿与未来产业应用场景，加强人工智能、大数据、新材料、量子信息等新一代技术在相关领域的深度融合应用与超前布局，为前沿技术发展、颠覆性技术突破提供项目保障。

四是深化科技体制改革，优化配置项目、平台、人才、资金、编制、政策等科技资源；推动科研院所改革，建立科研与业务联动的业务技术创新体系，大力实施高层次科技创新人才培育计划；深化科技评价体系改革，提升科技活动的质量和贡献，激发人才的内生发展动力；深入实施创新人才团队战略，组建以战略科技人才为龙头的重点创新团队和以青年科技人才为骨干的青年创新团队，快速提升人才的国际竞争力。

（四）以协同合作推动长江经济带区域协调发展*

习近平总书记在进一步推动长江经济带高质量发展座谈会上的重要讲

* 柏建成，南通大学江苏长江经济带研究院讲师。本内容发表于江苏长江经济带研究院微信公众号，2023年10月18日。

话，体现了沿江省市和中央有关部门在生态优先、绿色发展方面的努力。

首先，长江经济带发展取得了重大变化。共抓大保护、不搞大开发成为共识，生态环境保护和修复取得重大成就，长江生态环境逐渐恢复，这为经济社会发展全面绿色转型奠定了坚实的基础。同时，在发展方式、区域融合和改革开放方面，长江经济带也取得了重大进展，展现出强劲的发展势头。这些变化体现了长江经济带发展的可持续性。

然而，也必须清醒地认识到，长江流域生态环境保护和高质量发展还面临一些困难和问题。生态成果尚不稳固，仍需持续努力予以解决。在这个关键时期，应该坚持共抓大保护、不搞大开发的原则，加强生态环境综合治理，降低污染物排放量，支持地区生态优势转化为经济优势，实施生态保护补偿机制，调动全流域参与生态保护的积极性。

作为科研工作者，需要注重创新引领发展。长江经济带拥有得天独厚的科研优势和人才优势，应该将这些优势转化为发展优势，积极开辟新领域新赛道，推动科教资源的优化组合和科技创新的协同配合。要推动产业链供应链现代化，培育壮大绿色低碳产业，加强产业链协同合作，推动优势产业延链、新兴产业建链，以提升长江经济带的发展活力和竞争力。

此外，还要充分发挥长江经济带的区位优势，加强国内外两个市场的联通和资源的利用，提升国内大循环和国际循环的互动性和可持续性，为构建新发展格局提供战略支撑。在区域协同融通方面，应该加强交通基础设施建设，提升区域交通一体化水平，深化要素市场化改革，优化制度和流程，进一步增强区域协调发展能力。

长江经济带发展关系到全国发展大局。应该统筹发展和安全，充分发挥长江经济带在粮食安全、能源安全、重要产业链供应链安全等方面的作用。沿江省市要落实粮食安全责任，加强农田保护、农业种质资源保护和清洁能源利用，统筹水资源防灾减灾工作，为维护国家发展大局作出贡献。

综上所述，在未来的发展中，需要更加注重创新、协同和可持续发展。首先，创新是推动长江经济带发展的关键。应该加强科技创新，在绿色产业、数字经济、智能制造等领域发挥引领作用，推动技术创新和产业升级。

同时，还需要加强人才培养和引进，建立创新创业生态系统，为创新提供良好的环境。其次，协同是实现长江经济带区域协调发展的关键。沿江省市和中央有关部门需要加强合作，建立健全合作机制，在政策制定、项目合作、资源互补等方面加强联动，形成合力。此外，要加强与其他区域的合作，推动跨区域发展和产业链的互联互通。最后，可持续发展是长江经济带发展的基础和目标。要坚持绿色发展、生态优先的原则，加强生态环境保护，减少污染物排放和资源消耗。同时，也要注重社会公平和民生改善，提高人民生活质量，实现经济发展和社会进步的良性循环。

总之，长江经济带的发展离不开全社会的共同努力。推动长江经济带成为现代化、创新型、绿色发展的示范区域。

（五）区域协同合作是长江经济带高质量发展的必然选择[*]

2023年10月12日，习近平总书记在进一步推动长江经济带高质量发展座谈会重要讲话中强调，加强政策协同和工作协同，谋长远之势、行长久之策、建久安之基，进一步推动长江经济带高质量发展，更好地支撑和服务中国式现代化。长江经济带作为世界上开发规模最大、影响范围最广的内河流域经济带，鼓励通过空间重组和机制创新释放长江经济带高质量发展的新动能。

1. 坚持确立共抓大保护的格局，在高水平保护上下更大功夫

习近平总书记指出，沿江各地生态红线已经划定，必须守住管住，加强生态环境分区管控，严格执行准入清单。各级党委和政府对划定的本地重要生态空间要心中有数，优先保护、严格保护。要继续加强生态环境综合治理，持续强化重点领域污染治理，统筹水资源、水环境、水生态，扎实推进大气和土壤污染防治，更加注重前端控污，从源头上降低污染物排放量。

近年来，长江经济带发展取得的最大成效是人们思想观念的转变，从原

　＊ 臧乃康，南通大学江苏长江经济带研究院区域政策与法律研究所所长、教授。本内容发表于江苏长江经济带研究院微信公众号，2023年10月19日。

来的"大开发"转向"大保护"，"共抓大保护、不搞大开发"成为共识，共抓大保护的格局基本形成，为高水平保护奠定了扎实的基础。长江经济带在产业结构上，大力推动传统产业清洁生产和循环化改造，引导产业有序转移，实现产业集聚发展，初步建立具有高效的生态功能和经济效益的产业生态平台与基础设施，形成高水平保护基础上的产业生态系统。

2. 坚持强化区域协同融通，推进生态共同体和利益共同体建设

习近平总书记强调，要坚持把强化区域协同融通作为着力点，沿江省市要坚持省际共商、生态共治、全域共建、发展共享，增强区域交通互联性、政策统一性、规则一致性、执行协同性，稳步推进生态共同体和利益共同体建设，促进区域协调发展。

推动长江经济带高质量发展，要始终围绕"共"字做好这篇大文章，凝聚高质量发展整体合力。一是共商。沿江各省市要加强系统思维，切实发挥好省际协商合作机制的作用。二是共治。坚持共抓大保护、不搞大开发，建成高水平的生态保护机制，完善横向生态保护补偿机制，激发全流域生态保护的积极性。三是共建。从整体上谋划和建设区域交通基础设施，加强交通网络的相互联通和运输方式的相互衔接，提升区域交通一体化水平。四是共享。努力将长江经济带打造成为有机融合的高效经济体，缩小发展差距，共享发展成果，最终实现区域共同富裕。

3. 探索差异化协同发展，汇聚长江经济带高质量发展持续动力

长江经济带东部地区发展水平较高，中西部地区发展相对滞后且生态退化和污染情况严重，在发展中面临着生态修复、污染治理等多重压力。因此，推动长江经济带东中西协同发展，东部地区要为中西部地区提供技术支撑，将优质资源转移到中西部地区。一是加强规划与政策的顶层设计，长江经济带发展领导小组应在更高层面上协调沿江城市发展；二是在国家规划的引领下，更好地发挥市场在资源配置中的决定性作用。

协同推进城市群融合发展，形成集约高效、绿色低碳的新型城镇化发展格局，打造世界级城市群；采取园区跨域共建、产业飞地等合作方式，推进产业有序转移、产业链对接，协同推进产业园区共建，打造世界级产业集

群。以差异化协同，增强长江经济带高质量发展的持续动力。

（六）以绿色发展助推长江经济带高质量发展 *

2023 年 10 月 12 日，习近平总书记在进一步推动长江经济带高质量发展座谈会上指出，协同推进降碳、减污、扩绿、增长，把产业绿色转型升级作为重中之重，加快培育壮大绿色低碳产业，积极发展绿色技术、绿色产品，提高经济绿色化程度，增强发展的后劲。

针对当前绿色发展中存在的环保技术空心化、跨域治理碎片化、政府互动低效化、环境成本外部化等问题，仍需在以下几个方面进行突破。

一是加大环保财政支持力度，推动绿色环保技术发展。坚持资金投入与污染防治攻坚任务相匹配原则，持续加大生态环境治理的财政支持力度，并充分发挥环保专项资金和产业投资基金的引导作用，持续推动民间资本和社会资本进入高新技术、环保装备、资源循环利用等绿色产业，实行以环保产业推进经济增长模式，实现经济增长与环境保护从竞争冲突向合作双赢转变。

二是建立横向协调管理机制，缓解跨界环境污染问题。通过建立风险防范机制、信息通报机制、应急联动机制和环保监督机制，加强地区间环境政策沟通和发展战略对接，形成统一的环境标准实施力度和执行力度，推动在产业结构、能源结构、交通运输结构等污染源头治理领域的跨部门、跨地域、多元化协作，防止污染转移。

三是做好考核指标顶层设计，推动环境治理能力现代化。聚焦绿色高质量发展，推动经济考核从 GDP 增速、财政收入等传统指标向营商环境、新兴产业占比、技术转化率等新型指标转变，推动环保考核在环保指标实现情况、环境质量改善程度的基础上，进一步纳入环保人才培养力度、社会资本参与水平等指标，推进环境治理体系和治理能力现代化。

四是推动生态利益二次调配，实现污染外部性内部化。根据污染治理需要和生态利益公平的基本理念，明确补偿主体和受偿主体，确定补偿标准和

---

　　* 葛涛，南通大学经济与管理学院副教授，江苏长江经济带研究院产业创新发展研究所兼职研究员。本内容发表于江苏长江经济带研究院微信公众号，2023 年 10 月 19 日。

核算方式，并通过对口支援、人才培训、技术支持、共建园区以及中央制定区域一体化协作发展战略规划等方式，建立跨区域的良性补偿关系，推动区域间生态利益再调配，实现环境成本内部化。

（七）深化区域协同合作，全面赋能长江经济带高质量发展*

2023年10月12日，习近平总书记在江西省南昌市主持召开进一步推动长江经济带高质量发展座谈会并发表重要讲话，强调要坚持把强化区域协同融通作为着力点，沿江省市要坚持省际共商、生态共治、全域共建、发展共享，增强区域交通互联性、政策统一性、规则一致性、执行协同性，稳步推进生态共同体和利益共同体建设，促进区域协调发展。这一重要阐述为深化区域合作与协同融通，进而形成推动长江经济带高质量发展的强大合力指明了方向、明确了要求、提供了遵循。

深化区域合作的新解释。传统的区域合作可能局限于某一地区或相邻的几个城市。深化的区域合作意味着跨越行政区划、打破已有发展惯性，实现更大范围、更深层次、更高水平的合作。同时深化区域合作并不仅仅是一个经济层面的提议，这也是一种社会策略，旨在促进地区和谐与稳定。通过加强各个地区之间的融通合作，可以更好地整合资源促进要素的自由流动，实现共同的发展目标，也可以避免因资源分配不均或市场分割而导致的地区差异，增强发展的后劲，为跨区域高质量发展统筹谋划长久之计。

深化区域合作的新内涵。此次座谈会强调的"与周边省份和城市"的协作，也反映了习近平总书记对中国经济发展的全局性视野。深化区域合作注重的是整体合力和协同效应，而不仅仅是单一地域的竞争，所倡导的是鼓励各地区发掘自身优势，与其他地区合作，实现共同发展和共赢。长江经济带作为中国的经济发展重要引擎，其发展不应仅限于本身，而应与周边地区形成互补，实现从低效无序向错位融合转变，进而为推动长江经济带高质量发展施行长久之策。

---

* 金飞，江苏长江经济带研究院产业创新发展研究所，副研究员；陈晓峰，南通大学经济与管理学院教授，江苏长江经济带研究院产业创新发展研究所所长。本内容发表于江苏长江经济带研究院微信公众号，2023年10月19日。

深化区域合作的新合力。提到"形成合力"意味着需要超越传统的零和思维，追求的不仅是单一地区或单位的利益，而是寻找整体的、共同的利益点（利益共同体）。这需要在决策时，更多地考虑到长远的、整体的利益，而不仅仅是一时、一事、一地的。从更广泛的角度来看，这一论述也与习近平总书记一贯倡导的命运共同体理念一脉相承。长江经济带横贯东西、承接南北、通江达海的独特优势，其区域合作的重要性更多地在于通过协同合作，为大尺度区域空间的跨界共商、共建、共治、共享先行探路、引领示范，以期为推动长江经济带高质量发展与区域协调发展创建久安之基。

（八）紧抓产业绿色转型，做好绿色生态文章*

2023 年 10 月 12 日，习近平总书记在江西南昌主持召开的进一步推动长江经济带高质量发展座谈会上强调，从长远来看，推动长江经济带高质量发展，根本上依赖于长江流域高质量的生态环境，要协同推进降碳、减污、扩绿、增长，把产业绿色转型升级作为重中之重，加快培育壮大绿色低碳产业。

推动长江经济带高质量发展是党中央做出的重大决策，是关系国家发展全局的重大战略。自长江经济带发展提升至国家战略高度以来，习近平总书记先后四次视察长江经济带并主持召开座谈会，为推动长江经济带高质量发展提供了根本遵循。绿色是长江经济带高质量发展最亮丽的底色，也是做好长江经济带绿色生态文章最鲜明的特色，长江经济带产业绿色转型需要以产业协同发展、动能转换、技术创新等为着力点。

一是推动区域协同联动，探索生态补偿机制。牢固树立全国"一盘棋"思想，形成省市县域在思想意识、管理模式、管控方式、治理体系等方面的"全线一盘棋"，加强省际制度衔接和政策协同，统筹协调长江大保护，做好上中下游的共建共享和均衡性协调。借鉴新安江、赤水河流域省际生态补偿机制的成功经验，以干流水质断面考核为基础，扩大至主要支流、重要湖

* 林珊珊，南通大学经济与管理学院副教授，江苏长江经济带研究院产业创新研究所兼职研究员。本内容发表于江苏长江经济带研究院微信公众号，2023 年 10 月 19 日。

271

泊、饮用水源及省内县（市、区）域间的补偿机制，探索补偿标准及多元化的补偿方式，并以补偿机制为契机，倒逼流域产业的绿色转型，实现"绿水青山"向"金山银山"的价值转换，提高长江经济带产业绿色转型的"含金量"。

二是加快新旧动能转换，大力培育绿色产业。先立后破，推动电力、交通运输等能源结构与空间布局调整，着力提高能源利用效率，严格控制煤炭和油气消费，加速传统产业的转型升级并进一步健全落后产能退出机制。大力发展可再生能源，推进风电、光伏发电等可再生能源和氢能、核能等清洁能源发展，大力提升新能源在能源结构体系中的比重，加快构建清洁低碳安全高效的现代能源体系。以国家绿色产业示范基地为契机，加强绿色应用示范，促进传统能源向绿色低碳转型，增强绿色产业发展动能，培育绿色发展领军企业，树立绿色发展行业标杆，提高长江经济带产业绿色转型的"含绿量"。

三是完善主体协作机制，构建绿色创新体系。打破企业与高校、科研机构的藩篱，强化产学研紧密对接和深度融合，围绕产业链布局优化创新链，聚焦产业链关键环节的重点企业研发需求，探索政产学研用合作新模式，形成高效协同的创新合力。建立全新的零碳产业体系，通过对基础研究、前瞻技术、绿色科技等进行全链条设计规划，研发零碳排放、负碳排放、碳捕捉、碳利用与封存等技术，加强对前沿绿色技术的超前部署，布局绿色低碳领域的各类技术创新中心、创新平台，积极开展政产学研用专项合作和专题研究，为产业绿色转型提供强大的绿色技术支撑，提高长江经济带产业绿色转型的"含新量"。

（九）绿色为根，低碳为本，南通应在长江经济带高质量发展中实现突破[*]

习近平总书记亲自谋划、亲自关心、亲自部署的长江经济带发展，是关

---

[*] 胡晓添，南通大学经济与管理学院副教授，江苏长江经济带研究院产业创新发展研究所兼职研究员；陈晓峰，南通大学经济与管理学院教授，江苏长江经济带研究院产业创新发展研究所所长。本内容发表于江苏长江经济带研究院微信公众号，2023年10月19日。

系到国家全局发展的重大战略。习近平总书记在江西省南昌市主持召开进一步推动长江经济带高质量发展座谈会，明确了推动新一轮长江经济带高质量发展的新目标、新任务。

南通与以建设顶级全球城市为目标的上海"一衣带水"，同处于长江东向入海的河口区域。南通坚决贯彻落实"共抓大保护、不搞大开发"的基本要求，五山滨江青山绿水业已成为南通在全国乃至全世界范围内的一张亮丽名片。而在新的一轮长江经济带高质量发展进程中，南通有能力、有条件、有必要在全面绿色低碳发展道路上走在前列、做好示范。

当前，碳达峰碳中和已是全球共识，而"双碳"目标更是大国担当。对中国而言，将是一场广泛而深刻的经济社会系统性变革。南通要始终坚持先立后破，深度挖掘自身潜力，在绿色城市建设、绿色产业打造、绿色就业创造三个方面夯实基础、不断突破、构筑优势。

一是绿色城市建设。坚持典型引路、放大效应、全域推广，要将五山及沿江地区绿色发展的经验复制推广至南通高质量发展的各个方面。紧扣经济社会系统性深度变革这一核心任务，落实国家绿色发展的大政方针，满足人民对美好生活日益增长的需求，南通需确保经济增长、社会进步、环境保护等与绿色低碳发展要求相契合，坚持走经济高质量与绿色发展双轮驱动的可持续发展道路，努力打造成为一座未来的"绿色城市"。

二是绿色产业打造。现阶段，在全球低碳发展与能源转型的大趋势下，南通作为上海大都市圈的三大新能源产业基地之一，需要借助自身可再生能源资源优势，重点布局发展风电氢能装备产业和储能产业，积极促进产业迭代升级。发展绿色产业，打造国家级零碳发展示范区。

三是绿色就业创造。南通要以绿色新能源产业为基础突破口，推动产业生态化与生态产业化，构建起一个更为绿色、低碳的现代化产业体系，着力在长三角区域甚至全国率先实现"绿色就业"，从而有效消纳传统产业富余劳动力、持续吸纳外来新增就业人口、不断吸引来自全国甚至全球的中高端人才。

实施"三绿"战略，形成"城吸引人、产吸引人、人吸引人"的良好格局，切实提升南通市民的幸福感，坚定不移地走好共同富裕的道路，书写南通高质量发展的新篇章。

（十）以更大功夫推进长江流域高水平生态保护[*]

长江经济带的高质量发展在根本上依赖于长江流域高水平的生态环境。习近平总书记在江西省南昌市主持召开进一步推动长江经济带高质量发展座谈会时回顾和肯定了长江经济带发展战略实施以来取得的显著成就，同时也深刻指出，长江流域生态环境保护和高质量发展正处于由量变到质变的关键时期，取得的成效还不稳固，客观上也还存在不少困难和问题，要继续努力加以解决。此次座谈会强调一以贯之地坚持和落实党中央提出的"共抓大保护、不搞大开发"战略方针，释放出"在高水平保护上下更大功夫"的重要信号，为进一步推动长江经济带高质量发展指明了方向。

长江经济带横跨东中西三大区域，人口规模和经济总量均占全国的近半壁江山，是我国经济发展的"金扁担"。在传统发展模式下，高投入、高消耗、高污染项目对生态环境造成严重破坏。特别是在我国工业化发展的中期阶段，一大批重化工业项目基于长江的水路运输以及取排水的便捷优势纷纷落户干支流两岸，一度出现了"化工围江"现象，危险化学品码头和船舶数量多、分布广，污染物排放不断增加，导致长江生物完整性指数几乎达到最差的"无鱼"等级。与此同时，长江岸线港口乱占滥用、占而不用情况也十分突出，固体危废品跨区域违法倾倒事件频发，非法采砂屡禁不止，自然河道受损严重。地方政府注重辖区内的经济发展，对这些生态问题或熟视无睹，或怀着"谁治理、谁吃亏"的心态，对国家出台的环境治理政策"有选择、搞变通、打折扣"地执行，致使全流域的生态环境问题日益严重。自党中央提出"要把修复长江生态环境摆在压倒性位置"以来，生态优先、绿色发展的理念得到有效落实，长江流域的生态环境工作取得历史性、突破性的巨大成绩。需不断巩固已有的生态保护成效，并顺应新的形势

---

[*] 季燕霞，南通大学经济与管理学院教授、江苏长江经济带研究院特聘研究员。本内容发表于江苏长江经济带研究院微信公众号，2023 年 10 月 19 日。

和要求，以更大功夫推动长江流域高水平生态保护，促进长江经济带高质量发展。

一是必须严格守住、管住生态红线。生态保护红线的实质是生态环境安全的底线。只有划定并严守生态红线，按照生态系统完整性原则和主体功能区定位，优化国土空间开发格局，理顺保护与发展的关系，改善和提高生态系统服务功能，才能构建结构完整、功能稳定的生态安全格局，从而维护国家生态安全。2023年7月11日，自然资源部宣布我国首次全面完成生态保护红线划定工作。基于此，必须加强生态环境分区管控，严格执行准入清单。沿江各地党委和政府对划定的本地重要生态空间要心中有数，出台生态保护红线管控细则，并启动基于生态保护红线的保护成效评估工作，会同相关部门共同做好生态保护红线监管工作。同时，需加大宣传力度，凝聚全社会广泛共识，提高社会各界严守生态保护红线的意识，以高水平保护促进长江经济带高质量发展。

二是继续加强生态环境综合治理。长江流域的生态保护在很大程度上是围绕"水"这一核心资源而展开的系统公共服务，在空间布局上，覆盖长江上中下游、干支流、左右岸，以及河、湖、湿地等全流域。在目标内涵上，涉及水生态、水岸、水系、水路、水质、水源等的安全维护，也包含全流域的水源涵养、水土保持、气候调节、生物多样性保护等立体层面的生态平衡功能发挥以及优美宜人的生态环境营造等内容。为此，需持续强化重点领域污染治理，统筹水资源、水环境、水生态，扎实推进大气和土壤污染防治，更加注重前端控污，从源头上降低污染物排放量。

三是将产业绿色转型升级作为重中之重。绿色低碳是我国经济发展的重要趋势，也是实现高水平生态保护的关键。生态环境保护的成败归根结底取决于经济结构和经济发展方式。为此，需加快培育和壮大绿色低碳产业，积极发展绿色技术、绿色产品，提高经济绿色化程度，增强发展的后劲。支持长江流域做好生态文章，增强生态系统服务功能与生态安全的保障能力，提升环境价值，将生态财富转化为经济财富。同时，也增强生态碳汇功能，切实筑牢绿色发展屏障。完善横向生态保护补偿机制，激发全流域参与生态保护的积极性。

四是强化政策引导与检查督促。在过去几年的长江生态治理实践中，各级政府出台的各项生态保护政策发挥了强大的支撑和引导作用。今后，一方面需进一步强化政策功能，特别是将强化区域协同融通作为着力点。沿江省市要坚持省际共商、生态共治、全域共建、发展共享，增强政策统一性、规则一致性、执行协同性，稳步推进生态共同体和利益共同体建设，促进区域协调发展。另一方面要坚持中央统筹、省负总责、市县抓落实的工作机制。中央区域协调发展领导小组要加强统筹协调和督促检查，对符合长江经济带高质量发展导向的项目给予支持，在重点领域推动改革深入。要压实沿江省市各级党委、政府主体责任，确保政策落实落地，定期开展对《长江经济带发展规划纲要》实施进展的检查评估和监督，督促各地及时发现问题并加以纠正，有效构建长江经济带高水平生态保护的长效机制。

（十一）共建共享新型能源体系，守好长江经济带能源安全[*]

2023年10月12日，习近平总书记在南昌主持召开进一步推动长江经济带高质量发展座谈会并发表重要讲话，要求继续深化上游地区同中下游地区的能源合作，增强煤炭等化石能源兜底保障能力，抓好煤炭清洁高效利用，注重水电等优势传统能源与风电、光伏、氢能等新能源的多能互补、深度融合，推进源网荷储一体化，加快建设新型能源体系，为长江经济带统筹发展与能源安全、实现"双碳"目标提供了方向和路径指引。

长江经济带上中下游间能源互补性强，能源合作有着广阔的前景，未来要进一步强化能源跨区域分工协作，共建共享新型能源体系。中上游地区水能、天然气资源丰富，为"西电东送""川气东送"提供了强大的支撑，未来一方面要推进水风光综合开发，另一方面也推进风电、光电分布式发展，下游省份依托发达的风电光伏装备制造业为西部地区提供技术设

---

[*] 陈为忠，南通大学江苏长江经济带研究院综合交通运输研究所副所长、副教授。本内容发表于江苏长江经济带研究院微信公众号，2023年10月19日。

备支持，同时利用沿江港口满足中上游的电煤需求；下游沿海省份不仅要推进光电、风电分布式发展，还要推进海上风电和光伏发电集中式布局、"风光渔"立体化发展，依托沿海港口推进 LNG 接收站和输气管网建设，提升 LNG 接收储运交易规模，为长三角及周边邻近地区提供清洁的 LNG 和"气电"能源。

（十二）以山水人城和谐相融推动长江经济带高质量发展*

2023 年 10 月 12 日，习近平总书记在第四次推动长江经济带高质量发展座谈会上指出，深入发掘长江文化的时代价值，建设一批具有自然山水特色和历史人文内涵的滨江城市、小城镇和美丽乡村。这与第三次全面推动长江经济带发展座谈会提出的"绘就山水人城和谐相融新画卷"可谓一脉相承。山水人城和谐相融是长江文化在长江经济带发展战略实施中的生动体现。山水人城所对应的要素往往是区域发展的软实力，正好映射了当前人民对美好生活向往的精神层面要求，对区域经济、社会、生态、人文和核心竞争力具有重要影响。只有实现各要素的和谐共融，才能从整体上推动长江经济带的高质量发展。

一是推动历史文化保护传承融入城乡建设。城市和乡村是文化和情感记忆的载体，城乡建设绝不只是经济行为，同时也反映了地方政府对历史文化的尊重和对自然保护的意识。山水人城和谐交融是把长江文化融入城乡建设，要求坚决摒弃急功近利和大拆大建的做法，以珍爱之心、尊崇之心对待古建筑、老宅子、老街区，注重延续城市历史文脉，保留城市历史文化记忆。开展长江历史文化展示线路建设工程。在上海、常熟、镇江、南京、安庆、九江、武汉、荆州、重庆、宜宾等滨江历史文化名城内，保护与长江文化密切相关的历史码头、历史港口、历史街巷和历史道路，串联长江沿线历史文化遗产，系统展示人文特色。保持村落原有肌理，优化村庄建设风貌，彰显江南水乡粉墙黛瓦、皖南徽派民居、湘赣鄂等地瓦屋天井民居和湘川云

---

* 刘峻源，南通大学江苏长江经济带研究院副研究员。本内容发表于江苏长江经济带研究院微信公众号，2023 年 10 月 19 日。

贵民族村寨的可辨性，加强乡村全域全要素风貌品质引导，建设江南水乡、川西林盘、皖南徽州、浙南丘陵等传统聚落文化意象展示区，以绣花般的细心、耐心、巧心，绣出城市魅力和乡村韵味。

二是构建山水人城和谐统一的城市风貌和格局。建立以城市设计为核心的精细化建设管控和引导机制，健全城市设计编制、技术标准、实施机制等全流程管控体系。加强自然生态、历史人文、景观敏感等重点地段城市与建筑风貌管理。沿江山地城市妥善处理城市建设与背景山体的协调关系，优化城市天际轮廓线，形成山江城融合的山城风貌。沿江平原城市加强建设管控，保护河网水系，形成水城相融的江城风貌和水乡风貌。塑造开放、连续、活力的城市公共空间。加强城市沿江、滨湖、环山等重点地区的品质提升和建设管控，促进城市与山水环境交融渗透，推广上海一江一河、苏州环城河、杭州大运河、武汉滨江、重庆两江四岸等滨水空间建设经验，推进岸线贯通与功能提升，建设高品质生态文化滨水区，营建活力多元、亲水便民的滨水空间。加强区域村庄风貌的整体策划、系统引导和风貌协调，因地制宜地开展环境景观、村宅院落、道路门户、设施场地等建设，营造具有本土特色的村容村貌。保持村庄固有的乡土气息，运用果树、竹园、蔬果等乡土作物，打造朴实、自然、经济、多样的乡村景观。

三是提升城市人居环境品质。加快转变城乡建设方式，以城市体检推进实施城市更新行动。合理管控城镇规模和建设密度，推动人口规模过大城市的功能有序疏解，建设一批产城融合、职住平衡、生态宜居、交通便利的郊区新城。推动城市组团式发展，通过建设环城绿带、组团间生态廊道等方式在中心城市与郊区新城、城市各组团之间形成生态隔离带。提升城市绿地等公共空间品质。推进城市公园与自然山水环境融合，建设城市综合公园、专类公园、社区公园、口袋公园等均衡共享、系统连通的公园体系。提升公共服务设施环境水平和开放程度，将地域文化符号融入公共空间的设计与建造中。推进美丽宜居乡村建设，持续推进农村生活垃圾分类和资源化利用示范县、农村生活污水治理示范县建设。有条件的地方尽量将靠近城镇的村庄纳入城镇供水系统。有序开展小城镇人居环境整治，推动小城镇高质量发展。

（十三）突出江河交汇特色，协同打造长江经济带和大运河文化带发展示范段*

2023 年 10 月 12 日，习近平总书记在江西省南昌市主持召开进一步推动长江经济带高质量发展座谈会并发表重要讲话，强调要深入发掘长江文化的时代价值，推出更多体现新时代长江文化的文艺精品。积极推进文化和旅游深度融合发展，建设一批拥有自然山水特色和历史人文内涵的滨江城市、小城镇和美丽乡村，打造长江国际黄金旅游带。

江苏是长江经济带和大运河文化带的重要交汇省份，2023 年 7 月，习近平总书记在江苏考察时，要求江苏"积极参与建设长江和大运河两大国家文化公园"。作为习近平总书记重点考察寄予厚望的省份，作为把省域全境都纳入长江经济带和大运河文化带发展的省份，江苏有条件也有必要关注长江经济带和大运河文化带的协同发展，突出江河交汇特色，深化文化和旅游融合发展，统筹推进长江、大运河两大国家文化公园一体化建设，协同打造长江经济带和大运河文化带发展示范段。

1. 以制度供给为"两带"协同发展提供保障

一是构建组织协同机制。成立省级长江经济带与大运河文化带协同发展工作领导小组和专项小组，形成高位协调、上下联动、左右协同、资源共享、风险共担的工作格局。二是构建分类差异评价机制。对大运河文化带核心区与长江沿线的交叉城市、非交叉城市、"单带"城市、拓展区城市和辐射区城市进行区分管理，根据各城市实际情况协同任务和协同评价标准有所区分。三是制定专项补偿政策，根据"两带"不同的功能需求，设立重点性补偿、基础性补偿和激励性补偿政策，调动积极性，激发社会活力，提升"两带"协同发展水平。

2. 以生态保护为"两带"协同发展合作桥梁

生态保护是长江经济带与大运河文化带高质量发展共同秉持的基本原

---

* 瞿锦秀，南通大学江苏长江经济带研究院副教授。本内容发表于江苏长江经济带研究院微信公众号，2023 年 10 月 19 日。

则，也是两者共同的战略定位。要以生态保护为联结，优化生态空间，依据国土空间规划，因地制宜确定一批滨江、滨河自然生态空间，实施滨江、滨河防护林生态屏障工程，在沿河、沿江两岸集中连片植树造林，扩大植被绿化面积。要强化环境污染综合治理，以"一盘棋"思维有序推进沿江、沿河地区安全环保达标企业的转移。要深入开展生态保护修复，提升山水林田湖草生态系统功能，共同建设江苏绿色生态廊道，增加区域碳汇能力。

3. 以国家文化公园一体化建设为"两带"协同发展合作抓手

"文化"是大运河文化带的主打品牌，也是长江经济带的重要品牌，要以国家文化公园建设为契机，将"两带"协同发展作为合作的主要抓手。组织研究力量加强对长江与大运河文献资料的挖掘整理和研究，深入剖析长江文化和大运河文化内涵，找到两者关联性。紧扣江苏资源禀赋文化特征，以世界眼光、中国气派、江苏特色，以系统性思维统筹推进、以项目化思路落实任务、以创新性举措推动工作，高标准高水平高品位统筹推进长江、大运河两大国家文化公园一体化建设，使之既充分反映江苏文化的共性，又彰显大运河文化和长江文化的独特性，全面展现"自然与人文异曲同工，万里长江千年运河共塑水韵江苏"的文化主线。

（十四）积极开辟发展新领域新赛道，塑造高质量发展新动能优势[*]

2023 年 10 月 12 日，习近平总书记在江西省南昌市主持召开进一步推动长江经济带高质量发展座谈会时指出，要坚持创新引领发展，把长江经济带的科研优势、人才优势转化为发展优势，积极开辟发展新领域新赛道，塑造发展新动能新优势。

长江经济带是我国重要的创新资源集散地，科创资源优势显著。五大国家级科创中心有 3 个落子长江经济带（上海、武汉、成渝），拥有 10 个国家自主创新示范区、88 个国家级高新区，普通高等院校数量占全国的 40%以上，拥有全国近一半两院院士和科技人员，规模以上工业企业 R&D 人员

---

* 陈长江，南通大学江苏长江经济带研究院沿海沿江发展战略研究所副所长，副研究员。本内容发表于江苏长江经济带研究院微信公众号，2023 年 10 月 21 日。

全时当量、经费投入、新产品开发项目数占全国比重均超过 50%。

下游的长三角 G60 科创走廊，闯出了一条科创引领转型发展的新路。中游的光谷科创大走廊加快建设，已布局建设脉冲强磁场、精密重力测量等 3 个大科学设施。上游的成渝科创走廊以"一城多园"模式共同建设西部科学城。将科研优势、人才优势转化为高质量发展的现实优势，是新发展格局下长江经济带实现高质量发展和现代化的必然路径和责任担当。

积极开辟发展新领域新赛道，培育以人工智能、生物科技、新能源等为代表的新兴产业。通过建设科技创新园区和科技企业孵化器，吸引创新人才和项目集聚，推动前沿科技成果转化为实际生产力。

要围绕人工智能（AI）和机器学习推动产业融合，催生创新应用，如智能语音助手、自动驾驶汽车、工业自动化等。加强基因编辑、生物医药、农业生物技术等在长江经济带生态环境升级中的应用，为健康、农业和环境等提供新的解决方案。加快推动新能源与可再生能源在长江经济带流域的应用，减少化石燃料使用。加快推进虚拟现实和增强现实技术在教育、医疗和建筑等行业的应用，提供全新的交互体验。

把长江经济带的科研优势、人才优势转化为发展优势。长江经济带覆盖沿江 11 省市，五大国家级科创中心有 3 个落子长江经济带，下好科创"先手棋"的优势十分明显。推进长江经济带创新引领发展，必须有切实落地的政策和项目。当前长江经济带的科技创新，尚存在显著的科技合作区域行政壁垒、产业链创新链脱离、产业科技创新合作主体分布不均衡等问题。

推广长三角 G60 科创走廊建设经验，推动科研力量优化配置和资源共享，建立统筹长江全流域的产业科技创新组织，推动流域三大国家级科创中心联动。组建跨区域创新联合体，上游和中游发挥在重大装备等基础产业领域的创新优势，下游发挥在集成电路、生物医药等前沿产业领域的创新优势，建立跨区域产业联盟、研发中心等合作平台，共同推进产业技术攻关，从而打造科研最活跃、创新能力最强、产业孵化能力最突出的科技走廊。

建设统筹全流域的绿色技术创新平台，如绿色科技园区、技术创新基地等，为企业提供共享的研发设施、技术支持和人才资源，促进绿色技术的合作和创新。组建长江经济带科技产业投资基金并由创新能力突出的企业负责运作。

布局开放水平较高的"国际人才特区"。围绕上海、南京、武汉、重庆和成都等科技创新核心城市，建设开放的国际人才特区，从国家层面入手，从制度层面给予科技人才出入境和停居留便利化、社会保障等国际化待遇。

建立国际化、多语言服务的教育和医疗机构，让国际人才"留得下来"。特区要为国际人才提供良好的学习、科研和交流条件，包括提供实验设备、科研资金等，举办国际学术会议、论坛和培训班等。特区可以积极开展产业合作，吸引国际企业和机构到特区投资和设立研发中心。

（十五）以科技创新为引领推动长江经济带高质量发展*

2023年10月12日，习近平总书记在江西省南昌市主持召开进一步推动长江经济带高质量发展座谈会并发表重要讲话，要求长江经济带高质量发展应以科技创新为引领。

科技创新是人类深化认识和改造自然的过程，人类的参与程度决定着科技创新的密度、广度和深度。充分发挥沿江各省市科教人才资源和产业基础雄厚的优势，全面提升科技创新水平，提升经济发展的自主性和可持续性。

一是加强自主创新能力建设。切实加强基础研究。围绕数学、物理等基础学科布局建设基础科学中心，试点设立"应用基础研究特区"。支持顶尖科学家牵头实施重大基础研究项目。探索与创新型领军企业共同开展应用性基础研究。支持优秀青年科技人才实施重点基础研究项目，努力实现更多"从0到1"的原创突破，打造原始创新策源地。探索跨领域跨学科的交叉研究与协作研究。统筹布局前沿科技。支持由骨干企业牵头，整合产业链上下游资源，组建创新联合体，着力突破高端芯片、基础材料、基础软硬件等关键技术瓶颈，提升重点产业的自主可控能力。围绕未来网络通信、前沿新材料、量子科技、基因技术及细胞治疗等多个引领突破的未来产业集群，编

---

* 孟越男，南通大学江苏长江经济带研究院讲师。本内容发表于江苏长江经济带研究院微信公众号，2023年10月21日。

制未来产业技术路线图，实施一批应用前景广阔的前沿技术攻关项目，布局未来产业科技园建设试点。加快科技成果转化。支持企业在细分赛道、细分领域以创新成果开辟新赛道。增强创新联盟成员单位攻坚能力，建成高效的成果转化联盟。推动实验室深度参与由企业主导的"产学研用"，推进"需求张榜、团队揭榜"，促进创新链与产业链深度融合。搭建政府部门、各领域联盟及各类创新平台载体间的信息平台，加快推动成果互通与转化。

二是引导创新要素高效集聚和合理流动。破除人才流动障碍。建成高能级的人才交流联盟，切实发挥好高端平台的"磁吸效应"，促进高层次人才交流互动。借鉴上海人才合作共享平台的"互联网+人才服务"模式，推进形成长江经济带"科研基地+创客"创新共享模式。建立人员遴选流动机制，支持青年科技人才挑大梁、担重任。开放共享公共服务。完善区域服务网络，加大对长三角地区科创融资的支持力度。通过建立高质量的公共服务联盟，加快重大科技基础设施建设，构建高水平合作、交流和共享平台，促进实验室与区域特色园区、行业骨干企业等互动，引导创新要素合理流动和高效集聚，充分共享创新资源等。加强企业创新集聚。融合长江经济带下游金融、技术、人才和上中游土地、劳动力资源等比较优势，实行招商"走出去"和项目"请进来"相结合，探索"研发+制造"、产业整体转移集聚、产业链双向延伸、"总部+功能性机构"等产业合作方式。积极打造一批创新和特色园区。

三是着力打造优良的创新生态。推动专利开放许可试点。整合高校院所、国有企业应用领域广泛、市场前景广阔的专利发布开放许可信息。促成存量科技成果的直接转化应用，探索以需求为导向、以市场为主体的成果转化模式。进一步完善沿江各省市产权保护配套法规，探索建立知识产权跨区域管辖制度，全方位审查自纠壁垒性政策。探索深化科技攻关组织方式。在公共财政投入有限、需要发挥市场在资源配置中决定性作用的领域，鼓励由企业牵头组建创新联合体，充分发挥企业的技术攻关能力，以共同利益为纽带、市场机制为保障，增强各类企业的科研意愿。根据不同任务类型，针对不同创新主体，持续探索"任务定榜""前沿引榜""企业出榜""需求张榜"四种"揭榜挂帅"攻关模式，采用"赛马制"方式组织攻关。探索推进营商环境优化。以自贸区制度创新为先导，深入推进"放管服"改革和全面创新改革，扎实推进"证照分离"全覆盖试点，积极开展商事登记确认、"一企一证"、住所在线核验等改革试点。加快发展产业链供应链金融，引导资本精准"滴灌"。鼓励国家级产融合作试点城市先行先试。深化区域性股权市场区块链建设试点工作，探索更多的制度和业务创新。

附 表 基础数据

附表 协调性均衡发展指数分项情况

城市	城乡居民人均可支配收入（元）D1	人均社会消费品零售额（元）D2	人均住户年末储蓄存款余额（万元）D3	城镇登记失业率(%)D4	每万人拥有病床数（张）D5	每万人拥有公共图书馆藏书（册）D6	城镇职工基本养老保险覆盖率(%)D7	互联网接入户数（万户）D8	建成区路网密度（公里/公里²）D9	建成区排水管道密度（米/公里²）D10	第二、第三产业占比(%)D11	规上企业利润总额（亿元）D12	"三资"企业数量占比(%)D13	中心城区人口占比(%)D14	城乡居民人均可支配收入比(%)D15
上 海	78027	72624.06	16.53	2.70	67.67	33028.28	74.42	995	4.71	19.08	99.77	3164.63	32.66	100.00	1.99
南 京	66140	83827.64	11.29	1.71	70.14	26359.91	45.54	542	9.85	12.51	98.14	1098.91	14.62	100.00	2.25
无 锡	63014	44202.03	10.88	2.50	68.99	13343.14	67.10	397	8.03	24.14	99.07	1452.45	14.70	58.97	1.78
徐 州	34217	44725.23	5.53	2.09	67.79	5936.76	32.91	380	8.72	12.87	90.84	357.35	5.43	39.78	1.72
常 州	56897	54421.94	10.49	1.60	59.63	11066.25	41.77	279	8.00	23.97	98.11	855.24	11.65	84.97	1.84
苏 州	68191	70294.66	10.55	1.75	60.40	19839.97	58.90	654	14.71	20.07	99.17	2727.66	31.40	52.70	1.85
南 通	46882	50892.06	11.51	2.19	65.43	10513.38	32.30	375	8.80	12.57	95.60	760.20	12.25	49.06	1.97

续表

城市	城乡居民人均可支配收入（元）D1	人均社会消费品零售额（元）D2	人均住户年末储蓄存款余额（万元）D3	城镇登记失业率（%）D4	每万人拥有病床数（张）D5	每万人拥有公共图书馆藏书（册）D6	城镇职工基本养老保险覆盖率（%）D7	互联网接入户数（万户）D8	建成区路网密度（公里/公里²）D9	建成区排水管道密度（米/公里²）D10	第二、第三产业占比（%）D11	规上企业利润总额（亿元）D12	"三资"企业数量占比（%）D13	中心城区人口占比（%）D14	城乡居民人均可支配收入比（%）D15
连云港	32295	26147.59	4.49	3.00	61.50	8235.55	37.46	187	7.04	13.78	89.32	350.87	11.92	48.42	1.87
淮安	34731	40073.96	5.18	3.94	65.98	8964.97	25.25	187	7.80	15.73	90.70	192.21	9.74	62.27	2.01
盐城	36764	39987.24	7.07	2.70	64.95	9712.50	26.69	292	9.15	6.73	88.88	247.55	8.79	35.46	1.68
扬州	42287	32355.80	9.07	2.98	58.99	12606.51	54.93	222	9.47	18.74	95.26	414.46	7.89	57.91	1.86
镇江	50360	41863.45	9.62	2.50	55.02	13303.49	28.60	161	9.98	10.60	96.70	308.72	12.88	39.47	1.89
泰州	43777	34874.19	9.16	1.75	65.02	8160.47	46.53	207	9.51	14.87	94.72	446.93	7.26	38.41	1.96
宿迁	29122	29213.03	3.97	4.00	67.01	5661.13	28.80	187	8.13	11.79	90.51	304.63	4.72	32.56	1.62
杭州	67709	54488.70	12.62	5.50	69.07	22357.79	77.28	651	8.01	13.53	98.16	1515.22	11.35	86.55	1.75
宁波	59952	48337.50	9.76	2.10	41.26	11644.83	71.68	471	6.38	13.59	97.56	1757.68	13.44	52.58	1.72
温州	54025	39339.49	9.52	1.80	41.88	15507.80	55.08	450	5.84	11.78	97.82	367.72	1.52	18.29	1.94
嘉兴	54667	40984.22	9.59	1.82	44.99	21077.28	71.75	250	7.68	12.14	97.94	874.81	15.05	27.36	1.60
湖州	51800	45595.63	9.09	2.74	55.27	11983.59	79.33	157	8.01	8.78	95.92	424.82	8.11	45.67	1.65
绍兴	56600	46274.15	10.61	2.02	47.64	15486.64	73.31	243	5.45	13.68	96.66	626.03	7.46	39.58	1.71
金华	50580	40436.59	9.14	1.56	44.22	8629.16	56.62	333	9.06	18.03	97.20	296.49	3.14	20.54	2.00
衢州	37935	36644.70	7.70	5.50	61.00	19082.97	73.21	104	8.54	26.21	95.31	232.03	3.83	39.42	1.86
舟山	55830	47214.13	10.78	1.56	48.99	22136.75	79.94	64	8.13	15.80	90.67	327.91	5.41	75.46	1.38
台州	50643	39018.00	10.03	1.59	42.39	14854.75	67.61	287	15.58	12.49	94.75	427.52	2.75	32.38	1.92

续表

城市	城乡居民人均可支配收入（元）D1	人均社会消费品零售额（元）D2	人均住户年末储蓄存款余额（万元）D3	城镇登记失业率(%) D4	每万人拥有病床数（张）D5	每万人拥有公共图书馆藏书（册）D6	城镇职工基本养老保险覆盖率(%) D7	互联网接入户数（万户）D8	建成区路网密度（公里/公里²）D9	建成区排水管道密度（米/公里²）D10	第二、第三产业占比(%) D11	规上企业利润总额（亿元）D12	"三资"企业数量占比(%) D13	中心城区人口占比(%) D14	城乡居民人均可支配收入比(%) D15
丽 水	37744	30730.60	9.17	1.56	54.06	13200.80	65.49	107	6.55	19.94	93.68	145.75	1.57	22.35	2.02
合 肥	46009	54006.15	8.45	2.77	72.39	8800.85	38.74	435	6.29	15.79	96.92	586.06	7.88	54.52	1.98
淮 北	30737	26407.25	9.09	2.67	69.38	4407.29	43.74	80	8.03	12.59	92.94	413.42	3.80	52.57	2.40
亳 州	24481	23868.37	5.71	2.54	55.19	3570.00	23.47	170	8.35	12.99	86.25	61.95	1.37	30.83	2.23
宿 州	24290	23277.71	5.50	2.42	59.18	2948.36	21.82	188	9.41	13.04	84.68	54.02	2.32	33.33	2.34
蚌 埠	31972	38814.26	5.88	1.48	78.19	8923.73	41.26	117	8.01	9.14	86.30	201.42	5.48	40.40	2.18
阜 阳	24443	27286.95	6.04	2.24	67.43	2472.16	19.91	264	6.29	9.66	86.42	141.28	1.21	26.02	2.35
淮 南	31632	28494.27	8.59	2.96	64.28	3190.79	36.66	104	8.14	8.17	89.66	116.91	2.71	54.39	2.48
滁 州	28141	37481.73	8.95	2.52	65.23	6165.41	28.73	146	8.04	21.23	91.44	179.02	5.03	19.84	2.24
六 安	24788	26235.35	7.81	2.36	64.29	3836.55	25.05	145	8.21	8.42	86.70	30.88	2.38	44.75	2.30
马鞍山	46557	43479.59	14.24	2.47	70.79	11451.09	46.82	92	6.14	16.36	95.73	364.85	6.65	44.92	1.99
芜 湖	40501	53729.58	14.18	2.14	75.13	6481.48	43.19	158	8.08	14.28	96.06	149.19	6.97	67.40	1.79
宣 城	33720	30444.05	10.00	2.13	63.94	5991.15	52.11	106	8.36	18.89	90.62	104.08	3.34	66.83	2.24
铜 陵	32316	31433.32	13.44	2.48	75.30	19601.84	45.82	53	8.40	19.81	94.92	130.04	5.42	64.17	2.34
池 州	28973	35867.32	10.16	2.22	69.47	7137.49	31.85	61	10.57	18.49	90.62	69.73	5.42	46.23	2.02
安 庆	27098	30787.55	9.82	0.80	65.37	8343.32	37.74	153	8.28	5.17	90.47	104.55	3.80	19.39	2.32
黄 山	30574	40095.42	12.01	2.63	73.27	9609.61	48.40	63	8.52	12.63	92.45	162.80	2.76	40.55	2.06

续表

城市	城乡居民人均可支配收入（元）D1	人均社会消费品零售额（元）D2	人均住户年末储蓄存款余额（万元）D3	城镇登记失业率（%）D4	每万人拥有病床数（张）D5	每万人有公共图书馆藏书（册）D6	城镇职工基本养老保险覆盖率（%）D7	互联网接入户数（万户）D8	建成区路网密度（公里/公里²）D9	建成区排水管道密度（米/公里²）D10	第二、第三产业占比（%）D11	规上企业利润总额（亿元）D12	"三资"企业数量占比（%）D13	中心城区人口占比（%）D14	城乡居民人均可支配收入比（%）D15
南昌	44565	72467.23	7.25	3.09	58.77	5414.42	45.47	311	6.49	10.18	96.40	449.62	7.96	59.96	2.20
景德镇	37250	66098.16	6.61	2.89	57.35	8755.70	47.31	70	9.57	10.28	93.55	52.10	3.92	34.53	2.17
萍乡	36982	51853.72	5.19	3.20	50.43	18023.00	47.21	75	8.29	6.24	93.14	119.06	3.87	73.53	1.90
九江	34264	53738.51	5.37	3.41	45.22	8381.42	30.18	191	8.09	13.33	93.39	706.21	5.26	25.45	2.32
新余	39711	68837.71	6.88	2.90	56.21	7815.10	43.36	54	6.25	11.92	93.85	110.30	2.26	77.32	2.02
鹰潭	34662	60154.87	6.02	3.20	55.52	4152.97	37.35	46	8.28	15.12	93.44	129.03	4.31	52.78	2.03
赣州	29035	47552.39	4.76	3.10	46.02	5890.21	32.73	296	8.60	13.89	89.76	345.67	7.58	17.59	2.74
吉安	31426	23407.79	5.84	2.34	46.23	7439.06	35.51	160	8.68	13.25	90.18	365.97	4.43	14.47	2.34
宜春	31510	21561.03	5.64	3.05	47.54	3843.29	45.18	171	8.11	17.38	89.50	418.18	4.01	22.74	2.09
抚州	30931	17643.93	5.34	2.85	44.36	6510.20	43.74	127	8.48	16.52	87.18	142.39	2.08	41.35	2.06
上饶	31518	22445.38	4.90	2.52	46.85	2509.57	41.03	199	8.82	13.08	89.62	358.08	1.55	31.91	2.45
武汉	48336	49784.54	13.17	2.92	71.57	14037.76	49.49	567	8.08	14.70	97.49	1040.20	10.97	100.00	2.03
黄石	33837	39559.83	8.97	2.97	57.53	7691.36	54.38	93	10.76	21.53	93.17	201.45	4.87	27.71	2.24
十堰	27136	39769.34	9.39	2.19	106.45	5857.77	31.87	135	8.20	10.83	90.36	164.77	2.67	56.61	2.73
宜昌	33688	46055.39	12.08	2.80	75.42	10281.07	56.50	156	8.19	9.75	89.07	838.23	3.42	40.89	1.98
襄阳	29510	37300.18	8.80	2.80	77.22	6867.64	28.25	190	8.26	10.33	89.56	691.94	3.93	44.22	1.99
鄂州	32713	32986.24	9.19	2.99	56.34	10470.23	48.94	48	8.59	13.72	90.11	115.27	2.69	100.00	1.78

续表

城市	城乡居民人均可支配收入（元）	人均社会消费品零售额（元）	人均住户年末储蓄存款余额（万元）	城镇登记失业率（%）	每万人拥有病床数（张）	每万人拥有公共图书馆藏书（册）	城镇职工基本养老保险覆盖率（%）	互联网接入户数（万户）	建成区路网密度（公里/公里²）	建成区排水管道密度（米/公里²）	第二、第三产业占比（%）	规上企业利润总额（亿元）	"三资"企业数量占比（%）	中心城区人口占比（%）	城乡居民人均可支配收入比（%）
	D1	D2	D3	D4	D5	D6	D7	D8	D9	D10	D11	D12	D13	D14	D15
荆 门	32334	37317.89	10.34	3.10	73.80	5497.31	46.58	91	8.87	15.35	86.92	254.72	3.41	30.32	1.76
孝 感	31177	28573.42	7.42	3.30	68.47	4867.22	33.97	121	10.70	15.96	85.09	155.36	4.34	23.15	2.01
荆 州	30830	31367.71	7.77	3.19	68.52	4243.47	49.17	179	8.40	10.63	80.57	174.83	2.50	24.28	1.80
黄 冈	30254	24252.65	7.55	3.12	77.31	7204.31	38.73	172	8.63	7.72	80.19	75.62	3.09	8.39	2.07
咸 宁	28545	29928.17	7.28	2.55	69.38	5626.36	38.55	101	8.78	15.19	86.49	226.79	3.61	23.27	1.94
随 州	27789	30685.65	8.90	3.49	67.60	3522.52	30.97	70	4.92	10.35	85.00	122.29	2.60	33.86	1.72
长 沙	58113	49921.12	8.05	2.00	85.14	12178.57	55.15	489	6.87	12.14	96.79	746.22	4.96	59.96	1.63
株 洲	44922	32110.05	6.39	1.80	76.06	9656.74	44.71	149	8.05	15.29	92.42	165.00	1.83	44.50	2.04
湘 潭	37896	32118.94	6.69	5.20	79.27	7199.56	43.03	127	8.00	13.60	93.25	122.88	2.63	40.74	1.79
衡 阳	33367	27379.53	5.29	3.54	76.35	3866.49	40.35	197	10.20	11.04	88.39	131.93	2.11	20.54	1.76
邵 阳	25074	21371.18	4.30	2.20	74.56	4297.88	17.19	176	8.01	7.05	83.39	265.12	0.88	12.45	2.13
岳 阳	32260	35854.74	4.33	2.80	73.81	11066.60	38.89	172	8.05	13.29	89.50	314.54	1.74	26.54	1.97
常 德	30448	31190.37	5.35	4.00	79.58	4600.73	49.02	182	8.05	15.25	88.47	173.79	2.29	27.89	1.93
张家界	21630	13558.22	4.30	3.20	71.28	3178.18	32.40	63	8.44	8.28	85.73	6.45	1.24	37.92	2.35
益 阳	28478	21404.51	4.91	1.20	81.88	4258.32	21.73	127	8.15	10.55	83.94	117.34	2.02	49.41	1.73
郴 州	31449	22679.20	4.65	2.22	79.64	3456.49	31.05	151	8.08	13.47	89.47	175.58	3.72	21.73	2.07
永 州	26238	17325.15	4.15	1.27	83.67	12176.09	31.41	140	8.06	10.75	82.38	99.67	4.19	22.09	1.94

续表

城市	城乡居民人均可支配收入（元）D1	人均社会消费品零售额（元）D2	人均住户年末储蓄存款余额（万元）D3	城镇登记失业率（%）D4	每万人拥有病床数（张）D5	每万人有公共图书馆藏书（册）D6	城镇职工基本养老保险覆盖率（%）D7	互联网接入户数（万户）D8	建成区路网密度（公里/公里²）D9	建成区排水管道密度（米/公里²）D10	第二、第三产业占比（%）D11	规上企业利润总额（亿元）D12	"三资"企业数量占比（%）D13	中心城区人口占比（%）D14	城乡居民人均可支配收入比（%）D15
怀化	22613	15249.74	4.23	3.66	90.28	5197.94	15.92	145	4.51	11.32	85.39	78.43	1.79	15.64	2.45
娄底	24737	20496.12	4.82	2.58	79.17	4977.88	47.17	123	8.09	8.08	88.82	165.18	1.41	21.34	2.22
重庆	30801	43480.09	6.92	2.90	74.94	7285.73	54.74	1536	7.44	14.56	93.11	1877.55	5.81	79.20	2.40
成都	40880	43657.09	9.00	2.88	75.89	8909.02	71.83	841	8.03	16.02	97.07	1087.50	7.81	74.99	1.81
自贡	31336	28011.35	6.91	3.45	94.14	2675.31	60.83	102	9.20	14.50	84.86	74.78	1.66	52.25	2.03
攀枝花	34947	22923.39	7.01	3.74	86.80	7825.37	41.80	53	10.26	8.39	90.87	225.75	1.19	66.57	2.18
泸州	31502	28276.12	5.44	2.60	82.21	4555.06	52.13	163	6.70	10.79	88.98	377.17	1.57	37.53	2.15
德阳	32311	29200.93	6.92	3.36	78.62	3758.31	45.00	147	7.03	16.19	89.41	271.55	2.58	30.01	1.96
绵阳	32245	33834.94	6.60	2.75	85.76	4628.30	61.60	211	7.61	15.92	88.74	178.58	2.75	46.33	2.02
广元	27466	21700.39	6.04	3.33	96.96	6833.11	60.90	99	8.36	14.35	82.20	133.57	1.05	38.61	2.45
遂宁	30025	19723.22	5.76	3.60	75.36	4097.77	52.76	90	8.08	14.70	85.47	136.77	3.73	45.73	2.04
内江	30788	21279.32	5.61	3.88	85.17	3253.87	55.70	109	6.70	9.70	82.74	112.50	4.07	37.99	2.11
眉山	31191	28280.55	7.16	3.54	83.40	3649.64	41.09	124	7.22	12.64	86.76	319.88	1.88	39.24	2.11
南充	28763	26046.93	6.07	3.76	84.52	4494.79	48.52	191	6.11	11.04	81.75	249.53	1.29	34.52	2.15
乐山	31954	21281.51	7.03	2.98	71.03	3210.54	38.59	129	9.47	12.90	85.15	120.54	3.42	42.18	1.94
宜宾	31685	26274.70	4.41	3.31	79.20	2605.86	49.09	152	6.33	8.72	88.69	580.36	1.00	47.41	2.08
广安	30529	20054.80	5.90	3.34	67.11	7235.22	56.42	227	8.16	10.78	82.83	141.50	2.49	29.99	2.09

续表

城市	城乡居民人均可支配收入(元)	人均社会消费品零售额(元)	人均住户年末储蓄存款余额(万元)	城镇登记失业率(%)	每万人拥有病床数(张)	每万人拥有公共图书馆藏书(册)	城镇职工基本养老保险覆盖率(%)	互联网接入户数(万户)	建成区路网密度(公里/公里²)	建成区排水管道密度(米/公里²)	第二、第三产业占比(%)	规上企业利润总额(亿元)	"三资"企业数量占比(%)	中心城区人口占比(%)	城乡居民人均可支配收入比(%)
	D1	D2	D3	D4	D5	D6	D7	D8	D9	D10	D11	D12	D13	D14	D15
达州	28943	23863.87	5.52	3.57	77.39	9180.63	20.61	129.00	7.59	6.82	82.50	204.92	0.40	30.52	2.11
雅安	29001	21034.94	6.85	3.75	101.70	7966.46	70.89	64.00	8.36	13.38	81.21	64.18	2.80	43.53	2.30
巴中	27476	18127.80	4.88	3.47	85.24	3736.92	47.13	94.00	9.88	7.63	76.50	18.16	1.19	39.32	2.44
资阳	30830	19493.43	5.82	3.62	94.74	9281.96	35.97	80.00	8.02	13.40	80.54	10.04	5.66	37.96	1.93
贵阳	39420	40940.95	5.60	4.45	92.69	5353.35	77.79	217.00	7.25	10.28	95.88	290.65	4.25	72.66	2.13
六盘水	25441	16376.29	2.61	4.38	48.45	3049.69	29.70	89.00	7.60	13.83	87.78	133.10	1.55	64.97	2.83
遵义	30010	19602.91	3.81	4.60	53.13	3774.73	33.54	202.00	8.55	8.82	87.46	623.90	1.16	35.78	2.50
安顺	24146	22921.27	2.72	4.60	40.59	7941.36	23.72	69.00	8.17	10.87	82.21	38.96	1.80	53.35	2.85
毕节	22897	16623.24	1.88	3.90	38.83	2435.48	21.05	137.00	8.21	6.52	75.88	38.86	0.70	18.93	3.00
铜仁	23522	8106.55	2.95	4.10	46.55	4809.61	20.63	109.00	9.97	9.53	78.40	42.26	1.07	18.38	2.98
昆明	36015	39830.63	7.64	3.90	76.57	4522.23	31.91	347.96	5.34	11.53	95.39	377.07	6.28	71.23	2.69
曲靖	29460	19338.54	3.31	4.00	69.29	3334.33	19.20	153.73	8.40	10.15	84.31	151.22	1.28	27.91	2.59
玉溪	32336	38497.77	5.06	3.60	49.62	6892.86	32.64	72.67	9.06	17.58	89.95	148.27	2.10	37.56	2.46
保山	27242	20775.02	3.50	3.80	69.50	4306.04	31.21	73.79	8.44	11.35	75.84	66.17	2.61	38.69	2.69
昭通	23165	9556.64	2.33	3.95	0.00	2065.82	18.78	81.96	8.73	13.85	83.24	112.77	4.19	0.00	2.71
丽江	27093	19389.95	4.16	3.60	56.21	5964.11	26.81	35.02	8.17	25.63	85.58	29.39	1.85	22.87	2.93
普洱	24673	13194.46	2.92	3.50	73.05	4281.81	32.00	71.58	8.18	23.86	74.93	22.18	3.70	17.61	2.61
临沧	23958	16623.82	2.39	3.50	27.90	3520.82	26.37	75.36	5.40	15.07	70.07	18.45	0.50	16.43	2.38

续表

城市	D16 社会网络联系度	D17 失业保险覆盖率(%)	D18 人口密度比	D19 经济密度比	D20 城镇密度比	D21 环境空气质量优良天数(天)	D22 万元GDP"三废"污染排放(吨)	D23 建成区绿化覆盖率(%)	D24 单位行政面积实有城市道路面积(米²/公里²)	D25 单位行政面积实有高速公路里程(公里/公里²)	D26 人均(绿色)GDP(万元)	D27 R&D经费支出占财政支出的比重(%)	D28 国内100强企业分支机构数(家)	D29 世界100强企业分支机构数(家)	D30 以水资源保护与水环境综合治理为核心的联防联控机制和生态环境补偿机制(个)
上海	0.0513	41.02	1.03	13.23	2.87	335	0.3449	37.73	2.06	0.1342	17.36	5.01	596	83	3
南京	0.0444	36.71	0.43	4.82	1.30	300	0.3267	44.96	1.48	0.0887	17.36	5.96	132	21	3
无锡	0.0291	34.59	0.59	5.88	1.30	300	0.2448	40.46	1.62	0.0704	18.72	4.75	34	2	3
徐州	0.0228	10.17	0.90	1.34	1.20	289	0.4006	43.30	1.35	0.0394	8.99	2.50	38	2	3
常州	0.0268	27.40	0.60	3.90	1.20	279	0.3803	43.94	1.94	0.0812	16.46	4.39	94	3	3
苏州	0.0336	43.22	0.84	5.10	1.12	306	0.3549	43.29	1.34	0.0716	17.68	9.17	135	15	3
南通	0.0050	18.53	1.20	2.68	1.09	322	0.1434	43.33	2.19	0.0602	14.26	4.49	57	6	3
连云港	0.0068	11.19	0.39	0.95	1.03	306	0.3491	42.54	1.60	0.0465	8.10	1.60	13	0	3
淮安	0.0080	12.32	1.45	0.88	0.87	298	0.2509	43.23	1.36	0.0399	9.97	1.98	31	1	3
盐城	0.0045	11.92	0.62	0.76	0.63	319	0.4100	44.02	1.54	0.0233	9.86	2.59	27	1	3
扬州	0.0096	16.84	0.78	1.97	1.07	286	0.3238	44.91	1.47	0.0467	14.63	2.15	20	1	3
镇江	0.0205	18.03	0.42	2.41	1.23	289	0.3918	43.61	1.79	0.0547	14.80	2.64	26	0	3

续表

城市	社会网络联系度 D16	失业保险覆盖率(%) D17	人口密度比 D18	经济密度比 D19	城镇密度比 D20	环境空气质量优良天数(天) D21	万元GDP "三废"污染排放(吨) D22	建成区绿化覆盖率(%) D23	单位行政面积实有城市道路面积(米²/公里²) D24	单位行政面积实有高速公路里程(公里/公里²) D25	人均(绿色)GDP(万元) D26	R&D经费支出占财政支出的比重(%) D27	国内100强企业分支机构数(家) D28	世界100强企业分支机构数(家) D29	以水资源保护与水环境综合治理为核心的联防联控机制和生态环境补偿机制(个) D30
秦 州	0.0037	16.04	1.07	2.02	1.29	293	0.1792	39.40	1.74	0.0558	13.32	2.38	25	1	3
宿 迁	0.0034	8.52	0.66	0.84	0.98	295	0.1851	42.47	1.46	0.0289	7.44	3.01	36	2	3
杭 州	0.0396	45.53	1.15	2.09	0.96	345	0.1542	39.74	1.01	0.0475	14.63	7.51	129	16	3
宁 波	0.0111	34.68	0.70	2.89	1.35	321	0.2344	43.42	1.17	0.0595	15.17	6.75	72	8	3
温 州	0.0119	16.12	0.67	1.22	1.29	350	0.0946	37.60	1.27	0.0468	7.84	3.06	36	3	3
嘉 兴	0.0185	29.28	0.88	2.91	1.56	361	0.2907	39.69	1.94	0.1010	11.45	4.90	37	5	3
湖 州	0.0086	27.37	0.41	1.22	1.05	329	0.5286	44.64	1.42	0.0777	10.68	4.30	27	2	3
绍 兴	0.0096	25.57	0.67	1.59	1.05	308	0.1464	43.50	1.26	0.0666	12.69	4.98	14	0	3
金 华	0.0199	17.97	0.46	0.95	1.14	341	0.3879	42.21	1.21	0.0373	7.51	3.03	13	0	3
衢 州	0.0131	18.11	0.55	0.41	1.01	347	0.9650	44.05	0.98	0.0477	8.19	3.34	4	0	3
舟 山	0.000	22.73	0.30	2.27	2.42	349	0.2705	44.36	1.35	0.0480	14.56	2.81	10	0	3
台 州	0.0070	18.37	0.42	1.12	1.17	358	0.1957	42.61	1.32	0.0498	8.66	3.01	22	1	3

续表

城市	社会网络联系度 D16	失业保险覆盖率（%）D17	人口密度比 D18	经济密度比 D19	城镇密度比 D20	环境空气质量优良天数（天）D21	万元GDP"三废"污染排放（吨）D22	建成区绿化覆盖率（%）D23	单位行政区面积实有城市道路面积（米²/公里²）D24	单位行政区面积实有高速公路里程（公里/公里²）D25	人均（绿色）GDP（万元）D26	R&D经费支出占财政支出的比重（%）D27	国内100强企业分支机构数（家）D28	世界100强企业分支机构数（家）D29	以水资源保护与水环境综合治理为核心的联防联控机制和生态环境补偿机制（个）D30
丽 水	0.0060	13.39	0.40	0.19	0.85	362	0.2654	42.83	0.92	0.0243	6.80	2.47	3	0	3
合 肥	0.0200	22.81	1.57	3.28	0.69	314	0.1669	44.18	1.75	0.0420	12.06	14.23	88	8	3
淮 北	0.0000	13.62	1.11	1.47	0.73	310	1.4484	47.28	1.91	0.0325	6.20	4.06	4	0	3
亳 州	0.0000	3.98	1.45	0.76	0.63	299	0.2862	43.18	2.16	0.0375	3.96	1.37	17	0	3
宿 州	0.0100	2.64	1.14	0.72	0.66	281	0.5390	42.66	2.14	0.0361	4.07	1.39	8	0	3
蚌 埠	0.0100	8.57	0.85	1.10	0.75	308	0.3363	44.12	1.87	0.0459	6.00	5.31	9	0	3
阜 阳	0.0100	4.49	1.00	1.00	1.00	286	0.7000	43.25	2.10	0.0254	3.76	1.20	10	0	3
淮 南	0.0100	9.92	0.80	0.87	0.99	331	1.6642	39.03	1.73	0.0345	4.79	1.44	7	0	3
滁 州	0.0100	6.98	0.72	0.82	0.52	324	0.5460	43.63	1.52	0.0430	8.43	3.33	12	0	3
六 安	0.0100	6.36	1.15	0.34	0.46	364	0.6284	44.22	1.37	0.0197	4.37	1.01	10	0	3
马鞍山	0.0000	13.35	1.38	1.98	0.72	300	1.8750	45.89	1.92	0.0531	11.31	4.35	9	0	3
芜 湖	0.0200	15.26	0.55	2.36	0.72	284	0.9540	46.68	1.86	0.0518	11.72	13.94	33	2	3

续表

城市	社会网络联系度 D16	失业保险覆盖率（%）D17	人口密度比 D18	经济密度比 D19	城镇密度比 D20	环境空气质量优良天数（天）D21	万元GDP"三废"污染排放（吨）D22	建成区绿化覆盖率（%）D23	单位行政区面积实有城市道路面积（米²/公里²）D24	单位行政区面积实有高速公路里程（公里/公里²）D25	人均（绿色）GDP（万元）D26	R&D经费支出占财政支出的比重（%）D27	国内100强企业分支机构数（家）D28	世界100强企业分支机构数（家）D29	以水资源保护与水环境综合治理为核心的联防联控机制和生态环境补偿机制（个）D30
宣城	0.0100	11.75	0.87	0.49	0.49	288	0.6628	44.09	1.34	0.0410	7.37	4.46	9	0	3
铜陵	0.0100	13.37	0.66	1.28	0.73	319	1.6995	43.59	1.93	0.0478	8.92	6.43	11	0	3
池州	0.0000	8.32	0.39	0.39	0.40	315	2.7900	45.45	1.13	0.0355	7.54	1.59	6	0	3
安庆	0.0100	7.75	0.76	0.64	0.66	315	0.4223	42.48	1.94	0.0298	6.37	2.71	16	0	3
黄山	0.0036	10.40	0.22	0.32	0.65	340	0.1902	48.10	0.79	0.0364	7.19	3.19	1	0	3
南昌	0.0255	10.58	1.18	1.74	1.25	335	0.2396	43.00	1.40	0.0661	10.17	5.27	69	9	3
景德镇	0.0018	8.44	0.65	0.41	0.84	361	0.9305	51.87	0.14	0.0510	6.79	2.45	3	0	3
萍乡	0.0126	9.30	1.06	0.56	1.04	214	2.1403	49.94	2.64	0.0515	6.13	2.93	1	0	3
九江	0.0142	8.14	0.35	0.39	0.88	338	1.0174	49.19	1.28	0.0365	8.20	2.49	8	0	3
新余	0.0082	10.10	0.55	0.71	0.96	358	2.8248	50.13	1.60	0.0411	9.60	1.75	4	0	3
鹰潭	0.0135	8.70	0.89	0.63	1.02	348	0.5347	45.09	1.51	0.0284	9.90	3.75	1	0	3
赣州	0.0076	4.47	1.39	0.21	0.63	353	0.7716	49.86	1.15	0.0396	4.64	3.20	7	0	3

续表

城市	社会网络联系度 D16	失业保险覆盖率（%） D17	人口密度比 D18	经济密度比 D19	城镇密度比 D20	环境空气质量优良天数（天） D21	万元GDP"三废"污染排放（吨） D22	建成区绿化覆盖率（%） D23	单位行政区面积实有城市道路面积（米²/公里²） D24	单位行政区面积实有高速公路里程（公里/公里²） D25	人均（绿色）GDP（万元） D26	R&D经费支出占财政支出的比重（%） D27	国内100强企业分支机构数（家） D28	世界100强企业分支机构数（家） D29	以水资源保护与水环境综合治理为核心的联防联控机制和生态环境补偿机制（个） D30
吉安	0.0068	5.71	0.52	0.19	0.76	357	0.8653	46.62	1.21	0.0302	5.71	2.76	5	0	3
宜春	0.0114	5.72	1.48	0.33	0.81	344	1.7459	48.55	1.33	0.0432	6.42	4.08	20	0	3
抚州	0.0024	6.33	1.52	0.19	0.71	343	0.5521	50.34	1.03	0.0402	5.02	2.98	4	0	3
上饶	0.0179	5.03	1.99	0.26	0.74	343	1.3700	49.78	1.19	0.0298	4.71	2.11	10	0	3
武汉	0.0300	22.08	2.37	6.81	1.13	289	0.2052	44.77	1.94	0.1023	12.98	8.58	160	34	3
黄石	0.0062	11.77	0.90	1.34	0.63	278	1.7004	41.01	1.83	0.0526	7.63	2.70	6	0	3
十堰	0.0023	9.04	0.58	0.30	0.30	337	0.2503	43.12	1.29	0.0245	6.85	2.01	5	0	3
宜昌	0.0075	16.29	0.64	0.78	0.31	307	0.6375	45.02	1.77	0.0343	12.85	3.20	5	0	3
襄阳	0.0068	8.70	1.19	0.89	0.30	283	0.2680	44.35	1.64	0.0372	10.07	1.89	13	0	3
鄂州	0.0040	8.18	1.53	2.40	1.06	312	1.5753	43.24	2.57	0.1153	10.86	4.25	6	0	3
荆门	0.0011	10.22	0.73	0.56	0.29	297	0.7984	41.21	1.32	0.0357	8.33	2.76	4	0	3
孝感	0.0047	5.85	1.34	0.95	0.73	312	0.4205	48.75	2.13	0.0533	6.11	2.69	9	0	3

续表

城市	社会网络联系度 D16	失业保险覆盖率（%） D17	人口密度比 D18	经济密度比 D19	城镇密度比 D20	环境空气质量优良天数（天） D21	万元GDP"三废"污染排放（吨） D22	建成区绿化覆盖率（%） D23	单位行政区面积实有城市道路面积（米²/公里²） D24	单位行政区面积实有高速公路里程（公里/公里²） D25	人均（绿色）GDP（万元） D26	R&D经费支出占财政支出的比重（%） D27	国内100强企业分支机构数（家） D28	世界100强企业分支机构数（家） D29	以水资源保护与水环境综合治理为核心的联防联控机制和生态环境补偿机制（个） D30
荆州	0.0049	6.50	2.97	0.63	0.49	322	0.3550	37.19	1.71	0.0505	5.29	2.72	10	0	3
黄冈	0.0022	5.09	2.85	0.48	0.47	314	0.4344	42.89	1.92	0.0442	4.39	1.71	6	0	3
咸宁	0.0063	7.43	0.78	0.59	0.45	342	0.7049	40.73	1.82	0.0494	6.71	2.54	1	0	3
随州	0.0034	4.50	0.59	0.43	0.28	324	0.1956	42.72	1.56	0.0347	6.16	1.22	5	0	3
长沙	0.0293	20.24	1.12	2.18	1.35	304	0.0504	44.60	1.38	0.0613	12.96	4.46	98	23	3
株洲	0.0097	11.84	1.80	0.59	1.01	310	0.5006	44.16	1.24	0.0386	8.81	6.47	10	0	3
湘潭	0.0080	13.87	1.81	0.99	0.78	308	1.2458	41.95	1.59	0.0567	9.41	4.84	6	0	3
衡阳	0.0116	9.97	2.36	0.49	1.16	334	0.4904	42.95	1.38	0.0455	5.80	2.07	5	0	3
邵阳	0.0034	5.44	2.22	0.23	0.82	196	0.4458	43.15	1.09	0.0279	3.81	0.97	9	0	3
岳阳	0.0082	9.35	1.55	0.58	0.75	331	0.3236	43.35	1.39	0.0328	8.73	2.97	9	0	3
常德	0.0014	6.81	1.05	0.43	0.79	312	0.3263	37.35	1.25	0.0291	7.74	1.62	6	0	3
张家界	0.0029	7.79	1.44	0.12	0.90	357	0.4262	39.00	0.97	0.0194	3.84	0.91	0	0	3

续表

城市	社会网络联系度 D16	失业保险覆盖率（%）D17	人口密度比 D18	经济密度比 D19	城镇密度比 D20	环境空气质量优良天数（天）D21	万元GDP"三废"污染排放（吨）D22	建成区绿化覆盖率（%）D23	单位行政区实有城市道路面积（米²/公里²）D24	单位行政区实有高速公路里程（公里/公里²）D25	人均（绿色）GDP（万元）D26	R&D经费支出占财政支出的比重（%）D27	国内100强企业分支机构数（家）D28	世界100强企业分支机构数（家）D29	以水资源保护与水环境综合治理为核心的联防联控机制和生态环境补偿机制（个）D30
益阳	0.0020	6.53	1.21	0.32	0.63	319	0.4216	41.11	1.33	0.0367	5.27	1.90	3	0	3
郴州	0.0026	7.61	1.79	0.28	0.69	357	0.7822	46.67	0.93	0.0299	5.95	2.54	6	0	3
永州	0.0039	6.33	1.57	0.20	0.71	352	0.4808	39.95	1.04	0.0220	4.36	2.46	9	0	3
怀化	0.0153	8.34	2.52	0.13	0.91	354	0.3417	40.29	0.76	0.0260	3.99	2.00	2	0	3
娄底	0.0135	9.23	2.20	0.44	0.92	334	2.2186	41.09	1.86	0.0472	4.81	1.22	12	0	3
重庆	0.0159	18.62	0.78	1.02	0.85	332	0.5620	43.05	2.23	0.0466	8.75	1.92	149	26	3
成都	0.0203	31.32	2.96	4.15	1.77	299	0.1010	44.08	2.06	0.0865	9.39	8.37	155	28	3
自贡	0.0008	7.17	0.60	1.09	1.65	297	0.1953	44.2	2.20	0.0635	6.49	1.25	0	0	3
攀枝花	0.0008	14.68	0.57	0.46	0.53	300	7.4422	42.11	0.69	0.0314	9.34	0.38	2	0	3
泸州	0.0009	7.97	1.52	0.59	0.83	308	1.1135	42.55	1.63	0.0436	5.65	1.07	3	0	3
德阳	0.0042	12.26	1.26	1.34	1.14	302	1.1094	41.63	1.76	0.0560	7.68	1.23	4	0	3
绵阳	0.0058	9.89	0.89	0.50	1.17	327	0.3656	41.53	1.18	0.0216	6.86	4.55	5	0	3

续表

城市	社会网络联系度 D16	失业保险覆盖率(%) D17	人口密度比 D18	经济密度比 D19	城镇密度比 D20	环境空气质量优良天数(天) D21	万元GDP"三废"污染排放(吨) D22	建成区绿化覆盖率(%) D23	单位行政区面积实有城市道路面积(米²/公里²) D24	单位行政区面积实有高速公路里程(公里²/公里²) D25	人均(绿色)GDP(万元) D26	R&D经费支出占财政支出的比重(%) D27	国内100强企业分支机构数(家) D28	世界100强企业分支机构数(家) D29	以水资源保护与水环境综合治理为核心的联防联控机制和生态环境补偿机制(个) D30
广元	0.0062	7.63	0.95	0.20	0.70	351	0.6653	41.69	1.43	0.0242	4.89	0.27	6	0	3
遂宁	0.0021	5.35	0.77	0.85	1.44	329	0.2676	42.87	2.60	0.0675	5.46	0.62	1	0	3
内江	0.003	6.51	0.93	0.89	6.56	306	0.2667	38.36	2.47	0.0665	5.17	0.31	2	0	3
眉山	0.0043	9.04	0.82	0.52	0.84	314	2.4453	42.66	1.29	0.0337	7.00	0.18	4	0	3
南充	0.0022	4.92	1.34	0.62	1.55	336	0.1424	47.88	2.44	0.0459	4.68	0.35	3	0	3
乐山	0.0045	8.52	0.54	0.65	0.90	311	0.7238	42.17	1.23	0.0643	5.23	0.48	6	0	3
宜宾	0.0044	7.37	3.24	0.71	0.82	324	0.7960	41.23	1.92	0.0380	6.84	1.68	6	0	3
广安	0.0009	5.19	1.15	0.67	1.57	320	1.1174	44.06	2.38	0.0690	4.37	0.21	2	0	3
达州	0.0020	3.21	2.27	0.42	0.97	324	1.7326	41.73	1.74	0.0330	4.38	0.39	4	0	3
雅安	0.0008	9.29	0.39	0.17	0.51	301	0.6767	40.34	0.55	0.0227	5.87	1.83	3	0	3
巴中	0.0003	5.06	1.18	0.18	0.91	349	0.3196	43.46	2.08	0.0346	2.77	0.39	4	0	3
资阳	0.0019	5.46	0.56	0.22	0.58	316	0.1757	40.11	1.02	0.0309	3.90	1.22	2	0	3
贵阳	0.0203	15.77	0.64	1.14	0.81	365	0.5205	43.29	1.27	0.0791	7.57	3.20	56	7	3

续表

城市	社会网络联系度 D16	失业保险覆盖率(%) D17	人口密度比 D18	经济密度比 D19	城镇密度比 D20	环境空气质量优良天数(天) D21	万元GDP"三废"污染排放(吨) D22	建成区绿化覆盖率(%) D23	单位行政区面积实有城市道路面积(米²/公里²) D24	单位行政区面积实有高速公路里程(公里/公里²) D25	人均(绿色)GDP(万元) D26	R&D经费支出占财政支出的比重(%) D27	国内100强企业分支机构数(家) D28	世界100强企业分支机构数(家) D29	以水资源保护与水环境综合治理为核心的联防联控机制和生态环境补偿机制(个) D30
六盘水	0.0031	7.98	0.26	0.29	0.78	358	3.7483	41.43	1.76	0.0473	4.89	1.92	4	0	3
遵义	0.0043	8.33	0.73	0.26	0.34	365	1.4194	41.45	1.27	0.0476	6.32	1.18	14	0	3
安顺	0.0063	5.77	0.69	0.23	0.84	364	3.7482	43.40	1.52	0.0531	4.39	2.62	3	0	3
毕节	0.0034	4.78	0.75	0.16	0.65	347	3.3335	40.54	1.26	0.0402	3.20	1.35	0	0	3
铜仁	0.0017	4.51	1.88	0.16	0.83	357	3.7482	41.18	1.89	0.0520	4.48	1.33	1	0	2
昆明	0.0099	15.83	0.85	1.03	0.53	209	0.9101	44.99	1.07	0.0594	8.50	2.01	72	13	3
曲靖	0.0070	5.06	2.36	0.35	0.38	365	2.3225	40.43	0.98	0.0383	5.95	0.42	4	0	3
玉溪	0.0008	8.28	1.27	0.47	0.40	361	1.7182	41.83	1.19	0.0450	10.50	1.88	2	0	3
保山	0.0001	4.66	1.95	0.18	0.31	363	1.3697	41.52	1.09	0.0268	4.82	0.28	6	0	3
昭通	0.0002	3.36	2.12	0.19	0.44	363	1.6506	40.96	1.14	0.0364	2.92	0.14	3	0	2
丽江	0.0004	5.47	2.96	0.08	0.26	364	1.0333	41.35	0.52	0.0204	4.55	0.37	0	0	3
普洱	0.0007	5.88	1.71	0.07	0.17	361	1.0504	41.73	0.63	0.0130	4.51	0.39	1	0	3
临沧	0.0002	5.01	2.17	0.11	0.26	357	0.6870	37.68	0.86	0.0148	4.07	0.33	0	0	3

参考文献

陈鸿宇等：《协调发展理念研究——新时代全面发展的制胜要诀》，社会科学文献出版社，2020。

陈秀山、杨艳：《区域协调发展：回顾与展望》，《西南民族大学学报》（人文社科版）2010 年第 1 期。

陈秀山、杨艳：《我国区域发展战略的演变与区域协调发展的目标选择》，《教学与研究》2008 年第 5 期。

成长春：《长江经济带协调性均衡发展的战略构想》，《南通大学学报》（社会科学版）2015 年第 1 期。

成长春：《促进长江经济带区域协调发展》，在长江经济带区域协同融通发展座谈会上的讲话，2024 年 4 月。

成长春、杨凤华等：《协调性均衡发展：长江经济带发展新战略与江苏探索》，人民出版社，2016。

丁如曦、刘梅、李东坤：《多中心城市网络的区域经济协调发展驱动效应——以长江经济带为例》，《统计研究》2020 年第 11 期。

樊杰、王亚飞：《40 年来中国经济地理格局变化及新时代区域协调发展》，《经济地理》2019 年第 1 期。

范柏乃、张莹：《区域协调发展的理念认知、驱动机制与政策设计：文献综述》，《兰州学刊》2021 年第 4 期。

范恒山：《国家区域政策与区域经济发展》，《甘肃社会科学》2012 年第 5 期。

范恒山：《我国促进区域协调发展的理论与实践》，《经济社会体制比较》2011 年第 6 期。

洪涛：《长江经济带物流业与制造业耦合协调发展与效率提升探讨》，《商业经济研究》2022年第15期。

黄彬：《促进区域间深度融合、协调发展与创新宏观调控思路探讨》，《经济问题探索》2015年第7期。

黄伟：《中国区域协调发展法律制度研究》，中央民族大学博士学位论文，2007。

蒋清海：《区域协调发展：对区域差距的分析与思考》，《贵州社会科学》1995年第2期。

金其铭：《人文地理概论》，高等教育出版社，1994。

李建新、梁曼、钟业喜：《长江经济带经济与环境协调发展的时空格局及问题区域识别》，《长江流域资源与环境》2020年第12期。

李兰冰：《中国区域协调发展的逻辑框架与理论解释》，《经济学动态》2020年第1期。

李松有、龙启平：《习近平关于区域协调发展重要论述的思想内涵与理论价值》，《治理现代化研究》2024年第1期。

李晓西：《西部地区大开发新思路的探讨与阶段分析》，《中国统计》2000年第10期。

李兴江、唐志强：《论区域协调发展的评价标准及实现机制》，《甘肃社会科学》2007年第6期。

李裕瑞、王婧、刘彦随等：《中国"四化"协调发展的区域格局及其影响因素》，《地理学报》2014年第2期。

刘洁、姜丰、栗志慧：《京津冀城市群产业—人口—空间耦合协调发展研究》，《中国软科学》2021年第S1期。

刘翔、曹裕：《两型社会视角下的区域协调发展评价研究——基于长株潭城市群的实证分析》，《科技进步与对策》2011年第6期。

刘绪贻：《田纳西河流域管理局的性质、成就及其意义》，《美国研究》1991年第4期。

刘耀彬、易容、李汝资：《长江经济带区域协调发展的新特征与新路径》，《学习与实践》2022年第5期。

马海龙：《京津冀区域协调发展的制约因素及利益协调机制构建》，《中共天津市委党校学报》2013年第3期。

马振宁、米文宝：《人地关系论演变的历史轨迹及其哲学思考》，《城市地理》2016年第6期。

孟越男、徐长乐：《区域协调性均衡发展理论的指标体系构建》，《南通大学学报》（社会科学版）2020年第1期。

庞玉萍、陈玉杰：《区域协调发展内涵及其测度研究进展》，《发展研究》2018年第9期。

彭迪云、刘畅、周依仿：《区域经济增长与创新能力耦合协调发展研究——以长江经济带为例》，《科技管理研究》2016年第7期。

彭劲松：《长江经济带区域协调发展的体制机制》，《改革》2014年第6期。

秦月：《长江经济带城市群联动发展研究》，华东师范大学学位论文，2020。

覃成林、张华、毛超：《区域经济协调发展：概念辨析、判断标准与评价方法》，《经济体制改革》2011年第4期。

王茉琴：《区域协调发展背景下城市群发展研究》，西北大学硕士学位论文，2010。

王琴梅：《区域协调发展内涵新解》，《甘肃社会科学》2007年第6期。

王文锦：《中国区域协调发展研究》，中共中央党校学位论文，2001。

王晓云、范士陈：《区域开发人地关系时空演进研究——以近现代海南岛为例》，《生产力研究》2012年第9期。

吴殿廷、何龙娟、任春艳：《从可持续发展到协调发展——区域发展观念的新解读》，《北京师范大学学报》（社会科学版）2006年第4期。

夏永祥：《以长江经济带建设促进东中西部地区协调发展》，《区域经济评论》2014年第4期。

肖金成：《十六大以来区域政策的成效与促进区域协调发展的政策建

议》，《西南民族大学学报》（人文社科版）2008 年第 2 期。

徐康宁：《区域协调发展的新内涵与新思路》，《江海学刊》2014 年第 2 期。

许丰功、易晓峰：《西方大都市政府和管治及其启示》，《城市规划》2002 年第 6 期。

杨仁发、沈忱：《科技创新、政府干预与长江经济带区域协调发展》，《统计与信息论坛》2022 年第 3 期。

张超、钟昌标：《中国区域协调发展测度及影响因素分析——基于八大综合经济区视角》，《华东经济管理》2020 年第 6 期。

张超、钟昌标、蒋天颖等：《我国区域协调发展时空分异及其影响因素》，《经济地理》2020 年第 9 期。

张庆杰、申兵、汪阳红等：《推动区域协调发展的管理体制及机制研究》，《宏观经济研究》2009 年第 7 期。

赵霄伟：《新时期区域协调发展的科学内涵、框架体系与政策举措：基于国家发展规划演变的研究视角》，《经济问题》2021 年第 5 期。

赵兴国、潘玉君、丁生：《云南省区域人地关系及其空间差异实证研究》，《云南地理环境研究》2010 年第 4 期。

周成、冯学钢、唐睿：《区域经济—生态环境—旅游产业耦合协调发展分析与预测——以长江经济带沿线各省市为例》，《经济地理》2016 年第 3 期。

Chen Y. Q. , Zhao L. M. , "Exploring the Relation between the Industrial Structure and the Eco-environment Based on an Integrated Approach: A Case Study of Beijing, China," *Ecological Indicators*, 2019, 103.

Liu Y. Q. , Xu J. P. , Luo H. W. , "An Integrated Approach to Modelling the Economy-Society-Ecology System in Urbanization Process," *Sustainability*, 2014, 6 (4) .

Miller D. Y. , *The Regional Governing of Metropolitan America*, Westview Press, 2002.

Zheng D. , Yu Z. , Zheng Z. , et al. , "The Driving Forces and Synergistic Effect Between Regional Economic Growth, Resources and the Environment in the Yangtze River Economic Zone," *Journal of Resources and Ecology*, 2014, 5 (3) .

图书在版编目（CIP）数据

长江经济带协调性均衡发展指数报告 . 2022-2023 /
成长春等著 . --北京：社会科学文献出版社，2024.10.
ISBN 978-7-5228-3931-8

Ⅰ. F127.5

中国国家版本馆 CIP 数据核字第 20249QU715 号

长江经济带协调性均衡发展指数报告（2022~2023）

著　　者／成长春　徐长乐　叶　磊　孟越男　王桂玲　杨凤华

出 版 人／冀祥德
责任编辑／吴　敏
责任印制／王京美

出　　版／社会科学文献出版社
　　　　　地址：北京市北三环中路甲 29 号院华龙大厦　邮编：100029
　　　　　网址：www. ssap. com. cn
发　　行／社会科学文献出版社（010）59367028
印　　装／三河市尚艺印装有限公司

规　　格／开　本：787mm×1092mm　1/16
　　　　　印　张：19.5　字　数：298 千字
版　　次／2024 年 10 月第 1 版　2024 年 10 月第 1 次印刷
书　　号／ISBN 978-7-5228-3931-8
定　　价／98.00 元

读者服务电话：4008918866